政协委员履职风采

ZHENGXIE WEIYUAN LVZHI FENGCAI

何伟

何 伟 著

中国文史出版社

《政协委员履职风采》丛书
编辑委员会

何伟（2012 年）

2004 年，为一家三口在同一天做了免费复明手术

2008 年 5 月，何氏眼科沈阳医院与辽宁省民政厅、辽宁省慈善总会共同开展关爱功臣——“三老”白内障复明工程

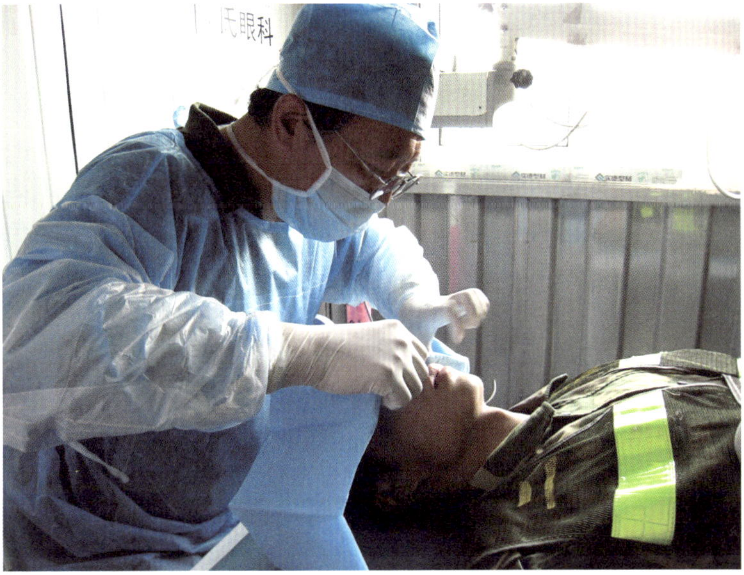

2008 年，汶川地震后，在汶川抢救眼外伤小战士

长达 16 米的爱心流动车满载救灾物资，并配备高精尖设备为当地百姓做眼科手术

“请给我一分钟。”2010 年，参加全国政协第十一届三次会议的分组发言

2012 年 2 月 19 日，携医疗队走进盖州贫困眼病家中为其进行眼部检查

2013 年，全国政协第十二届一次会议，参加医卫组讨论

2016 年 2 月，在全国贫困县建昌县调研走访，并在大数据的支持下，来到 7 岁小患者李齐峰的家

2016年两会中，接受新华网采访

何氏眼科作为中国政府国际民间外交的支持单位，多次接受国际眼科义诊和援助工作

目 录
contents

自述：梦想，从一次义诊开始

建言献策 尽责履职

政协第十一届全国委员会

【提案】

媒体报道

自述：梦想，从一次义诊开始

1960年1月11日，我出生于沈阳。爸爸是一名部队转业的技术干部，当时任职于辽宁省药品检验所，也就是现在的FDA食品药品监督局。我的爸爸妈妈都是医生，爸爸是外科医生，妈妈是内科医生，家里有三个孩子，一个姐姐、一个弟弟，我排行老二。

7岁的时候，爸爸离开了沈阳，到了辽宁省五七干校，我妈妈则带着我们三个孩子，独自生活在沈阳，小时候的我很独立，六岁就开始帮助家里买菜、生火、做饭，到七岁的时候，已经会蒸发糕了，我还会打煤坯、生炉子……虽然排行老二，我却总是像老大一样负责任，直到现在，家里发生什么事，姐姐、弟弟都愿意找我一起商量。

“文革”结束以后，我转到辽宁省实验中学读初中，这所学校培育了很多优秀的学子。毕业后，我考上了中国医科大学，开始了我学医的历程；五年以后，我考取了辽宁省人民医院的住院医师；两年以后我又回到了中国医科大学读研究生。在那以后，我的生活轨迹发生了特别大的变化。

改革开放以后，国家特别希望选派优秀的学子到海外去留学。研究生一年级的时候，国际教委在研究生当中选拔出国留学生，我很幸运地成为1986年那一届研究生当中唯一一个到海外去读书的学子。当时我报名留学的国家是美国，可是得到的通知却是让我去日本，由于历史原因，我当时是非常反对去日本的，但是跟教委沟通后被告知我只能去日本，如果不去日本，美国也去不成，以后也没有办法再出国留学。所以，我很无奈地选择了去日本留学。1987年10月6号，在国家教委集中培训以后，我被送到了日本，我的第一站是大阪，从那里，正式开启了我日本的留学生涯。

在日本，我就读于九州国立大学，那曾是日本所谓的“七所帝国大学”之一，生物医学领域在国际上排在前二三位。在那里，我完成了专科医师的培训，完成了分子病理学博士课程的培训，完成了视网膜线外科的博士后培训……在祖国强烈号召“广大学子回国报效”的政策下，1995年，我选择了回国创业。

1995年年底回来创业至今，我主要做了三件事：第一件事，创建了中国第一所由海外学子、私人投资创立的民营眼科医院。这样一个小小的民营眼科医院，而当时的审批人竟然是卫生部部长，那个时候叫“何氏眼显微外科中心”，我当时心中满是疑问，为什么要部里批呢？第一，中国没批过民营的眼科医院；第二，中国没批过以私人名字命名的医院，但我坚持一定要这样命名，原因是我想区别于大家，让百姓知道这是跟传统医疗不同、专业做眼科的一所医院。就这样，这所医院从一个小小的、只有125平方米的门诊部开始，到现在发展成为一个拥有一所大学，八家分院，60多家视光中心，以及一个高科技的眼产业基地的眼产业集团，形成了第一个全世界独一无二的眼产业链。

第二件事，我建立了一所大学，建这所大学的过程充满了艰辛的汗水与辛酸的故事。由于民办教育是在改革开放过程当中逐渐出现的，所以被批准办一所民办高校是件非常不容易的事情。当时我选择了跟沈阳医学院合作，开始利用国有大学的母体去孵化，创建了“沈阳医学院何氏眼科视光学院”。在孵化过程中，教育部发布了一个条文：“国有高校要和民办高校分体，即三独立——校园独立、人才独立、经费独立。”这就要求我们一下子要去建一所符合国家普通高等院校的校园，而且还要师资全部独立、财务独立，对我来说是非常难的。但我最终克服了这些困难，我把房子卖了，所有家当都卖了，建成了一个非常漂亮，非常有人文精神、现代化的大学，在全国二十几个省市统一招生，在校生接近九千人，未来三年估计会突破一万多。我把这所大学命名为“辽宁何氏医学院”，大学名字被教育部批准后不久，来了评估组，评估很多方面：师资投入、校园规模、配套设施、财务状况……林林总总，费了蛮大的心血，我们成功通过了评估考核。不到一年，教育部再次正式发文：第一，中国不再批医学院；第二，中国的大学以后不会再用名字命名。

第三件事，我创建了一个眼产业基地，这个眼产业基地几乎把现有眼科药物、设备、耗材，也就是老百姓看病最贵的那部分覆盖，达到至少85%实现国产化。我一直认为中国的人口如此庞大，市场如此巨大，单独为中国人建一个物流体系是很值得的。所以我回国后不久，我就开始了原始创新的研究，延续了我在日本进行的研究，现在产业基地已把人工晶状体、药物、设备转化临床，有两个产品已获得欧盟认证批准，有七种药物在申请临床实验中……我们还与东软、信中利共同研发检验眼睛的机器人，我相信在未来偏远的农村，眼睛机器人会代替医生来完成基本医疗保障的任务。

回国创业，为百姓打造眼产业链

1995年年底，借助沈阳儿童医院的一个废旧楼房，我建立了第一家医院，叫做何氏眼显微外科中心。一年以后搬到了三台子自己建的一个楼房，这个距离当时的市中心有20公里，到达公交车终点站后还要步行20分钟的地方。那个楼房是我和我弟弟一起商量设计的，我弟弟担任“设计师”，其实我弟弟也是一名眼科医生。当时，我们对楼体设计一窍不通，但因为没有钱去雇设计师，所以就自己设计，自己凭着感觉建。1996年10月6日，我们的大楼竣工并正式开始接诊，当时在儿童医院的何氏眼科日门诊量已达百人，可新院址落成后开业第一天仅有3个患者来就诊，正式员工有35名。我们坚持以“技术・仁德”为品牌承诺，坚持做筛查义诊和公共教育预防，半年后，日门诊量达150人。我们的患者80%来自于口碑相传，这是依靠国际先进的医疗技术、国际标准化护理流程、渗透到每一个环节的贴心服务带来的。现在，从沈阳开始到大连、葫芦岛、锦州、盘锦、营口、铁岭、抚顺、本溪，我们已建成九家医院，预计在2017年年内，覆盖辽宁省的14个城市。我们正在做一件让全体何氏人都非常高兴的事情，因为我们希望借助资本的力量能完善社会责任的使命。为什么？2016年何氏已成立20周年，这20年是中国改革开放的20年，也是我回国创业、回国报效，亲身经历切身体会的二十年。

这20年当中，我由一名普通的眼科病理学显微外科医生，从最初一个125平米的小诊所做起，逐渐变成多个连锁的医院，又建成了一所大学，实现了产业基地，形成了一个比较完整的眼产业链，这在全世界的眼睛产业领域里是从来没有的。20年前，我提出说眼科很重要，所以眼科不能让眼科医生来做，为什么？眼科医生只能做全眼睛产业链当中给患者服务这一部分，我们用的药物、设备、耗材，甚至是人力资源的培养，包括医疗服务的可到达性，医疗服务的可支付性，都不是眼科医生能做的。所以当时我提出，我要建中国的眼科产业，我把它写到我的日记上，怕别人不认，说我都是胡说八道。我在20年前的日记里面写着中国眼科产业，所有人都笑话我说一个眼科医生去谈眼科产业，很可笑，但事实证明我的想法是对的。其实人生还是在于选择，我在留日期间感受到的，无论是中国还是国际上，最挥之不去的这种情感，就是怎么解决医疗不平等的问题。

北京、上海、沈阳这样的大城市的三级甲等医院，即便有七八台CT，三五台核磁，还是人满为患，仍然不能满足老百姓医疗的需求。在广大的中国农村，相当于县以下的医院，九亿人口的区域里面，可能连一个像样的眼科医生都找不到，这是我一直非常关心的问题。

第二个问题就是文化问题，改革开放以后，我们的物质生活发生了非常大的变化，但在这同时，医疗资源的分布，人力资源的分布严重不合理，更重要的是人力资源的头脑当中，一切为老百姓服务、克己奉公、精益求精、雷锋精神，这些奉献精神，像我们的父辈，老专家、老教授、老医生的那些医生应该有的人道主义精神，在不断地流逝、淡化，这是我一直在思考的问题。

我做的很多事，表面上看起来是一家医院、一所大学，和一个眼产业基地，研发新产品，看病人，然后去教书。很多人都会问我这是你应该做的吗？实际上我当时也没做什么回答，我说只是因为喜欢，实际上我是有过深刻思考的。我认为总要有人去做，我们面对着这样一个事实，第一个就是百姓看病难、看病贵，医疗资源分布严重地不合理；第二个就是医学的人文精神在被淡化。

还有就是我们的医疗费用越来越高，老百姓因病致贫、因病返贫的现象非常普遍，这就让我们做医生的人去思考：我能为这些做点什么力所能及的事。改革开放初期，国力也比较弱，经济弱，军事弱，国际政治地位也不是特别的好，现在我们看到了整个国力的增强，中国人在海外的地位和影响力越来越强，而我做的就是个人的探索性的一点尝试。科技创新如何由原来的写论文来计绩效，变成真正的产生专利进行原始创新、颠覆性创新，来真正影响我们国力，面对长期以来依赖进口的这些医疗用品，我们如何做到用较低的价格、较高的质量满足一个13亿人口医疗保障的需求。

最大的选择不是出国，而是选择了回国

在日本留学期间，我结识了一位非常热爱中国的老教授，他叫松井孝夫，是我同班同学的父亲。一次晚会上，他问我留学结束后会不会回国？我很惊讶于他的问题，“为什么不回国呢？”他告诉我说，以前在九大的留学生留学结束后都去了美国等发达国家，“我跟他们不同，我是中国政府的留学生。”我回答说。他又问我为什么要回国？“我们中国将来肯定比日本好！”我直言道。接着我们又聊到了日本对中国犯下的罪行，松井老师说：“我们这些老日本人虽然不说，心里还是清楚的，让我们找个机会去赎罪。”“那就去我的家乡帮助贫困的盲人复明吧。”我建议道。结果，他真的同意了。1989年，我们在盂兰盆节期间到了抚顺县的眼科医院，进行了在中国的第一次义诊。

这次义诊彻底改变了我人生的轨迹，义诊进行到第十天，也就是离开中国的前一天，我们在收拾行李，护士告诉我说外面有一个亲属找，我很诧异，我在抚顺是没有亲属的。带着疑惑，出门一看，黑暗的走廊里面，一个老大爷带着一个小孩站在那里，“你叫何伟？从日本来的吗？”我点头回答是。老大爷突然喊了一句“给青天大老爷磕头”，便和小孙子一起跪在洋灰地上，并不停地磕起头来，当时我被吓懵了，急忙把他们两个扶起来，这时候发现他们脑袋都磕坏了。老大爷说：“何大夫，求求你救救我爷儿俩的命。”“我是眼科大夫，你有什么病我可以帮忙，但我救不了命！”我忙解释。他说“我就是来求你给我治眼睛的”，这时候我才发现老大爷两个眼睛都是看不见的。“手术结束了，我明天就走了。”一听这话，他们又重新跪在地上磕起头，抱着我的腿，那小孩则一直央求着：“拜托何大夫救救我爷爷的命……”

原来这爷孙俩相依为命多年，小男孩的爸妈在五年前因为吃了霉变的玉米，得了肝坏死，父母都死了，之后不久爷爷的眼睛就瞎了，小孙子便担起了

照顾爷爷的担子，也上不起学，但孩子妈妈死前唯一的嘱托就是“孩子要读书”，爷爷为了让孙子上学，不连累孙子，已经自杀了几次了。听了他们的故事后，我的心情变得很沉重。

当即，我们决定连夜给这个老大爷安排手术，老爷子的一只眼睛成功地看见了，我们答应他明年再回来为他医治另一只眼睛。回到日本以后，我在行李里发现了一个蜡染布的小盒，里面装了一个玉石刻的小乌龟，下面还压了个小纸条，上面歪歪扭扭地写着“谢谢何大夫救了我爷爷的命”。顿时，我的眼睛里面都是泪水，控制不住地充满眼眶。就在那一刻，我做了两个决定：第一个，未来，我一定要给中国老百姓建一所自己的医院。第二个，明年我一定还要回去。从1989年开始，直到我1996年回国创业，我同松井孝夫老师的“国际义诊团”每年回来两次，九年我一共回来了18次，而每次都是越来越多的人等着我们做手术，中国有太多的需求，有太多没有钱治眼睛的人。

回国前的几年，说不清楚什么原因，就好像有一种无形的力量在推着我，时刻在心里督促着我：“一定要回去建一家老百姓欢迎的医院，用在国外学到的技术服务于老百姓，每年只回来两次是肯定不够的，一定要回国。”我常说，人生就是几次选择，但是对我来说最大的选择不是出国，而是选择了回国。那个时候在日本我已经可以过上很好的日子了，开的是奔驰，住的条件也很好，过着跟普通留学生完全不一样的“小康”生活。直到现在，我觉得最正确的选择还是作了回国的决定，回国以后创院经历的那些辛苦都不用说了，我记得几乎是每天六点钟起床，半夜两点钟睡觉，这样的日子持续了六七年，就这样也有忙不完的活。不仅是我个人，我的爱人、我的弟弟、我的弟媳妇也都跟我先后回到了中国来创建这所老百姓自己的医院。那时候，肉体的辛苦不算什么，最重要的还是心里的痛苦，因为没人明白你要干什么。你的同行不理解，说中国政府培养了一个眼科专家，就是想自己挣钱；社会不理解，那时候没人知道民营医院究竟要干什么；政府也不理解，正常情况下，从海外回来都是到大学当教授的。其实我也不是不想去，我努力过，我到某高校告诉他们回国工作的意向，眼科主任、教授、校长一起面试了我，一个教授对我说：“你把你所有的设备捐给我，你不用回来了，给你个名誉教授当当算了，你的技术我都会。”就在这种情况下，我还是毅然决然地选择了回国，即使我知道当时的公立医院不需要我这样的人，三十六岁的我几乎掌握了当时国际眼科最高端的三大技术，那时候在全国一例都没有。可以说我在“走投无路”的情况下，选择了自己创业，租了一间只有125平方米的小医院，开始了我的梦想。这个小医院是当时濒临倒闭的沈阳市儿童医院一座小楼，都是空的，这个125平米的小房间“身兼多职”，既是挂号室、病案室、药局、收款处、档案室，又是处置室。医院出租房屋的同时还出租人力资源，只要给发工资，人员都领走，于是我把当时儿童医院的三个护士长都聘了下来。非常幸运的是，这些原始的创业团队，现在还跟我在一起，五年、十年、十五、二十年……他们陪我经历了民办医院的艰辛过程，他们是践行者，也是见证者。

这个何氏眼科以及后来我所代表的，特别是作为全国政协委员，应该是一种正能量的先进的思想，一种价值观，我觉得这方面在践行委员责任方面也做了一些工作。医院越发展越好，当时是一家，现在有十家医院了，越来越好，到哪里都受老百姓的欢迎。我一直坚守的就是应该按照办医院的初衷、初心去办医院，我觉得这个才是王道。所以医院在哪里办都是受欢迎的医院，我们也获得了全国重点专科，包括食品药品监督局GCP的机构、全国十大诚信医院等等，获得了很多殊荣。当然我觉得这些都不重要，最能说明问题的还是百姓对这家民营医院的认可，老百姓的口碑比什么都重要。我们很少打广告，老百姓是我们最好的广告，特别是那些接受了何氏精湛医疗治疗以后的那种宣传。他们常说在何氏得到的不仅仅是治疗，更是一些心灵的安慰，我们很注意跟患者的一些沟通、交流和随访，除了把手术做好以外，把病治好以后，更多的是心灵的关爱，这些东西后来给何氏的品牌带来了巨大的影响。

同时，在创新创业方面，我们做了很多原始创新，在干细胞、新药创制、可穿戴设备、生物材料等方面，进行了全面的探索，成果非常不错，我们的产品从今年开始陆续问世。就在前一段时间，我们的人工晶体获得了国际欧盟的认证，现在还有几个药物在中国CFDA认证过程中，我们希望在未来，全部的产品都能够上市，这个上市以后，我们眼科常见的高端耗材就会实现85%的国产化，可以节省大量费用。打个比方：如果买国外的产品需要一百块钱，我们自主研发的国产产品不超过十块钱。我们做的这一切，为的是使中国老百姓看病不再像以前那么贵。

最近，我们联合了高科技企业，在做一个看眼病机器人的项目，我们共同的希望是，未来这个机器人可以放在乡医、村医的办公室，患者看眼病的话不用跑省城的大医院找大夫，机器人就可以帮助实现全部眼科医生做的事情，利用云计算和智慧医疗解决后期诊断的问题，接着我们再做集中的手术中心，这样就减少了很多医疗投入，随之可以做到“早发现、早治疗”，检测不用再花钱，只交手术费用就行。而那时的人工晶体、药物都国产化，成本和费用都降下来了，花现在1/10的钱就能解决白内障眼病的问题，而且更及时、更早发现、效果更好，这是我未来不断追求和努力的一个梦想。

博雅教育，为国家培养全人格人才

何氏在创业过程当中发生了很多奇怪的事情，不管哪里医院开业，一开业就下雨，开业仪式前下，开业仪式开始就停，开业仪式过后再下，或者在它前，或者在它后面下雨。何氏一有好事就下雨，大学的开学仪式也是下雨。医院前几天抚顺刚开完开业仪式就下雨，大连也是，大连是头一天晚上下雨，第二天上午下雨，开业前雨就停了，净是这样。

后来我就开始怀疑人类的认知是不是有限度，就像二十年前我们对着手机说话，这件事肯定大家以为是迷信，或者是欺骗，但是二十年以后大家看到Skype、微信都可以看见对方。1996年10月6号是我们沈阳医院开业的日子，那天下午护士站飞进来一只小鹰，撵走了还回来，后来护士把它抓进来发现这只小鹰的眼皮不知怎么给撕开了，我们给它缝了以后，上点药，小鹰就飞走了，那是我们的开业仪式。也是这个原因何氏的LOGO里面有一个鸟。

第三件奇怪的事就是大学搬迁，从沈阳医学院搬到现在的新址以后两年多，有一天，我在院子里看见一个锄草的老大爷，我跟他搭讪说大爷怎么样，累不累？他说“不累，原来我们做农活的，现在锄锄草，不是锄草，就是剪草坪，浇浇水，不累”，我说在这儿工作怎么样，他说这儿挺好的。他说大兄弟，老何这家挺奇怪啊，他选这地，有人算过，我说怎么了，因为我自己知道，我不信这些东西，怎么能去算呢。他说我告诉你，这个村子叫大夫村，五百年前这个地方就出士大夫的，这个山叫何山，何大夫，哪有这么巧的事。他说在这不远还有一口井叫向东井，是毛主席为中国的第一口奠井命的名。说这家老大叫何伟，老二叫何向东，向东井。他说哪有这么巧的事，我偷偷乐了，我说巧的事还很多呢。

我们的学校非常漂亮，山清水秀的，据说是努尔哈赤屯兵的地方。这个地方叫满堂乡，满族的满，还有一个山叫辉山。相传努尔哈赤就是在这个山脚下把大儿子斩了，所以他命名这个山叫悔山，因为他非常后悔杀了他大儿子，后来后人把他改成为辉山。沈阳世界园艺博览会、秀湖公园都在这个区域。

辽宁何氏医学院，是一所创新创业类型的大学，这所大学的管理是由创业学院的学生管理团队来管理的，所以它的餐厅、物流、环保、安保、邮政都是由学生来负责的，学生在读书期间受到非常大的锻炼，所以在就业的时候非常容易，用人单位也非常喜欢何氏的学生。他们常说何氏的学生一看就知道跟传统学校的不一样，第一有礼貌，五米以外肯定跟老师打招呼，或者跟领导打招呼，跟同志们沟通的能力非常强。第二就是学什么东西非常快，上手快。第三这些孩子们有一个特点，就是非常有想法，而且善表达。因为办学历史还很短，才十几年的时间，不敢夸口，但是有一条，这些学生将会成为新型教育模式下培养出来的具有示范性的一群学生，我们希望看到他们为中国的社会经济建设能起点特殊的作用。

对我来说大学里边面对的最大挑战是教师是由两拨人组成的，第一拨是我们从传统的公立大学里面聘请来的，还有一部分是改革开放以后出国留学，留学归来后不太适应传统的大学，或者是进不了那些高端大学以后到我们大学来创业的。这两拨人的思想容易发生很大的碰撞，他们的想法是不一样的，前者很有经验也很有想法，安于维持现状，延续传统公立大学的教育，不做什么改变，按点上班，按课时计报酬；可是从海外回来这些人就希望改变传统的教育方式，由原来的老师教变成一种以问题为基础的教学，一种研讨型、对话型的教学。两种倾向的老师发生了一些争执、争论，让学校里充满了自由研讨的一个气氛。

当然我们做了一些折中的改变，既不全都是研讨式的，也不是原来保守式。我们做了几个大的改变，第一个改变就是强调通史教育，我们叫博雅教育，我们把大量的传统的可以压缩的、通过照本宣科的内容改变为一些研讨型的，特别是增加了大量的哲学的、艺术的、宗教类的，让学生能够了解人类文明史上一些关键的必读的课程。第二个就是动手与实践，通过实践课让学生去学习。第三个就是让学生增加社会责任感，无论在家里面，还是在社会上，你是需要有担当的。独生子女，做什么都习惯考虑自己，而很少去考虑别人。对这样一群孩子来说，应该增加这些东西，我们发现这些教育改革之后给学生的成长和全人格的形成，确实起到了非常好的作用。我们经常听到说，学生家长来了流眼泪，要感谢我们，说这孩子都到高中了，从来不听我们的话，家里的活从来不做，在何氏待了一年多，到周末一回家，就帮家长干活，也不乱花钱了，懂事了。我们开始并不知道，我们以为这只是一个偶然的事情，后来向我们反映的家长越来越多，我们觉得调整博雅课的内容，增加学生对人文、对责任感、对中国社会未来发展的一些认知的教育，也许对这些孩子树立理想，有了一个清晰的目标。

没有经历就没有发言权

进入政协以后，我一直在努力建言献策，积极参与国家“十二五规划”的研讨工作，在这其中收获颇丰，这些经历为我这名普通的医生打开了一扇窗户，让我从一个非常专业化的视野领域中跳出来，重新站在全国经济社会发展的角度去理解经济、理解社会、理解政治协商。对在每年的两会中，我都会积极地建言献策，可以说我是尽最大努力做到了“肝胆相照”。我的提案大部分都围绕着民生，对此我有着深刻的基层体验。我一直坚信“没有经历就没有发言权”，因此我每年都有三个多月的时间在基层。

在我的提案当中，最关注的内容之一是基层医生缺乏问题。1998至2004年期间，我多次亲自并带领团队到印度去考察，虽然印度不属于发达国家，但他们的防盲治盲模式却很成熟，因此，我们去印度并不是想象中的“去扶贫”，反而是去学习，学习他们的模式，回来后转化为符合我们中国国情的、低成本、高质量、可持续、可复制的防盲治盲模式。2001年，我们组建了第一支正式扶贫的社区医疗队，这个医疗队从开始的十几个人到现在已达到几百人，他们每天主要的工作就是下农村、走基层，为那些缺医少药地区的农民及贫困患者看病。我也经常与他们下乡，去了解贫困百姓的需求，每到一个新的区域，我都会有不同的体验。这些体验告诉我，中国医疗改革的重点之一是一定要解决最应该为什么人服务的问题，九亿人口覆盖的县以下的区域是真正最需要基本医疗保障的，所以我结合在基层调研的经验以及同乡医村医谈话了解到的问题写成了很多提案。这些提案非常详实地报告了县、乡、村三级医疗网的现状，有这样的现实，即乡医、村医存在着没有基本的工资保障、业务能力低下、没有基本考核指标、急需培训和认证的这些严重问题。他们大部分是文革期间赤脚医生的后代，并没有经历过正规的医学教育，相当多的一部分人，既当兽医，又当人医，他们收入不足的时候，这边看病，那边还要去田里劳动……我把我看到的事实和现状都写到了提案里面，希望政府能够切实关注这些人，因为他们不会看病或看不好病，涉及的不是几个人，而是九亿多人口。因此，他们急需培训、急需认证，以确保医疗质量。同时，“雪中送炭”对乡医、村医而言也是非常必要的，能不能让大城市的医生和医疗资源，向基层倾斜，也是我提案的重点内容。

我的提案当中第二个关心的问题是“关于医疗市场开放问题”。由于我本人是一个回国自主创业的、以高新技术为引领的民营眼科医院的院长，可能与传统的民营医院，或者是新生社会资本进入的医院有些不同，我们是“纯”专业人员为主，“纯”的眼科专家创办的眼科医院。然而，社会上有很多早期非专业医疗民营资本进入医疗领域的情况，导致了鱼目混珠的现状，我对这些问题也提出过很多意见和建议。我的观点是，社会资本进入医疗领域，政府是应该给予鼓励的，尽管早期会出现这样那样不适应的情况、有很多缺陷，但是一个长期由国有医院控制的医疗体系，在医疗质量、价格体系、服务体系等诸多方面都是缺少竞争、缺少活力的，因此，我们需要有民营医院或者是非公医院的进入，来形成一个竞争。总体来说，医疗服务还是属于健康服务业的一部分，是需要市场调节的。所以我非常赞同政府提出“保基本、强基层、调结构”的明智战略。在政府提出这个战略以前，我始终坚持建议把医疗卫生工作的重点放到农村，医改的核心问题是要解决为什么人服务的问题，而不是解决公立医院改革的问题。我比较反对的是有一部分公立医院的代表人士，总是希望改革大型国有医院，让民营资本进入大型国有医院改成股份制，我认为这不是政府和政府医院应该做的事，政府和政府医院应该把主要精力放在解决绝大多数百姓就医的基本保障问题，同时开放市场，让那些高端的医疗设备由社会资本来提供。

民营资本进入社会服务医疗服务业，应给予市场公平待遇。长期以来，社会上出现的“玻璃墙、弹簧门”情况，导致社会资本想进入，却又无法进入，即使进入以后也无法生存的状态，这是一个不争的事实。通俗来说，我表面上答应你成立医院，但执照却不发给你，进入医疗行业后，不给予医保，没有医保，老百姓就不到你这儿来看病，你还开什么医院，你的医生不能流动，楼和设备都白放着，没人让你看病……有关这些实际的情况，我曾提出了很多相关建议，希望大力地开放这个市场。幸运的是，全社会都在呼吁，政府也在逐渐改变想法，大家也看到了，截至目前，民营医院已达1.3万多家，在数字上已经超过了国有医院。尽管它所提供的服务还不到20%，但是只要有数量，将来一定有规模、一定有质量，这是一种历史的必然，我们可以随着历史去看民营医院的未来，我相信一定有非常好的前景。

进入政协后，我更多的还是以身作则，用实际行动去回馈社会、履行委员职责。当上政协委员以后，我加大了扶贫、帮困的力度，我们医院每年的收入，相当一部分用来满足近一半患者免费就医。因此，百姓经常说感谢党、感谢政府，我非常欣慰，因为没有党和政府的支持和鼓励，没有我们改革开放，我便不能出去，也不能回来，更不能创业发展，所以我是心怀感恩来回馈社会的。由于这些扶贫帮困的活动给党和政府争了光，也给全国政协争了光，老百姓都知道何伟是政协委员，我也感到十分光荣。回头想想，正是有了这些深入基层的社会实践、扶贫帮困的活动，才能让我深切感受到老百姓的真实需求，也才能够写出切合实际的提案，这对我来说是非常难得的机遇。

2008年，我跟随我们组的政协副主席去宁夏调研新型农村合作医疗情况，在戈壁滩上的城市，医疗卫生却搞得相当地好，特别是在贫困县的医疗卫生的布局上，国家投入很多，但唯一的缺陷还是人力资源配备不足。而在这次调研期间，正好赶上了震痛全国人民的5·12汶川地震，于是调研还没完成，我便直接从那儿飞到了成都，到汶川参加了救灾。当时这边地震的第一时间，我便指示家里，也就是何氏眼科医院迅速做了一个流动车，即“爱心流动医院”，载满救济品、必备药及手术设备从沈阳连夜开往成都，又从成都开到了汉旺，在那里开展了抗震救灾的急救活动。

回首总结一下自己，我回国至今已有二十年，进入政协现在是第二届，即十一届、十二届，我对政协充满了感恩，对政协委员间的友爱、互助、研讨，以及对人民政协的责任和使命有了更新的认识，政协在中国社会经济发展当中所起的作用，随着历史的沿革，大家会越来越体会到它的重要性。在我人生当中，能成为一名政协委员，是一次难得的经历，也是一个无悔的选择。我在政协的平台上得到了成长、进步，可能到老的时候，再去回忆，在政协履职尽责的这段时间，一定是我人生中最难得、最值得记忆的。

建言献策　尽责履职

政协第十一届全国委员会

【提案】

关于我国开展防盲治盲工作的建议

一、我国防盲治盲工作形势非常严峻

1. 据1999年世界卫生组织估计，我国是世界上盲人最多的国家之一，盲患病率约为0.5%，约有盲人700多万，或占世界盲人总数的18%。虽然我国积极开展防盲治盲项目和白内障复明工程，成绩显著，但是2006年第二次全国残疾人抽样调查结果表明，我国视力残疾的患病率为1.53%。以此推算，我国视力残疾的人数达2003.5044万人，表明我国严重的盲情仍未得到根本解决。

2. 根治白内障盲的进展缓慢。我国白内障手术率不高，目前发达国家如美国、日本等CSR达到6000以上。世界卫生组织为亚洲制定的目标是CSR达到3000。2006年的资料表明，泰国的CSR为2040，越南为997，缅甸为819，柬埔寨为749，老挝为627。非洲最低，为200。经过多年的努力，我国目前白内障手术率仅为540，低于亚洲的一些发展中国家，这与我国经济快速发展和人民生活水平的提高很不相称。

3. 我国对“视觉2020”行动做过承诺。在1999年世界卫生组织发起“视觉2020，享有看见的权利”行动之后，我国政府高度重视，支持1999年9月在北京召开的以“动员全世界各方面，同心协力，在2020年前根治可避免盲，达到人人享有看见的权利”为主题的第六届国际防盲协会全体大会。1999年9月17日，卫生部部长在“视觉2020行动”的支持文件上签字，向世界做出庄严承

诺，中国政府支持和实施“视觉2020行动”。从“视觉2020”行动开展以来，已经过去8年多，但是我国防盲治盲的工作仍然存在着诸多的问题。

二、我国的防盲工作有信心能够抓好

1. 我国有大量开展防盲治盲的人力、财力资源。目前我国政府、国内外的非政府组织、眼科团体以及一些个人对于进一步做好我国的防盲治盲工作的积极性很高，以各种方式参与了我国的防盲治盲工作。这是我国防盲治盲工作得以开展的重要原因。将这些力量有机地组织起来，就能更好地发挥这些机构在防盲治盲中的作用。

2. 医疗卫生制度的改革有利于防盲治盲工作的开展。目前，我国正在进行医药卫生体制改革，改革的总目标是建设覆盖城乡居民的基本医疗卫生制度，为群众提供安全、有效、方便、价廉的公共卫生和基本医疗卫生服务，促进人人享有基本医疗卫生服务。做好防盲治盲工作，使人人享有看见的权利，完全符合我国医疗卫生制度改革的大方向。

3. 我们已经具有较好的条件和足够的技术力量。我国眼科界经过多年的努力，已经掌握了各种用于白内障手术和人工晶状体植入的手术技术。虽然目前存在着手术医生数量不大的问题，但经过培训，完全可以满足开展防盲治盲工作的需要。

三、对今后开展防盲治盲工作的建议

1. 为了有效地开展我国的防盲治盲工作，国家、省、地区的卫生行政部门应当设有专人负责防盲治盲工作，包括有关防盲治盲政策的制定，防盲项目的组织，信息的收集和发布等工作。

2. 我国的防盲工作应当抓住“视觉2020享有看见的权利”全球战略行动，这样才能使我们的防盲治盲工作更加深入地发展。我们建议：成立国家、省和地区级“视觉2020，享有看见的权利”行动管理委员会（或工作小组），由政府主导、国家卫生部牵头，残疾人联合会参与，建立多部门联手互动的防盲工作机制，领导全国防盲工作，将政府的承诺真正落实到行动上。我们也应当将实施“视觉2020”行动与卫生部“健康中国，2020”结合起来，统一部署、共同推进，这样才能使我国的防盲治盲工作深入广泛地开展起来。

3. 建立持续高效的防盲治盲模式。在我们的防盲治盲工作中，没有将眼科事业的建设与防盲治盲和眼保健工作结合起来。许多眼科机构游离于防盲治盲工作之外。多年来，我们加强了县级眼科机构的建设，希望它们能够承担防盲治盲的重任。但实际上，由于大多数县级眼科机构力量弱、人员少、观念旧，实际不能担当起这样的责任。建议建设新型的以地、县、乡为基础的三级眼科服务体系：（1）第一级为地市级医院的眼科机构，每个地区通过竞选，确定一个眼科机构作为该地区的集眼科医疗、教学和科研为一体的眼科中心，负有指导全地区开展防盲治盲工作的责任，能够提供三级的眼科医疗服务，负责技术指导、接受下级医院转诊患者、开展科研、培训眼科工作人员。（2）第二级是县级医院眼科机构，每县选取一个，主要负责完成白内障手术、培训手术医生、管理社区眼科诊所，开展眼病筛查工作。（3）第三级是乡村（或社区）的眼科诊所或眼病筛查点，负责筛查、转诊、输送病员，负责提供宣传教育、验光配镜、简单疾病的诊治等。通过建设这样的新型眼科服务模式，既可以发挥三级医院的积极作用，又能够发挥基层医院的作用，可以解决大量人口中（每个地区有600万至1000万人口）的防盲治盲和眼保健的问题。

建设这样的新型眼科服务体系是需要一定经费的，可以通过政府、NGO等途径来筹措解决。

4. 引导、鼓励NGO参与防盲工作：随着我国经济社会的快速发展，我国NGO不断壮大，NGO积极参与社会公益活动的热情不断高涨，如何挖掘NGO的潜力，引导和鼓励NGO参与我国防盲工作十分重要。我们还要积极争取WHO、世界银行和国际防盲组织的支持。

5. 未来五年的防盲治盲工作的重点：根据我国近年来的眼病流行病调查，我国致盲的第一原因仍然是白内障。我国第二次残疾人抽样调查结果显示，白内障仍为视力残疾的首要致残原因，占盲人的一半以上，所以白内障防治工作依然是未来相当长时间内我国防盲治盲工作的重点。

2008年

关于提请关注我国青少年视力健康加强中小学生近视防治的建议

随着现代学习、工作、生活节奏的加快，电视、游戏机、电子计算机的普及应用，人类使用视力的时间不断延长，近视眼患者的队伍也越来越庞大。目前，我国共有四亿多近视眼患者，以13亿人口计，约每3个人中就有1个是近视眼，特别是青少年近视的发病率居世界第二，人数居世界第一，且渐趋低龄化，中小学生近视检出率为53.8%（城市60.7%、农村30.7%），高中以上学生更是高达70%，其中高度近视眼的发病率已达到国际平均水平的5—10倍，近视正严重危害青少年的健康成长，同时影响我国高素质人才职业的筛选，缩小了特殊职业人员的选取范围，更是对实现我国21世纪健康目标的严重挑战。

造成我国中小学生近视眼发病率高的原因是多方面的，除遗传因素、营养因素及其他疾病因素外，主要与中小学生的个人习惯、学习环境、生活环境及社会因素密切相关。

1. 不良的读写习惯导致学生视力下降。不良的读写习惯在我国中小学生中较普遍地存在，占学生总数的78%左右，表现为近距离伏案读书、歪头斜身写字、躺着看书或走路坐车时看书，这些坏习惯导致视疲劳，形成假性近视，时间一长则逐渐过渡为真性近视。

2. 学校的学习环境导致学生视力下降。虽然国家已经并正在大力推行素质教育，但不可否认部分中小学校仍受应试教育体制的束缚，为追求升学率而延长学生在校学习时间，小学生平均在校时间长达8—9小时，中学生则更长，学生的在校时间主要用于室内文化课（升学考试科目为主）的学习，除去每周两节体育课外，几乎没有什么体育活动，甚至有的学校连“两操”也不能保障。长时间的室内紧张学习，使学生精神疲惫、眼睛疲劳，从而视力下降。

3. 家庭生活环境导致学生视力下降。“望子成龙、望女成凤”使诸多中小学生家长对孩子的未来过度控制，自己未达成的各种梦想都欲在下一代身上实现，学生在完成学校的学习任务后往往回家还要加班加点、挑灯夜读，许多城镇中小学生周末还要奔走于各种课外辅导班；而随着传媒、电子、网络的发展，如今相当多的中小学生在家庭生活中放松娱乐的主要方式是看电视、打游戏、上网，长此以往不能使眼睛得到充分休息，造成视力下降。

4. 社会对青少年近视防治的投入及关注不够。对应于我国如此众多且与日俱增的青少年近视眼患者，近视等眼疾研究和防治条件却相对落后，从事视光学研究的人才严重匮乏，全社会对防治近视等眼疾的认识程度不足、宣传及普及教育不够。

5. 我国青少年近视防治体系亟待健全。目前，各地中小学卫生保健所与疾控中心近视防治专业力量薄弱。包括大城市都尚有不少学校不能按规定设卫生室、配齐校医，西部农村学校卫生室与校医更少，眼保健力量极其薄弱。而医疗机构通常只能坐等患者上门，接受转诊治疗。文教卫生的条块分割和学校卫生学与眼科学的分离，限制了近视防治工作的深入开展。

由此可见，切实加强我国青少年近视的防治工作，需要政府、社会各界、学校及家庭各方面的齐抓共管、密切配合。我建议：

1. 加大宣传力度，多方面帮助学生养成良好的用眼习惯。使孩子自幼养成良好的用眼卫生习惯，报纸、电视台、电台等媒体应加大眼科相关知识的普及与宣传；政府、企业、社会团体、社区应积极开展爱眼宣传及活动，定期举办爱眼讲座、创办健康教育网络等真正引起学生、家长、学校及社会各界对眼保健的重视，营造学生主观重视，家长、学校、社会积极保护与监督的良好氛围；而学校作为学生学习的主阵地应定期开设有实效性的健康教育课，面对面地教育学生学会科学用眼、克服不良读写习惯。

2. 推行素质教育，学校应切实减轻学生课业负担、积极保护学生视力。各级教育部门应积极监督学校把学生在校时间压缩到国家规定范围，并在管理制度上保证学生户外体育活动和“两操”的完成及其质量，教师在教学及辅导过程中发现学生错误的用眼习惯要给予及时纠正和指导，学校应定期组织体检，对近视眼的学生进行筛查，为每一名学生建立视力健康档案。

3. 转变教育观念，家长应增强青少年视力保护意识。家长应正确认识青少年的视力与其未来的关系，转变教育观念，积极调动孩子的学习积极性，侧重培养其学习能力，使其掌握正确的学习方法、提高学习效率，而并非绝对延长学习时间。生活中要注意观察，对于孩子学习生活中错误的用眼习惯随时监督、及时纠正，一旦发现孩子有近视倾向应尽早去专业的眼科医院和门诊进行检查和治疗。除新闻及必要的青少年节目外应劝导孩子少看电视，并应身体力行地和孩子一起进行有益于身心健康及视觉发育的体育运动，如打乒乓球等。

4. 增加社会投入，提高我国对青少年近视的防治能力。英国、美国与澳大利亚等国的学生近视率多年来能得到较好的控制，先进的眼科视光学与视觉科学、发达的健康教育与医疗保健体系都是其重要因素。我国各级政府及社会各界应重视并大力加强青少年儿童视觉发育规律与近视眼的预测、预防与早期干预综合研究，积极培养视光学的专业人才，增加资金及社会力量的投入，以逐步提高我国对青少年近视的防治能力。

5. 建立健全国家近视眼防治体系。近视眼必须综合防治，必须动员和依靠全社会的力量、多部门协作、全社会参与来推进。健全的近视防治体系是综合措施得以顺利实施的必要保障。文教卫生有机结合，公共卫生与临床医学有机整合，产、学、研有机结合，眼科学与学校卫生学有机整合，建立健全国家近视眼防治体系是青少年视力健康的必要保障。

2009年

关于提请关注我国视光学发展
增设眼视光师专业技术职称的建议

在人们的生活和工作中80%的知识、信息是通过眼睛获得的，视觉生活质量对于人类自我价值的实现有着非常重要的作用。在我国，随着社会经济的快速发展，近年来的眼科疾病中与视觉与视功能有关的问题日益增多，需要进行视功能诊疗的人群逐年扩大。如近视：我国近视人口总数占总人口的30%，每年新增近视患者超过3000万，青少年的近视发病率更是高达50%—60%，全国现有戴眼镜的人数约为8亿。老视：社会的发展使中老年人心理年龄趋于年轻化，老龄人群中约35%需要进行老视矫正。视觉疲劳：信息网络化、电视的普及将人们束缚在视屏前，长时间用眼导致视功能失去平衡、双眼视问题、干眼症等。低视力：在我国发病率为1%—2%，已引起全社会的关注。儿童斜弱视：在我国发病率为2%—4%。

可见，我国人民群众对视觉服务有很大需求，而现有的视觉保健服务资源却非常有限，以屈光方面的保健为例，在18—35岁屈光不正的人群中，只有25%得到眼镜、隐形眼镜或屈光手术的有效矫正。而在我国目前与视觉和视功能有关的眼病检查、诊疗与矫正基本是由医院的眼科医生兼任视光师或是由眼镜店的从业人员完成的，而国内84.2%的眼镜店从业人员持有的是高中或职校甚至初中学历，专门的眼视光专业毕业人员不到三分之一，视光产品特别是眼镜的质量更是不能令人满意，在中国眼镜协会近年对框架眼镜的抽查中，加工合格率为83%，验光合格率仅为34%。总之，我国现有的视光从业人员无论数量和质量都难以满足社会对视觉服务的需求。造成这一现状的有以下原因：

1. 我国视光学发展起步晚，视光教育开设院校少。虽然随着我国经济的发展、医疗水平的提高，视光学近年来发展速度较快，但与西方发达国家一百多年的发展历史相比我国视光学发展起步较晚，视光教育在20世纪80年代末才开始开设，而且只有温州医学院、天津医科大学、中山医科大学等屈指可数的大中城市的高校设有眼视光专业，相关教育形式也比较繁多（有七年制、五年制、四年制、三年制等），从而导致视光专业人才严重缺乏，与发达国家远远超过眼科医师的眼视光师的人数相比存在明显差距，更是不能满足我国的社会需求。

2. 从事视光学工作收入低，社会地位低。在发达国家，视光师的收入颇丰，社会地位高，在美国的所有行业中，视光师的收入排名第四，社会地位排名第五，而目前我国从事视觉检查、视觉诊疗与矫正的人员多集中在眼镜店完成验光、配镜等工作，收入低，社会地位低，导致原本就为数很少的视光专业人才不愿从事验光等工作，而目前从事视力检查、验配的人员大多是学历层次较低或没受过专业教育的人员。

3. 关于视光专业的技术职称定位偏低。与欧美发达国家对眼视光师有严格的考核及明确的资格认证相比，目前我国对眼视光师并无明确的专业技术职称考核及认定，视光领域的技术职称只有各级验光员（技师）及眼镜定配工，且各级验光员（技师）和眼镜定配工的考核及资格认证不只面向有视光专业背景的人，同时也面向社会上的其他人员，这就不可避免地导致现今从事视光相关工作的人员大部分是无视光专业教育背景的低学历者，从而使得我国目前在视光领域仅有的各级验光员（技师）和眼镜定配工的技术职称的含金量进一步下降。

因此，我建议：

1. 增设眼视光师的专业技术职称。视光学是眼科学的起点也是眼科学的终点，眼科学加视光学才能组合成最好的眼睛全程医疗保健体系。在一些发达国家，眼科医师和眼视光师是两种不同的职业，眼视光师主要是用光学器具来矫正和改善视功能，并有药物处方权，在美国，现有眼视光师3.3万人，其人数远远超过眼科医师。为了促进我国视光学的快速发展，以满足我国广大需要进行视功能矫正和治疗的患者的需求，增设眼视光师专业技术职称势在必行。

2. 规范眼视光师的考核标准及资格认证。在美国，获得眼科视光学相关学位的毕业生必须通过全美统一的“眼科视光学”执照考试才能从事视光领域的诊疗工作。针对我国视光学的发展现状，增加眼视光师执业资格考试是提高眼视光师质量的重要保障，具有眼视光学专业背景的毕业生根据工作年限及业绩考取不同级别的眼视光师职称（如眼视光助理医师、眼视光医师、眼视光主任医师等），明确各级职称的岗位职责，并在制度上提高眼视光师的相关待遇，从而更广泛地吸纳眼视光专业的优秀人才从事眼视光师职业。

3. 明确眼视光师的工作场所。医院、社会可从以下几个方面着手为眼视光师提供独立的工作场所，改善工作环境。（1）医院需设置对视功能进行检查和诊疗的视能部门，从而使眼科医师不再兼任眼视光师，为眼视光师提供独立的工作场所；（2）改造和清理眼镜商店，使其成为视光诊所；（3）鼓励眼视光学专业的毕业生考取眼视光师职称，自主开设眼视光诊所。

4. 加强对视光学专业人才的培养。我国高等医学院校必须立足我国，面向世界，面向未来，确定视光学人才的培养目标，规范教育模式，建立符合我国国情、有中国特色的视光教育体系，以完善学生的知识结构、提高学生的临床技能、培养学生的科研素养为教育重点，为培养综合素质高、专业能力强的眼视光师打下坚实的基础。国家需在政策和资金上支持高校（特别是中小城市的高校和民营高校）开设视光学专业。

5. 成立眼视光师的相关组织。在我国眼科医师有“眼科医师协会”，眼视光师专业技术职称确定之后也需成立如“眼视光师协会”的组织，以加强国内外的交流与合作，促进我国视光学的快速发展。

6. 加大对眼保健的宣传力度。报纸、电视台、电台等媒体应加大对眼科相关知识的宣传，政府、企业、社会团体、社区应积极开展爱眼宣传及活动，定期举办爱眼讲座、创办健康教育网络等真正引起全社会对眼保健的重视，从而不断提高眼视光师职业的社会地位。

2010年

关于提高村医待遇及创造村医良好执业环境的提案

农村医生是新中国诞生的新生命体，在国际医疗史上独树一帜，他们是三级医疗网的网底，承担着防疫、合作医疗、妇保、儿保、精神病防治、疾病普查和预防控制等多项工作。

然而，随着经济大潮的潮汐更替，他们的命运与现代各种职业极不相称。首先从收入上讲，要想合理诊断、治疗，所取得的利润都及不上一个普通农民工。再说保障，他们还不能和正式的医生、教师一样有各种保障和退休金等待遇，即老无所依，所以有些村医为了生计被迫改行，留下医疗空白点；有的则就地取材以患者为市场，把收入建立在输液和药品加价上，他们要富裕无疑加重了农民负担。

前不久，新华网、人民网等多家媒体均登载了国人输液人均8瓶的文章，中国有九亿人口住在农村，这人均8瓶当然也少不了农民的份，新医改如果能在提高村医实践技能的基础上，给村医提供各种待遇（可按照服务区域人口和人均收入计）和保障，再把药品降至零差价销售，那么主要益处可有如下三点：第一，村医不再依赖输液增加收入，减少人均输液量，减少甚至杜绝过度用药的一切副反应；第二，大大减轻农民负担；第三，很多乡村都有非法行医充斥医疗市场，他们的存在无非为了赢利且严重威胁群众的生命安全。如果上述想法成立，则患者身上无利可图，非法行医可不攻自破。

村医是9亿农民最贴心的健康守卫者，新医改如能重点关注他们的生存和健康执业，则是政府完成了一件真正意义的民生大事。

2011年

关于进一步提升县级医疗机构卫生技术人员能力的提案

国家在医改方案中提出大力发展农村医疗卫生服务体系，健全以县级医院为龙头、乡镇卫生院和村卫生室为基础的农村医疗卫生服务网络。县级医院作为县域内的医疗卫生中心，负责基本医疗服务及危重急症病人的抢救，并承担对乡镇卫生院、村卫生室的业务技术指导和卫生人员的进修培训。卫生部陈竺部长认为目前“看病难”的主要表现形式和特征是由于优质医疗资源相对于居民需求的不足，造成患者去大医院看专家“难”。突出表现为许多人看小伤小病也拥到大医院，大医院人满为患。为解决看病难和看病贵的问题，卫生部门2011年将加快推进公立医院深化改革，优先建设发展县医院。

县级医疗机构卫生技术人员存在的问题：

1. 我国县级医院医师以专科医生为主，与大医院相比，专业技术水平较低，导致医疗纠纷和医疗事故较多，造成居民对县级医院的满意度和信任度不高，很多人不管小病大病都到大医院就诊，从而导致基层患者到大医院“看病难、看病贵”的现象。

2. 目前，针对县级医疗卫生人员的培训尚未建立科学规范的体系和制度。虽然国家和地方提供很多的医疗知识技能培训， 但是针对基层需求的适宜性技术培训较少。许多县级医生接受培训后，难以在实际工作中应用，造成政府投入的设备闲置，医疗服务质量无法保证，培训效果不佳。

3. 县级医院医疗人才队伍出现断层，上级医生技术垄断，不愿意教年轻医生。年轻医生素质普遍下降，看病主要依靠仪器、设备检查，缺乏独立判断和处理疾病能力。受到市场经济的影响，县级医院技术好的医生流失到经济效益好的上级医院。

建议：

加强县级医疗机构卫生技术人员队伍能力的建设，为县级医疗卫生机构培养适宜人才，提高现有人才，留住合格人才。

1. 进一步完善专科医师制度建设，对应届毕业生开展为期3年的专科医师培训，培养临床实用型人才，为县级医院培养适宜、合格专科医师。

2. 针对现有的在职卫生技术人员，开展继续医学教育，举办各类针对县级卫生技术人员的适宜技术培训班，适当减少与“高精尖”技术相关的培训班，提高县级卫生技术人员的实际操作能力和服务水平。

3. 在有条件的县及县以上医院建立临床培训基地，重点培养县级医疗技术人员。对于培训所需经费，由中央及地方财政给予补助。

4. 制定优惠政策，鼓励优秀卫生技术人才到县级医疗机构服务，保证县级医疗机构合理的人才梯队和其医疗卫生服务能力。

要下大力气建设好以县级医院为龙头的基层服务体系，让更多的病人在基层医院解决普通疾病和一般疾病，最终实现解决基层群众“看病难、看病贵”的问题。

2011年

关于进一步完善新型农村合作医疗制度的建议

新型农村合作医疗制度（简称“新农合”）是由政府组织、引导、支持，农民自愿参加，个人、集体和政府多方筹资，以大病统筹为主的农民医疗保障制度。它的本质是通过农民群众的互助共济，共同抵御疾病风险，减轻农民由于医疗支出过大所带来的经济负担，防止农民“因病致贫、因病返贫”，“小病拖成大病、大病在家等死”等现象，以提高农民的整体健康水平，促进农村经济发展和社会的和谐稳定。

建立新型农村合作医疗制度是党中央、国务院从全面建设小康社会、落实科学发展观、统筹城乡经济社会协调发展的高度做出的一项重大决策，是社会主义新农村建设的重要内容和基础性工作，它充分反映了农民的意愿，关系到农民的切身利益和农村的长期稳定与发展。对于缩小城乡差距、构建和谐社会意义深远。但新型农村合作医疗制度在试行的过程中也发现存在着一些问题。

其一，农民的参保意识不强。在目前经济和文化条件下，农民很现实，也不善于用长远和开阔的眼光看待疾病风险和健康问题上的投入产出关系。对于新型农村合作医疗制度，农民看重的是怎样通过自己所投入的参合金实现更多的产出，而不是投入参合金却得不到任何短期回报。尽管目前各地上报的农民参保新农合的比例相当高，但众多调查显示，农民参保意识不到位却是普遍现象。他们对建立新型农村合作医疗制度的目的是为了解决农民因病致贫、因病返贫，是一种以实行大病统筹为主要形式的医疗保障制度不理解。相当一部分农民对参加新型农村合作医疗缺乏积极性。在经济水平相对较低的地区，农民由于受经济条件的限制和传统观念的影响，自我保健意识和健康风险意识更为薄弱，互助共济观念更为淡薄。就是在一些经济较为发达的地区，也同样不同程度地存在此类情况。部分农民对合作医疗缺少认同感，认为没有存在的必要。一般来说，农民的预防意识都较为薄弱，侥幸心理广泛地存在于经济并不宽裕的农民群体中，他们很难形成投入固定的医疗保障费用的意识。

其二，以大病为主的医疗补偿机制有待完善。新型农村合作医疗是基于概率的大病保险制度，政策方向以大病为主，即政府补助的人均20元和农民自缴的人均10元，“主要补助大额医疗费用或住院用”。但农民的大部分医疗支出都表现为门诊支出，因此以大病为主的保障，不利于建立稳定的筹资机制。按规定，新型农村合作医疗中不予报销的范围为：（1）已参加城镇职工医疗保险人员的医药费；（2）自购药品；（3）镶牙、口腔正畸、验光配镜、助听器、人工器官、美容治疗、整容和矫形手术、气功、按摩、家庭病床、特别护理、健康体验、非医疗性个人服务等项目的费用以及陪客费、中药煎药费、输血费、交通费、出诊费、住院期间的杂费等；（4）怀孕、流产、堕胎、分娩及其他计划生育所需的一切费用；（5）交通事故、医疗事故、大面积食物中毒、工伤（公伤）及其他赔付责任应予支付的费用；（6）有挂名或冒名顶替等欺诈行为的；（7）因交通肇事、自杀、斗殴、自残、服毒、酗酒等故意行为及其他家属的故意行为造成伤害所支付的医药费用。其中的一些，比如交通事故，农民损失将是很严重的，但没有列入报销范围。相关解释是交通事故一般有赔偿方。但是假如没有赔偿方或赔偿不足呢？这种可能性并不算小。由于重大疾病和住院医疗服务发生概率较小，会降低参保者的预期收益，威胁新型农村合作医疗筹资的可持续性。保障目标定位为保大病，事实上放弃了对大多数人基本医疗需求的保障责任，难以获得良好的投入绩效。事实上，真正影响农民整体健康水平的是常见病和多发病， 许多农民的大病也是因为“小病无钱治而扛成大病”的。从卫生投入绩效看，对大病的干预所获得的健康效果远不如对常见病和多发病的及时干预。此外，大病为主的保障方式也可能导致“小病大医” 的道德风险。

其三，组织机构与管理机制不够完善。由于农民参保人口远较城市参保人口多，但管理人员编制数却远远不及城市医保机构，部分地区甚至编制尚未落实，就算目前到位的地区，很多也是临时人员或挂靠人员。另外，农村合作医疗筹资效率低下，成本过高也是既成事实。由于农民对新农合了解甚少，自愿参保积极性很低，为了保证较高的参合率，很多工作人员不得不挨家挨户进行宣传、说服工作，大部分的参合额都是工作人员一个一个谈出来的。再加上农村地区农民居住非常分散，交通不便，更增加了筹资成本。工作人员办事效率低下也是导致高筹资成本的重要原因。

农村合作医疗基金管理水平有待提高。现行的新农合基金管理模式主要有独立管理模式、银行（信用社）管理模式和保险公司参与模式三种。大部分试点地区采取的是“小而全”的独立管理模式，即各地区建立一套完整独立的、自上而下的管理系统，并配合一整套软、硬件措施。这样做虽然相对简单，但是它造成了条块分割、自成体系、相互不能兼容的局面，成为各级地方财政的沉重包袱。少部分地区在新农合基金的管理中引入了保险公司，虽然保险业参与有利于控制新农合的运行风险，有利于节约政府成本，但是保险公司面临的最大问题就是对医疗机构的管控力度偏弱，对医疗费用上涨的控制还不够，而且引入保险公司又增加了保险公司与政府有关部门、医疗机构和参合农户的协调难度。此外，定点医院数量少、医疗价格贵、服务态度差，导致农民在一般小病的治疗上更倾向于到一些私人诊所或普通药店就诊。这一方面减少了参合农民的可报销支出，另一方面导致农民对新农合所能带来的现实利益丧失信心。

建议：

第一，加强宣传，增强农民“参合”意识，有步骤地将“大病统筹”模式过渡到“大小病统筹兼顾”。首先，要转变农民思想观念，提高认识水平，政府开展宣传工作是重要途径。宣传工作的目标之一是最大限度地提高农民对新农合政策的理解和认识水平，同时表明政府的立场和承诺，消除农民思想疑虑。其次，通过宣传引导农民转变单纯的短期收益观念，强化农民的风险意识和保险意识，扫除讳疾忌医等思想残余，增强农民互助共济的社会责任感以及说服农民用发展的眼光看待新事物的成长等。

在宣传方式上，要结合农村和农民的实际，积极探索多种宣传途径，把村委干部的口头宣传和宣传资料的发送作为主要宣传方式，辅之以电视、广播、宣传窗和报刊杂志等载体的宣传，达到全方位、多角度的宣传效果。

随着农村经济的发展和农村社会保障制度的不断完善，要有步骤地将

“大病统筹”模式过渡到“大小病统筹兼顾”，在可能条件下最大程度地解决农民的健康保障问题。同时高度重视农村的卫生预防、保健工作。改革缴费标准，适度参照已经较为完善的城镇职工医疗制度按工资收入缴费的方式，按照地区农民的收入差异分别试行不同缴费率。

第二，健全组织机构，提高办事效率。首先，要提高政府工作人员的素质和办事效率，转变粗放型工作方式为较为精细的工作方式，从而降低筹资成本。县、镇、村三级要形成合作医疗统一战线，畅通沟通途径，提高工作效率。其次，优化定点医院的管理工作是合作医疗的又一重要环节。通过政府对定点医院进行强制性干预，保证定点医院的合理收费，以吸引更多的患者到定点医院就诊。在定点医院建立合作医疗办公室，建立患者档案，方便参合农民的报销结算。此外，应考虑将农村医疗救助和农村合作医疗进行有效的衔接和融合，合并重叠设置的管理机构，提高运行效率。

第三，加强农村医疗机构“软、硬”件建设。要加大对农村医疗机构的投入力度，引进先进设备，改善医疗环境，从硬件设施上保障合作医疗制度的完善。在“软”件方面要加强农村基层卫生技术人员培训，提高农村医疗人员的专业知识和技能。应建立合作医疗定点医疗机构的准入和退出制度，引入竞争机制，严格控制医疗费用的上涨幅度。

2011年

拯救中医　不拘一格选“郎中”

——关于鼓励各层次人才学习中医、中药的建议

我国中医药人才后继乏人，老祖宗留下来的中医药技术面临断档失传，抢救发掘这项民族瑰宝是一项紧迫的战略任务。目前我国中医发展形式不容乐观，改革开放以来，随着经济的发展，人们生活水平、方式的改变，中医的发展倍感艰难，第一，1949年我国注册中医20多万人，国家中医药管理局2009年发布新中国成立以来首次全国中医基本情况调查结果。全国每万人中医执业医师数量仅有约3人，每万人中医医院床位数不到4张，可见中医之难，大部分中医学院的毕业学生因生计问题不得不改行。现存的中医师基本西化，不会开中药，因此可以说，如果不算40岁以上的中医，中医将会灭亡。第二，随着现代科学技术的发展，中医的模糊科学始终无法用现代科学证实，导致中医现代化步伐日益艰难。第三，中药的发展较中医稍好，但是已经远远落后于日本和欧洲（德国）。据统计，欧美市场中药九成来自日本和德国，中国已沦落为原材料的出口国。现在有多少人愿意去看中医？调查显示，各类医疗机构（不含村卫生室）年中医门诊服务总量是6.7亿多人次，占各类医疗机构门诊服务总量的19.2%。也就是说，每年有近7亿人次患者享受中医服务，占到了全国每年患者总量的五分之一。现在到底有多少人吃中药？调查数据表明，各类医疗机构当中，中药处方占总处方数的9.5%，中成药处方占总处方数的比例是17.4%。两者相加，全国有超过四分之一患者服用中药或中成药。

存在的问题

1. 我国中医药管理机构设置、相关政策落实在不同省市区有较大差异。财政对中医机构的投入方面，人均财政拨款最高的省（区、市）为63.41元，第2位为27.26元，最低的仅为3.79元，最高是最低的16.7倍。省级中医药管理机构中，人数编制最多的省份有31人，而最少的仅有3人；地市级卫生管理机构中，中医管理人员独立编制数最多的省市区共有55人，最少的为0。

2. 中医资源各省不均衡。每万人中医类别执业（助理）医师数，最高的省（区、市）为5.65人，最低的仅为1.45人，最高是最低的3.9倍。每万人中医床位数最高的省（区、市）为6.87张，最低仅为2.30张，最高是最低的3.0倍。

3. 农村中医服务点少。在农村，乡镇卫生院和村卫生室为农村居民中医服务的最主要的提供者，但是目前尚有33.5%的乡镇卫生院和42.5%的村卫生室不能提供中医医疗服务，影响了所在乡镇、村的居民接受中医服务的可及性。

4. 有资质人员不足。能够提供中医诊疗服务的村卫生室总数有33.94万个，每月开出的中药饮片处方3500万张，但是村卫生室中具有中医类别执业（助理）资格的人员仅有4.76万人，村卫生室中从业人员的资质与大量的中医诊疗服务提供相比，明显不相称。

举措

目前我国中医药的发展遇到最大的障碍就是中医药人才匮乏。古代“郎中”队伍的构成：一方面是祖传师传；另一方面是读书人自悟。精研医书和揣摩医术，必须具备一定的古文基础和辩证思维能力，非读书人莫属，所谓“秀才学医快如斩鸡”。历史上大批上乘的中医中药人才都是师承的结果。

加快培养中医药人才，除继续利用高等学府招生，培养具有深厚理论的从业、研发人才之外，应兼顾“校园”和“社会”两个阵地，注重在社会上通过师承的办法，大力发掘培养中医中药人才。

选好“师傅”。高等学校里一批著名的中医药教师，既有理论功底，又有临床经验是中医药师承的主要力量。这些学校里的“师傅”既可以教大学生、研究生，也可以面向社会挑选徒弟。社会上一些家族传承下来和自学成才的老中医、老中药人才，虽然未经学历教育，但医术精湛，深受群众欢迎，应大力提倡带徒弟。学校和社会的老中医带徒弟，政府应积极鼓励、政策承认、大力支持和鼎立资助。

选拔“徒弟”。不拘一格选人才。在公务员、教师等一切热爱中医药事业，具有一定国文基础的人员中选拔。出徒后，经师傅许可，有关部门认证就可以从业。当前，一些县机关领导职务公务员52岁就退了下来，由于长期从事行政工作再就业路子狭窄，不就业又闲置浪费，这些人思维清晰、悟性好，完全可以从事中医药事业，学会新的本领为人民服务。日前，国务院副总理吴仪同志郑重表明，退休后要研究中医，给各级领导和广大公务员做出了表率。

“秀才学医”对传承光大我国的中医药事业、对老龄人口再就业、对解决农村医疗卫生资源短缺、对构建和谐社会都具有十分重要的意义。

2012年

对新医改的一些建议

《关于深化医药卫生体制改革的意见（征求意见稿）》发布以来，引起了社会的广泛关注。毫无疑问，完善医疗体制改革是一件利国利民的好事。我认为，特别应在完善农村医保体系、健全农村卫生保健体系方面加大力度。同时在完善城市医疗资源配置、医药合理分开、建立民营医院和国有医院平等地位等方面多做文章。

1. 完善现有的农村医保体系。据国家卫生部数据显示，截至2008年3月底，全国已经开展新农合的县（市、区）数达2679个，参加合作医疗人口8亿，参合率为90%。其余10%尚未参加医保的农民无疑在承担着“一旦有病，自己负担高额医疗费用”的潜在风险。据《沈阳日报》的数据，2008年，沈阳市低收入农民的人均年纯收入为2545.48元。这个收入水平显然无法负担动辄上万元的医疗费用。因此，完善现有的农村医保体系，让尚未参保的农民尽早参加医疗保险，才能免除农民看不起病的后顾之忧。

2. 健全农村卫生保健体系。由于文化素质偏低、长期从事繁重的田间劳动、生活水平不高等原因，农民的保健意识非常薄弱，普遍存在“有病不看”、“大病小看”等情况。而个体的主观保健意识和对常见病的预防、诊疗常识应该是保证健康的第一道关卡。因为预防所需的成本远远低于治疗的成本，而且预防所起的作用要大于治疗，因为疾病的出现和演变永远先于治疗手段。因此要通过科普宣传等途径，帮助农民从主观上树立科学的保健和求医意识。

3. 明确农村基础医疗单位的职能。由于经济、人力资源、设施等的限制，农村医疗单位从业人员的职业技能必然是有限的，这是短时间内很难改变的。因此，应明确农村基础医疗单位的职能是基础保健宣传、基本疾病的筛查和简单治疗。如出现疑难病、高危病等，应及时转诊到上级医院。

4. 保证农村医疗机构人员和设备配置。我国的医疗人力资源存在严重的分布不均问题，毕业生们对大中城市的医院趋之若鹜，而乡村医院却乏人问津。这导致了农村缺乏高水平的医疗工作者，从而导致无法提供高质量的医疗服务。因此，要运用行政干预、市场调节等途径来保证农村医疗机构的人员和设备配置能够满足当地需求，为医改在农村更好地推行提供有力保障。

5. 完善城市医疗资源配置和医药合理分开。目前我国医疗资源配置存在利用效率不高、布局结构不合理等诸多问题。通过提高社区卫生服务技术，加大社区卫生资金投入力度，实行双向转诊，努力推进和完善医疗资源配置。同时，合理剥离医院出售药品的职能，避免医生“多开药”、“开贵药”。

6. 加快国产药品的科研和市场化进程。过于依赖进口药品是导致就医成本高的一个重要原因。如果我们能够研制出高技术含量的国产药品以及医疗设备，无疑会在源头上大大降低百姓的就医成本。因此，政府应加大对自主创新药物和医疗器械研发的支持力度，简化和完善审批流程，加快面世的进程。

7. 建立民营医院和国有医院平等地位。目前，我国民营医院与国有医院的数量对比是3：97，但占医院总数3%的民营医院却构成了公共医疗体系中不可或缺的一部分。因为民营医院具备经营理念先进、市场敏感度高等优势。所有医院都应承担治病救人的天职，无论其性质是民营还是国有，都应得到政府和公众平等的对待。

综上所述，只有在农村建立起一套高质量、低成本、广覆盖、可持续的保健体系和完善的医保体系，在城市让医疗资源合理配置，民营医院与国有医院建立起同等的市场竞争地位，才能有效保证新医改的顺利实现。

2009年

关于提请关注老龄人口精神生活的建议

根据联合国的统计标准，如果60岁以上老龄人口达到人口总数的10%，或者65岁以上老龄人口超过7%，那么这个国家就是人口老龄化国家。按此标准，我国已完全进入了老龄化社会。目前，我国60岁以上老龄人口已占世界老龄人口的20%，亚洲老龄人口的50%，且每年以3%以上的速度递增，人口老龄化形势日趋严峻，已成为我国必须正视和解决的一大社会问题，成为构建社会主义和谐社会的重要一环。

应当看到，近年来，各级党委和政府及社会各界对老龄人口问题都给予了高度重视，采取了许多卓有成效的措施，在老龄人口生活保障、医疗保健、社会救助等多方面都取得了明显成效，一定程度上缓解了“老有所养”的矛盾。但是，老龄人口的精神生活还没有引起有关方面的足够关注，“老有所乐”的需要还没有得到有效满足。记得央视小品里曾有这样的对白，赵丽蓉对“儿子”巩汉林说：“你以为我们老年人吃饱了、穿暖了就满足了？不对！我们需要更多的精神追求！”说出了全体老龄人的心声。

目前，我国老龄人口的精神生活比较单一，被排斥在社会生活之外的状况比较严重。有数据显示，85%的老年人每天最主要的事情就是在家观看电视、看看报纸；62%的老年人生活中的主要内容是做家务劳动；70%的老年人主要文体活动是到公园里扭扭秧歌、打打牌、散散步或聚一起聊聊天、晒晒太阳。多数子女只在物质方面给老年父母予以照顾，却在精神生活方面疏于关心。社会对老龄人口精神生活方面的服务更是鲜见，文化生活内容与老年人的兴趣差距太大，针对老龄人口的文化娱乐活动和公益活动少之又少，娱乐设施不足、活动场所短缺。加之老龄人口退休后由于角色的转变，常常被失落、孤独、焦虑等情绪笼罩，如果再无适当的精神生活及时加以弥补和调节，将严重影响老龄人口的身心健康，导致身体免疫功能下降、衰老过程加快，并助长高血压、白内障、老年痴呆、心脑血管等疾病的发生，给家庭和社会带来更大的负担。为此我建议，全社会都要关注、关心、关爱老龄人口的精神生活，不仅让他们生活幸福，“老有所养”，还要让他们精神愉快，“老有所乐”。

1. 转变传统观念，提高全社会对老龄人口精神生活的关注程度。要积极宣传精神生活对老龄人口的重要意义，摒弃只把满足老人衣食住行作为“养老”全部的传统观念，倡导全新的养老、爱老、敬老模式，多增加对老龄人口的精神抚慰。要克服认为老年人落伍了的偏见，多与老人沟通、交流。作为子女和晚辈，要常回家看看，多陪伴老人，多带他们参加郊游、登山、钓鱼等活动。社会各界应从不同的角度、用不同的方式，开展一系列丰富老龄人口精神生活的活动。如开展老年人心理、健康咨询，为他们提供保健的合理建议；开办老年学校，为仍有余力的老年人提供再学习和再就业的机会；建立老年婚介机构，为丧偶老人搭建寻找伴侣的平台等。

2. 增加社会投入，提供更多更好适合老龄人口日常活动的场所。应逐步建立各级老年文化活动中心，完善社区老年书画室、棋牌室、阅览室等。机关、企业的老干部活动中心应该有条件地对社会老人开放，既避免资源浪费又增加了老年人的活动场所。有条件的街道、社区、村委会等应建立为老龄人口提供日间服务的“托老所”，组织安排一些集体活动，陪聊、陪玩，使独自在家的老人消除孤独感，使他们能够较为愉快地生活。对针对老龄人口开展生活照料、医疗保健、家政服务、康复护理、紧急救援、心理咨询等服务性工作的，在场所建设、设备配套等方面应给予资金和政策上的支持，逐步形成完善的为老服务网络体系。

3. 营造家园氛围，组织开展各种老龄人口喜闻乐见的文化活动。街道、社区、村委会等要多组织一些老龄人口愿意和能够参加的文体活动，如书画大赛、歌咏比赛、“老当艺壮”才艺大赛、棋类比赛、球类比赛等，使老人们在比赛中、在竞争中重新找到年轻的感觉，提高他们对生活的自信和乐趣。并通过举办老年艺术节、文艺调演和会演、欢庆重阳节等一系列活动，激发老龄人口参与文化活动的积极性，带动他们在文艺、体育等方面业余爱好水平的提高，使老龄人口的精神文化生活得到充实，营造出和谐大家庭的氛围。上级党委和政府应把此项工作纳入考核基层干部的指标当中，以督促此项工作的开展和落实。

4. 充分挖掘潜能，把“银色人力资源”的才智发挥利用到极致。目前，我国有一大批老年知识分子、技术工人、能工巧匠、行家里手，他们不仅为国家做出过突出贡献，也是我们的宝贵资源和财富。尽管他们已退离工作岗位，但是把他们的“余热”发挥出来，效益将是可观的。政府应建立“银色人力资源效益化”战略，让这些老龄人口发挥出积极的政治、经济和文化影响力，增强社会可持续发展的动能。使老人不只是被关怀照顾的对象，也是社会发展的参与者和创造者。这是对老人精神生活的最大关注和安慰。

5. 积极正确引导，让老龄人口树立起健康向上的老龄化意识。作为老龄人口精神生活的主体本身，老年人应树立起自信、自立、自强，主动走进社会、融入生活的意识。要改变一些落后的生活方式，多关心自己、多宽慰自己，多保持心理平衡。同时应培养至少一项业余爱好，让自己的生活丰富充实起来。要主动参加各种活动，上老年大学，游览祖国大好河山等，以愉悦精神，快乐享受晚年，不仅要老有所养，还要老有所得，老有所乐。

2008年

关于提请关注我国老龄化社会加速发展老龄产业的建议

近几十年，我国社会经济迅速发展，人民生活水平普遍提高，医疗条件明显改善，计划生育国策良好实施，生育率和死亡率迅速下降，使我国人口年龄结构发生了急剧的变化。老年人口在总人口中比例不断上升，人口迅速走向老龄化。据2000年我国第五次人口普查的结果显示，65岁及以上人口为8811万人，占总人口的6.96%，60岁及以上人口数量已达1.3亿，约占总人口的10%，这标志着我国在新世纪一开始，就已进入到了老龄化社会，成为老年型国家。根据“联合国人口年鉴”预测，我国在未来二三十年里，60岁及以上人口将以3%的速度递增，80岁及以上的人口以5%的速度递增。这将导致老年人口的翻番式增长，到2050年，60岁及以上人口将超过4亿，占总人口的四分之一以上。

随着我国老龄人口的迅速膨胀以及社会化和市场化的不断发展，老年人的消费需求也在不断增长，2005年我国老年人的消费需求总量约6000亿元，2010年（今年）可达万亿元以上。另有资料显示，50年内，我国老龄市场将达到5万亿元。这预示着我国老龄人口需求，无论是在规模、结构方面，还是在数量、质量方面，都会为我国老龄产业提供极其广阔的发展空间。

而目前我国的老龄产业尚处于起步阶段，其发展严重滞后于老龄人口的快速增长和老龄消费群体的巨大需求。原因分析如下：

1. 政府和企业对老龄产业发展关注不够。

无论是政府，还是企业都没有充分认识到发展老龄消费市场的重要性和迫切性。政府只有原则性政策，缺乏在土地、费用征收、银行贷款、产业扶持等方面鼓励开发老年消费市场的可操作性政策；老龄产业涉及生产、流通、经营、消费等各个环节，涉及民政、财政、劳动保障、工商、计委、国税、地税、物价、银行等不同部门，难以统一协调；社会企业、个人兴办老龄产业投资审批手续繁杂，且投资者在财税、金融、信贷等方面也很难得到相应支持；许多企业缺乏长远打算，急功近利，不愿投资或经营那些经营周期较长或利润不多的老年产品。

2. 老龄产业的发展规模较小，层次不高。

我国目前上规模、上水平的老年产业项目还不多，主要是分散经营，服务和产品单一，层次也不高，主要在衣食、居住和医疗卫生方面提供服务，针对老年人文化娱乐和精神享受内容的比较少，而且缺少高科技产品和高质量的品牌产品，难以适应高水平竞争。许多领域还没有得到很好的开发，如老年旅游、老年保险等。

3. 现有老年产品和老年服务缺乏足够的吸引力。

老年用品匮乏，缺乏创新、品种单一、质次价高，造成老年人消费热情不高。专门针对老年人的特殊生活用品，如老人床垫、手杖、轮椅等以及生活辅助商品如老花镜、助听器、假牙、假发等，即使在我国许多大中城市，也很难找到老年消费品专卖店，即使有一些，适合老年人特点的保健型、方便型、舒适型商品也少之又少，且价格偏高；在老年服务业领域，目前专为老年人提供服务的设施、服务项目、服务内容、服务人员的素质都远远不能满足市场需要，以养老产业为例，为何会出现一面是惨淡经营的托老机构，一面是呼声日高的养老需求，究其原因，一是资金约束，目前民间社会养老机构资金力量薄弱，要改善设施和服务力不从心；二是管理人员和服务人员素质较低，不少机构负责人缺乏专业理念、经营技能和融资能力；三是护理人员大多没经过专业培训，服务意识差，服务技术不规范。

4. 老龄人口的消费能力不高。

我国养老保障程度低，覆盖率低，社会养老概念差等因素严重影响老龄产业的发展。我国与老龄人口密切相关的医疗、养老等社会保障制度的改革尚未完成，一些制度和举措尚未落实并实施，无形之中增大了老龄人口的后顾之忧，抑制了老年人的消费欲望，使相当一部分现实购买力转化为储蓄。老年人口有支付能力的现实消费需求相对不足且增长乏力，成为制约老龄产业发展的一个重要因素。

5. 老龄人口的消费结构单一。

我国老龄人口消费模式多为理智型消费，大部分支出是用于满足基本的物质生活需要，而教育、文化、休闲、娱乐等精神生活消费支出比较少，加之传统观念影响老龄消费呈重积累、轻消费，重子孙、轻自身的特点。老年人的消费主要集中于生存资料消费、物质资料消费，而享受性、发展性资料的消费、精神文化消费、生态消费、服务消费比重太小。

大力发展老龄产业不仅有利于老龄问题的妥善解决，更有利于经济发展和社会稳定。因此，我建议：

1. 政府应尽快制定和完善扶持老龄产业发展的法律法规和优惠政策。

从国际经验看，老龄产业的兴起和发展，无论是发展中国家还是发达国家，政府都起着扶持、指导、催化作用。政府有关部门应尽快制定相关的法律文件，为集体、个人以及港、澳、台地区和国外组织及个人在我国国内兴办养老服务机构提供政策依据，也使负责这项工作的老龄或民政部门有章可循，便于操作。同时，政府有必要在老龄产业发展初期，根据老年人需求的成熟状况和老龄产业领域的发展特点，将老龄产业的发展加以正确定位，分阶段适时出台促进老龄产业发展的优惠政策，充分利用现有的社会资源，多层次、多渠道筹集发展老龄产业的资金，努力提高资金利用率，鼓励更多的企业参与市场竞争，充分调动民营资本投向老龄产业的积极性，使得老年人的大部分需求尽可能通过市场机制加以解决。

2. 完善养老保障制度，提高老龄人口的购买力 。

提高老年人购买力水平的一个根本举措就是要加快老年社会保障体系建设的进程，保证并提高老年人收入保障水平，推行社会养老保险；加大对老年医疗保障制度的改革，发展商业医疗保险，把商业医疗保险定位为对基本医疗保险的一种重要补充，多元化运作医疗保险基金，发展基层社区医疗机构；加快经济发展，协调好代际之间的分配关系，促进尊老敬老的精神文明建设，保证老年人尤其是农村老年人得到合理的经济赡养，解除老年人消费的后顾之忧。

3. 老龄产业和老年服务机构要提供合适的产品和专业化服务。

老年人是一个特殊的社会群体，由于受老年身体条件、心理状态的影响和制约，他们在观念、起居、衣着、旅游、医疗保健、文化娱乐等方面都有自身的特点。老年用品生产企业应认真搞好市场调查，摸清老年人口规模、老年人口结构、老年人口的收入水平、老年人口的特殊消费需求对市场结构的影响，以及老年人的消费心理和消费特征，增强预见性，使老年产品的开发符合老年人的实际需要。同时大力发展老年服务产业，尤其是老年护理产业，满足高龄老人对医疗保健需要和服务性消费的需求。

4. 引导老年人转变消费观念，树立新的消费观。

老年人消费观念更新与否，也关系到老龄产业是否能够持续发展。要促进老年人消费观念转变，必须让老年人意识到改善生活质量、提高生活水平、适度消费是必要的。不仅要通过各种媒体扩大老龄产品和服务的宣传范围，更要加大宣传力度，加强消费教育，使老年人敢于消费、善于消费、乐于消费。第一，加强基础教育。提高老年人自身文化水平，如开办老年大学等。第二，加强法制宣传教育。帮助老年人明确《中华人民共和国老年人权益保障法》、《消费者权益保护法》等法律规定的权利与义务，增强维权意识，保障老年人在消费过程中自身权益不受侵犯。第三，通过多种形式，向老年人普及消费知识，帮助老年人科学消费。

2010年

关于提请关注我国“空巢老人”养老生活，建立政府扶持、企业开发的高质量的、非营利性老年公寓的建议

随着社会的进步，人民生活水平的不断提高，特别是医疗保健事业的发展，人均寿命延长，老年人的比例逐渐增高。目前全国空巢独居家庭数量高达36%，空巢独居现象还在不断增长，城市空巢老人与日俱增。然而，我国公立养老院严重不足，养老服务的质量也难以满足消费者的需求。民办养老院的数量虽然大大增加了，服务质量相比公立养老院也有了很大的提高，但由于民办养老院费用昂贵，导致民办养老院的床位空置率很高，外加诸多家庭养老问题。住不起、住不进、住哪里，正成为城市老年人的养老心病。养老服务业亟须政府的高度重视，政府应积极引导企业开发养老市场，打造从保健、医疗到福利全方位的富有特色的养老体制，建立适用多层次人群的由政府给予一定补助的非营利性的老年公寓。

由此，我建议：

1. 政府应重视并积极引导企业，开发“银发市场”。

目前城乡老年空巢家庭比例不断上升，城市老年空巢家庭已达到49.7%，尤其是一线城市，比如北京老年人家庭的空巢率为34%，上海为37%，天津为55%。农村老年空巢家庭已达到38.3%。4-2-1模式使得家庭养老功能也不断弱化。预测在2015年，独居、空巢家庭将成为老人家庭的主要形式，所占的比例有可能达90%，其根本原因是住房条件改善，老人可以独居；计划生育见效，减少了家庭人口；城市子女工作压力大，无暇顾及老人的精神生活，空巢老人存在不同程度心理问题，主观幸福感明显低于非空巢老人，越来越多的老人选择到养老院生活，而中国的养老现状令人堪忧，

城镇养老院无论是数量还是质量均严重不能满足日益老龄化的需求，使得养老院具有巨大的潜在市场。

国家应重视养老问题面临的诸多挑战，引导企业积极探索企业开发、政府扶植的高质量的老年公寓的模式。

2. 政府给予企业一定的财政补贴和政策的支持。

国家应加快完善社会养老服务体系，为发展社会福利事业及养老服务机构，在土地供应、资金投入、税费减免、财政补助、社会融资、供水供电供热、免费服务、高龄补助、老年福利设施、各种老年福利用具的设计、生产等方面尽快出台一系列优惠政策和优待老年人的政策。在老年福利政策的实施过程中，充分尊重老人的意见、选择和习惯，使政策更具人性化。扶植企业开发“银发市场”，以满足日益凸显的养老市场的需求。

3. 健全完善老人社会保障法律法规制度建设。

为了提高老人的生活质量，使他们享受到人性化的社会服务。健全老人福利设施与用品开发、护理体系的完善和护理人才培养等方面，出台一系列有关老年人福利的法律，使老年人的养老、保健、护理等福利法律、法规逐步完善并体系化。

4. 鼓励高校开设老年福利专业，培养高素质的专业人才。

目前我国现有养老机构护理人员严重不足，远远不能适应需要。按照国际平均每千名老人占有养老床位50张测算，全国老年人共需养老床位800万张，而目前仅有250万张，床位缺口达550万张。按照老年人口与护理人员配备比例3：1测算，全国有2830万老年人生活不能完全自理，共需养老护理员1000万人，而目前全国养老机构的职工只有22万人，其中取得职业资格的仅有2万多人，供需矛盾十分突出。同时，养老服务队伍的整体素质较低，专业水平、业务能力、服务质量还不能有效满足服务对象的要求。

国家应重视老年福利和相关专业人才培养，鼓励支持大学开设老年福利专业，使老人护理教育自成体系，培养大量各个层次的专业护理人才，使老人能得到更好的照顾护理。

总之，这种政府扶植、企业开发的高质量、非营利性的老年公寓，既能调动企业开发高质量的老年公寓的积极性，又能为空巢老人的物质生活和精神生活提供保障。另外，可以进一步带动为老人服务产业的发展，而这些产业的发展又可以增加就业，为城市发展带来更多的商机。

2011年

温暖“空巢” 让爱“常回家看看”

——关于关注中国空巢老人生活的建议

我国已经进入并长期处于老龄化社会，这是21世纪中国的一个重要国情。未来我国人口老龄化大体分四个阶段。2011年至2022年是加速发展阶段，老年人口年均增长730万；2023至2035年是快速发展阶段，老年人均增加1100万；2036年至2054年是高位发展阶段，老年人口增速放缓，年均增加336万；从2055年起，老年人口达到4.72亿峰值后开始缓慢减少。“十二五”时期我国将出现第一个老年人口增长高峰，60岁以上老人将由1.78亿增加到2.21亿，老年人口比例由13.3%增加到16%，这将使我国社会养老和养老服务面临极大挑战。随着社会老龄化进程的加快，老年人群体中出现一大批“空巢老人”，“出门一把锁，进门一盏灯”是他们晚年生活的真实写照。当子女由于工作、学习、结婚等原因而离家后，独守“空巢”的中老年夫妇因此而产生的心理失调症状，称为家庭“空巢”综合征。因为缺少关爱，而出现空巢老人病死家中的现象最近几年屡屡在中国各地发生。

一是制度不完善，养老机构难申请、难注册。高龄、空巢、半自理和完全不能自理的老人数量持续快速增长，我国对机构养老服务需求日趋强烈。但我国养老机构面临“注册难，选址难，经营难，招工难，管理难”等问题，发展明显滞后于人口老龄化程度和速度。因此，空巢老人进入养老机构老有所乐难度较大。

二是空巢老人年轻有生活、没时间，年老有时间、没生活；心情抑郁精神少慰藉。“上午收拾房间、遛弯儿，回到家中就守在电视机旁边”，这就是“空巢老人”生活的一天。没有生活目标、生活无趣、“进门一盏灯，出门一把锁”的日子，生活孤独寂寞是空巢老人的真实写照。

三是城市的空巢老人主要缺乏精神方面的慰藉，而农村的空巢老人还存在着生存问题，更值得关注。空巢现象主要是由于住房条件的改善造成子女与老人分开居住，甚至不在同一个城市居住，而在农村主要是由于贫困，很多子女外出务工。生活、生存是空巢老人面临的困境。

四是关注空巢老人的行动辐射面积较小、效果不明显、接受福利人数较少。从社会各阶层都有针对空巢老人的关注行动，大到“百万空巢老人关爱志愿服务行动”在江苏省南京市、贵州省贵阳市、甘肃省兰州市三市举办，小到各地社区的老年娱乐活动，同时关注空巢老人的讨论也越来越多，但总体效果不明显，并不能从本质上解决空巢老人的生活问题。

“劳我以少壮，息我以衰老。”是到了为空巢老人提供生活照料、心理抚慰、应急救助、健康保健、法律援助等服务的时候了，因为他们正面对或遭受身体和心理的双重危机。为此，我建议：

一是加强社区对中国空巢老人生活的关注度。首先，配备生活指导员。安排“独居老人生活指导员志愿者”，“指导员”可由40岁左右家庭主妇担任，她们定期打电话问候独居老人；定期访问独居老人住处，陪老人谈心。此外，还负责教授老年人一些保健知识，这样的“指导员”可以享受关于老年人陪护与保健的培训，这项工作应该作为中国社区主要工作计划中的一项重要内容。这样避免老人在家中出现疾病与危险时无人知晓等事件发生。另外，建立“家庭扶助制度”，由中国红十字会等机构负责成立“空巢老人帮扶基金”，空巢老年人可以提出申请，只要得到核实批准，便有专业人员定期到家中做医疗、家政等服务，并为那些有特别需要的老年人配备专门的警报器。当老年人处于病危状态时，妥善的临终关怀程序便会启动，不仅安排专人24小时守护直到老人去世，还能得到良好的安葬，服务费用依据空巢老人家庭情况而定。

二是建立群居制度，政府出资建立老年养老乐园。让空巢老人在“老年村”里享清福。政府出资在城市与乡村建设养老乐园，建设集住宅、商店、超市、图书馆、医院等设施于一体的养老乐园，住在这里的老人必须是60岁以上的空巢老人。让老人种花、打球、聊天，享受安静的晚年生活。而这项投资应该在中国养老制度中予以支持。

三是结合扶持贫困大学生、大学毕业生，建立老少帮扶机制。首先，建议安排一些家庭贫困大学生和独居老人合住，大学生可以帮助老人做晚餐、清扫房间，陪老人看电视、聊天、散步、外出采购等。国家可以从上述所说的帮扶基金中给予大学生困难补助，这样，既照顾了老人，又省下了宿舍费用和食堂费用。其次，毕业大学生可以和空巢老人结成老少帮扶队伍，跟空巢老人居住在一起，既节省了租房子的费用，又可以陪同老人共同居住，避免疾病发生无人发现。另外，还可以安排一些独居老人和单亲家庭或父母在外地的上班族住在一起，组成“三代同堂”的临时家庭。老人平时可以和“孙子孙女”一起过日子，体验“祖父母”照顾孙子的快乐，单身母亲或父亲或上班族也能省下请保姆的费用。

四是打造家政服务网，开辟老人老年家政服务市场，提高就业率。在全国各地设立老年服务家政网络，培养专业人员定期到其家中进行医疗、家政服务，并为那些有特别需要的人配备专门的警报器。各地方政府负责提供的家政服务收费标准根据老人的实际收入由国家确立收费标准，避免像月嫂市场一样乱收费。

总之，空巢老人问题不是一个简单的个人问题，已经成为我国亟待破解的社会命题。“空巢老人”随着年龄的增长，生理功能逐渐衰退，对他人帮助的依赖性越来越高，心理上也就越来越脆弱，对养老服务需求也日益迫切。政府有关部门应采取有效措施积极应对和解决“空巢老人”问题，为“空巢老人”搭建“安全网”，建立应急求助信息系统等，为“空巢老人”办一些实实在在的事。

2012年

关于延长养老保险最低缴费年限平衡基金发放的提案

现行养老保险制度要求参保职工最低缴费年限为15年，但我国现退休后平均寿命已普遍延长，已经基本超过了实际缴费年限。缴费年限要求涉及义务与权利的问题，按照通常惯例，未能完成要求者，最多只能减额领取规定的养老金。这对平衡养老基金的收支十分重要。事实上我国职工工作年限都大大超过了15年的要求。以沈阳市为例，考虑企业破产、特殊工种及病退等提前退休因素，目前我市企业职工参加工作年限平均为33年，按养老保险最低缴费年限15年计算，缴费年限只占工作年限的45%，尚未达到50%，这种现实为缴费年限的延长提供了可能。因此，可以认为目前延至20年比较适宜，随着老龄化的发展，这种缴费年限仍有延长的空间。特别是对实行养老保险缴费制度之后参加工作的人员，更应严格执行适当延长缴费年限的政策，这对养老基金的平衡发展会有很大的帮助。另一方面，由于养老保险政策规定缴费满15年即可退休，导致年轻人不愿参保缴费，接近退休的下岗失业人员因已达到缴费15年也不愿缴费的情况非常普遍。以2009年灵活就业的大学毕业生为例，具有我市户籍的有0.6万人，虽然市政府出台了给予养老、医疗保险补助的政策优惠，但参保者仍寥寥无几，其原因是大学生了解缴费15年就可享受退休待遇，认为年轻时不急于参保。据估算，我市有近30万人选择暂不参保或中断缴费，极大地影响了保费征收。

为此建议：将现行的缴费年限满15年可享受基本养老保险待遇政策延长至20年或25年，既解决年轻不参保的问题，又达到保费增收的目的。

2010年

民营养老服务亟须“进补”

——关于加大民营养老机构扶持力度的建议

根据国家十二五规划，鼓励发展家庭服务业的条款所述“以家庭为服务对象，以社区为重要依托，重点发展家政服务、养老服务和病患陪护等服务，鼓励发展残疾人居家服务，积极发展社区日间照料中心和专业化养老服务机构，因地制宜发展家庭用品配送、家庭教育等特色服务，形成多层次、多形式的家庭服务市场和经营机构。加快建设家庭服务业公益性信息服务平台。加强市场监管，规范家庭服务业市场秩序”。并结合社会的多元化发展以及我国正迈入老龄化社会的现实，传统的“家庭养老”方式正在被“以国家和社会养老以及居家养老”的方式所代替。

在社会现实和国家政策的大环境下，并结合我国养老服务的现状，为与国家养老发展趋势相结合，并辅助、支持、实现养老服务更快、更好的发展，加强民营养老事业的发展存在必要性和可操作性。

一、目前我国民营养老机构存在的问题

1. 相关法律法规不完善，优惠政策难以享受。

2. 法律意识薄弱，部分养老机构设施简陋，人员素质有待提高，服务职能不健全。

3. 资金紧张，周转困难。

4. 经营理念陈旧，管理制度落后。

5. 新型养老方式尚未被一些人所接受。

二、导致问题存在的原因分析

1. 对民营养老机构自身非营利性认识不清。

确立民营养老机构的非营利属性，是建立民间组织良好运行机制的首要问题。我国民营养老机构的运行远未达到成熟的程度，非营利的理念及与非营利有关的规则并未被社会广泛接受，我国民营养老机构对求得利润的要求和兴趣远远大于提供公益性和福利服务的兴趣，有借助非营利政策为自己或本企业“渔利”的倾向，其营利性活动缺乏有效的监督与制约。还有的民营养老机构对于将社会服务活动区分为营利性和非营利性存在认识上的偏差，认为一个组织存在某一项收费的服务活动就属于营利性的，而不收费就无法保证组织的存在和持续发展，这些问题与看法直接影响到民营养老机构的健康发展。

2. 政府与民营养老机构的关系协调性差。

在政府与民营养老机构的关系上，目前主要存在的问题是政府与民营养老机构的关系没有摆正，具体表现为“三位”：“越位”，即政府管了本该民营养老机构完全能做得很好的事情，比如对于某些退休离休干部本可以自由选择民营养老院入住，而被政府推荐到了政府办的养老院；“缺位”，即本该是政府的职能却由于某些原因被弃之不顾，比如从政策上大力支持为民营养老机构扫除障碍开拓空间，为其保驾护航；“错位”，即本该是政府负责的事情，并且是政府轻而易举就能做到的事情，却推给养老院自己去做，比如政府可以出面为民营养老机构做社会宣传，多方帮助其引资融资，为其解决资金困难问题。

3. 非营利组织的能力建设。

民营养老机构这种非营利组织的低待遇很难吸引和挽留人才。我国民营养老机构出现时间不长，缺乏完善的组织和制度，缺乏竞争能力，这些都影响着民营养老机构的生存和发展。要提高中国民营养老机构效率和效果，使其在中国社会发展中发挥更大的影响和作用，加强民营养老机构人员能力和机构能力是一个至关重要的问题。

三、关于加大民营养老机构扶持力度的建议

1. 规范民营养老机构的管理，促进民营养老服务业的健康发展。

民营养老机构的管理主要体现在对养老从业人员管理和民营养老机构监督两个方面。

首先，在对养老从业人员管理方面，应该开办老年专业教育，高校可以为在校的学生开设老年学基础知识的选修课，还可以为目前在职各类老年服务人员和有意寻求老年服务业职位的人员开设专业资格培训项目，提高老年服务质量，促进老年服务市场和民营养老机构从业人员的规范化。

其次，在民营养老机构的监督方面，要严格监督民营养老机构养老申办的规定和审理与养老机构运行期间的质量控制。办养老企业的人，光有爱心是不够的，机构中必须有懂行的高层管理人士。任何人申办养老机构，必须本人有资质或证明有资质的人参加高层管理工作。民营养老机构运行期间的质量控制，应该推行更加严格的评估体系制度，真正做好严把质量关。

2. 扩大新型养老政策宣传，树立民营养老服务业形象，营造敬老、爱老、助老的社会风尚。

养老服务，其实也是一种商品。既然是商品就应该有宣传的策略和广而告之的可行性，让消费者了解和认同才有更大的市场。不要因为是非营利的性质而忽略了宣传和广告的可行性及效果。因此以新闻为题要多宣传民办敬老院的地位和作用，提高公众对民办非企业单位的认知度，树立民营养老服务的清新、可靠、专业的形象，营造敬老、爱老、助老的社会风尚，为民营养老机构的社会价值实现做好铺垫。

3. 法律、经济和政策扶持，加强民营养老机构的培育。

我国民营养老模式起步较晚，目前刚处于初期成长阶段，随着老龄化社会的深入、民营养老发展过程的深入可以发现与之伴生的诸多问题。针对民营养老机构有些先天“营养不良”状况，结合当前浮现的问题，应当在法律、经济、政策方面进行扶持，让民营养老机构起到行业先锋军的作用。

首先，应当完善相关法律法规。应根据实际情况，抓紧制定《中华人民共和国老年人权益保障法》实施细则以及有关老年人社会福利等方面的法律法

规、地方行政法规和部门规章，加大执法力度，依法处理和打击侵犯老年人合法权益的不法行为。同时指出民办养老机构的权责，在相关法律法规条文中明确民营养老机构的规范、保障条款。相关法律法规交叉，逐步建立起较为完善的老年法律服务系统。

其次，多方筹资，解决资金匮乏。民营养老机构本身应积极挖掘资金来源渠道，多方筹资，资金是保证养老机构能否生存和发展的关键，必须保证运营资金游刃有余。在这方面，政府应该起到重要作用，对于有发展前途的优秀养老机构应重点起到宣传和媒介作用，为民营养老机构寻找投资人。建议企业和个人兴办和管理非营利基金会，直接资助公益项目。政府可以定期在传统媒体上和互联网上公布批准的公益建设和运营项目以及社区服务项目、项目的详细资料及对赞助者的奖励和优惠措施，供社会参考。

政府在法律、经济和政策上的帮助与扶持，对于民营养老机构的发展具有重大的意义。

2012年

关于加强互联网络管理的提案

近年来，电子网络技术以其方便、快捷、信息量大等特点得到了广泛应用。互联网技术在给人们日常工作、学习、生活、娱乐等带来方便的同时，给管理上也带来了许多新问题。社会上兴起的“人肉搜索”已延伸到网络无法触及的地方，个人隐私信息被盗取；互联网接入服务商网络空间导致违法犯罪时常发生；网络虚拟物品违法侵害网民利益；在互联网上散布有害信息；等等。为此，建议：

1. 国家制定个人信息保护条例，通过立法的形式规范披露、传播和利用信息的行为，让群众包括网民在法律框架内发表自己的言论，保护公民的隐私权。明确电信运营企业、互联网站等建立相关制度、处置机制并采取人工审核文稿、先审后发、网络屏蔽、删除等措施，减少侮辱诽谤信息的出现，保护公民隐私权不被侵犯；按照职责分工，明确政府职能部门的监管职责和权限，设定合理的处罚、责任追究条款，强化对“人肉搜索”事件产生过程的引导、监管，确保在合法、理性的前提下运行，避免侵权及网络暴力的出现。

2. 修订《中华人民共和国刑事诉讼法》、《公安机关办理刑事案件程序规定》和《公安机关办理行政案件程序规定》等法律规范性文件，明确跨地域网络刑事、行政案件立案管辖问题。

3. 通过立法加强互联网接入服务商的监管力度，使网警部门依法进行事前、事后监督、管理，打击和遏制网络违法犯罪。

4. 立法解决网络虚拟物品界定、评估及罪与非罪认定问题，为网警部门办案或日常管理提供依据。

5. 立法明确网站管理员、BBS留言板、论坛版主等责任人的管理责任；通过责任追究，促其配合公安机关工作。

2010年

关于切实加强青少年手机上网安全的建议

网络环境安全很重要，然而，近年来，越来越多的手机上网服务被一些淫秽色情网站所利用。这些色情网站的网址往往通过垃圾短信等方式来传播，青少年比较好奇，一旦点击手机短信中的链接，就会直接登录到淫秽色情网站。青少年由于心理及生理都还不成熟，如果接受这方面的传播多了，就必然会对他们的生理和心理健康产生诸多不良影响。

首先，青少年进入青春期后，由于生理上的迅速发育，对性知识产生好奇，是正常的心理反应。有些青少年到色情网站去，是为了获取性知识、满足自己对性的好奇。但是这种做法是不可取的，主要是因为青少年的认知能力和对知识正确与错误的判断能力还不完善，因此很容易被错误的信息误导，并由此产生心理压力。

其次，由于青少年的自我控制的能力还不完善，一旦对性刺激的快感体验上瘾，就会无力自拔，因此而陷入一种压力释放的需要、对健康的担心以及道德自责的矛盾中，并且饱受心理冲突的痛苦折磨。

最后，过度地迷恋、沉湎于色情网站，必然会给使青少年的正常学习和生活带来不良影响，如学习时间无精打采，学习成绩下降，有的甚至厌学、逃学、辍学，更有甚者会走上犯罪的道路。

青少年正处于人生观、价值观形成的关键时期，分辨是非的能力不强。要给青少年创造一个洁净的通讯网络空间，就必须对手机上的“垃圾”给予关注，为此，政府、教育主体、网络运营商以及青少年家长都应肩负起一定的责任。

一、政府应努力为青少年营造良好的手机网络环境

1. 将法制教育和道德教育相结合。青少年处于心理和生理尚未成熟的时期，他们常常表现为冲动多于理智，对社会上发生或存在的事物缺乏正确的理解和判断。对他们来说，首先需要用法律、行政、舆论等强制性他律来规范其社会行为。但是，单有这种强制性的他律还是不够的，还应该使青少年将强制性他律内化为本身的自觉行为，使之能够自律。因此，不仅要对青少年进行法制教育，还应该对他们开展道德教育，要在整个社会为他们创造一个“法治”和“德治”的网上和网下成长环境。只有这样，才有可能使他们自觉地不看、不听网上色情信息。

2. 实行手机实名制。通过实行手机实名制，不仅可以遏制色情短信等垃圾短信对青少年的危害，也能规范经营，减少通过手机短信进行违规、违法行为。

二、作为教育主体的学校对青少年的健康成长起到了极其关键的作用

1. 学校要不断丰富青少年的课余生活，积极地组织丰富多彩的集体活动。由于生活节奏的加快及较重的课业负担，使得许多父母与孩子之间很少有时间进行交流，社会各方面以及家长对青少年的期望使他们的压力增大，这就很容易造成青少年的孤独心理，而使他们缺少宣泄与沟通的渠道。因此，学校要积极倡导丰富多彩的集体生活，引导他们积极参与社会交往，给青少年营造一个同龄人可以进行情感交流、思想交流的广大空间。

2. 加强人生观、世界观、价值观的教育。青少年成长最主要的阶段是在学校度过的，青少年时期，也是形成人生观、世界观、价值观的重要时期，引导青少年形成正确的人生观、世界观、价值观，能够使他们自觉地抵制不良的、淫秽信息的诱惑。

3. 要加强对青少年网络知识和技能的教育培训。网络作为一个国际性的“公共场所”是需要规则和美德的。对青少年进行网络知识和技能的教育培训，就能够较好地让青少年明白网络上的是与非，有利于培养良好的网络道德，这对青少年网络道德观的形成无疑是非常必要的。

三、网络运营商应加强与家庭的合作与沟通满足青少年的情感需求

目前由于家庭电脑的普及，要培养青少年形成良好的网络道德观就更加离不开家长的支持和配合。网络运营商要积极主动与家庭联系，双方定期地进行信息反馈。家庭和教师要以身作则，树立典范，才能言传身教。

四、家长应该给予足够的理解和正确的引导

现在的独生子女，在成长的过程当中更加需要家长的关心、体贴和照料，作为家长应该帮助他们解决所遇到的困难以及成长中的一些心理、生理困扰，多跟孩子交流他们在成长中的困惑，使孩子们有更多的被理解、被尊重的感受。一旦孩子出现了某些问题，家长应该及时予以正确的疏导；对于孩子的性困惑，家长不应该反应过度，而要多沟通，及时了解孩子在各个成长阶段的正常或非正常的需求。家长和孩子不能博弈，只有家长和孩子站在同一战线上，所面临的问题才可以得到彻底解决；在循循善诱中，孩子才可以更加健康地成长。

总之，社会各界要采取引导的方式，共同行动，才能为广大青少年创造良好的、安全的手机网络环境，让他们在绿色的、和谐的网络环境中健康成长。

2010年

关于立法限制“人肉搜索”的提案

“人肉搜索”是近年来互联网上兴起的依托网民的一种新型资料搜索方式，是人找人、人问人的关系型网络社区活动，可以延伸到网络无法触及的地方，拓展人们获取知识的途径。但是，通过各种渠道获得他人个人隐私信息，包括年龄、住所、手机号码、个人或家庭财产、工作单位、收入状况等方面的资料，并肆意公布在互联网上，不可避免地造成了对他人隐私权、名誉权等的侵犯。网民的集体声讨、批评，从网络到现实“追杀”，助长了网络暴力犯罪的发生。尽管中华人民共和国《民法》、《刑法》和《治安管理处罚法》等都有保障公民隐私权以及对侮辱诽谤他人等行为进行处罚的条款，但均为事后法律救济手段，即在追究法律责任时，消极后果已经产生。同时，现有法律法规对公民隐私权的界定模糊，主要根据法官自身的法律素养和认知进行主观判断，可操作性不强。

建议国家制定个人信息保护条例，通过立法的形式规范披露、传播和利用信息的行为，让群众包括网民在法律框架内发表自己的言论，保护公民的隐私权。明确电信运营企业、互联网站等建立相关制度、处置机制并采取人工审核文稿、先审后发、网络屏蔽、删除等措施，减少侮辱诽谤信息的出现，保护公民隐私权不被侵犯；按照职责分工，明确政府职能部门的监管职责和权限，设定合理的处罚、责任追究条款，强化对“人肉搜索”事件产生过程的引导、监管，确保在合法、理性的前提下运行，避免侵权及网络暴力的出现。

2010年

关于提请关注大学生诚信教育问题的建议

诚信是一个社会赖以存在的道德基础，是做人的基本原则，也是人在活动中相互联系的道义凭借。作为高素质人才的大学生，如果这最起码的社会责任都不具备，那么就是教育的一种失败，也是人才培养模式的一种失败！这将导致道德天平严重失衡，在诚信体系基础上的社会将会变得残缺，也将由此引发更深层次的社会危机!

当代大学生群体中绝大多数学生能够坚守诚信道德，把诚实守信当作人生的第一要义。但也出现了一些不容忽视的问题，大学生诚信缺失的主要表现：

一是大学考试中的舞弊。作弊是大学生诚信危机的最简单最直接的表现。虽然高校对作弊学生的处分程度越来越严厉、考试管理办法也越来越严密，但学生作弊队伍却呈不断壮大的趋势，作弊者的心态越来越坦然，作弊工具越来越现代化，作弊方法层出不穷，涉及的考试也越来越多。2008年，某高校为了解大学生作弊情况进行问卷调查，有52.4%的学生认为作弊很普遍，37.2%的学生认为作弊是取得好成绩的捷径。这在一定程度上反映了高校大学生考试作弊现象的严重性。

二是大学生学术研究中的诚信危机。（1）毕业论文抄袭剽窃。大多数学生撰写毕业论文时在刊物上摘抄几段或是上网下载几段搞“大拼盘”是家常事，甚至整篇文章“摘抄”也不足为奇。（2）代发论文。为了奖学金、毕业、保送等，公开发表的论文有一定优势。然而通过“版面费”发表的论文不仅对于学术水平的提高毫无裨益，还将产生学术腐败的恶性循环。

三是大学生经济信用问题。（1）恶意拖欠学费。一些学生故意拖欠应缴纳的各类费用，并把他们的学费用于购买高档消费品、吃喝玩乐、赌博及恋爱支出。（2）不履行助学贷款承诺。助学贷款本是由政府给予全额贴息的个人信用贷款，但是部分学生诚信缺失，不能按期还贷、还息，甚至恶意欠贷、欠息的现象屡次发生。其结果不仅影响自身信用、学校声誉，而且将直接影响其他人的贷款工作，使学校和银行处于两难的尴尬境地。

四是大学生求职信用缺失。（1）虚假求职。在严峻的就业形势下，部分毕业生为了获得面试机会，伪造就业材料。如伪造学习成绩、各种等级证书，虚编在校期间任职情况和社会经历等。（2）频繁违约。近些年来，由于大学生与用人单位的双向就业要求，大学生签订工作协议后的违约情况开始浮出水面。无视用人单位利益的违约现象频频发生。

五是大学生的社会生活的信用危机。在生活中有些学生出于惰性、自私、虚荣等原因，以种种假理由欺骗父母、教师和同学。如编造理由迟到、请假、逃课；在发生矛盾、犯了错误时，编织谎话、隐瞒事实；在同学交往中不诚实，骗取别人信任，捞取好处等。在公共事务方面，如网络道德缺失，在虚拟网络空间，有部分学生在网上充当“黑客”，发布虚假信息、编造虚假新闻、制造传播病毒，严重影响了正常的网络秩序。

大学生诚信危机的原因有家庭不良教育的潜移默化影响、学校教育失衡的影响，也有社会环境的负面影响，这些负面因素不同程度地侵蚀着学生的心灵，从而导致诚信的失范。高校作为大学生的直接培养和教育者，对诚信教育负有不可推卸的责任。

鉴于此，从学校的角度探索大学生开展诚信教育的对策，特建议：

第一，加强大学生诚信教育，帮助学生树立“人无信不立”的信用道德观念。

首先，以两课为主渠道，增加和渗透诚信教育的新内容。结合两课教育改革，一方面，要使大学生认识到，树立较高的诚信意识，这不仅是当代大学生必须具备的道德素质，也是走上社会后“以德立身”的基本要求。另一方面，也要让大学生懂得，诚信既是中华民族的传统美德，又是经济社会的道德底线。在法制社会里，诚信既是道德问题，又是法律问题，法律是一种最低的道德准则。

其次，丰富校园诚信文化活动。丰富多彩的校园文化和社会实践活动是开展诚信教育的重要载体，可将诚信教育的深刻性寓于各项活动的丰富性和新颖性之中，潜移默化地将诚信观念融入学生内心深处。如定期召开诚信评议会、讨论会，举办诚信专题讲座，进行无人监考活动，开展诚信征文或演讲赛、“个人求职不掺水”签名、“远离作弊”考风考纪教育、“诚信校园”文化节等活动。通过诚信教育实践活动，使学生逐步树立起诚信。

最后，建立诚信教育网站。利用网络媒体的力量，在校园内部建立诚信教育网站，让学生通过无记名对不诚信行为进行举报。充分利用学生勇于在网上发表自己见解和看法的特点，及时掌握学生的思想动态，有针对性地开展工作。

第二，建立健全大学生诚信档案。对大学生的诚信教育不能只停留在道德教化的教育层次上，还应当在实施教育的动态过程中，适时把握学生的诚信状态，并根据大学生的信用情况建立起大学生个人信用档案，也就是形成并完善一个有效的记录机制。内容应包括：大学生本人承诺书、学生的个人基本情况、品行说明、学习成绩、健康状况、经济状况、信用记录等。学生在拿到档案的第一时间，就要在诚信大学生承诺书上签字，树立起诚信的观念。

第三，建立切实可行的诚信评价体系。基于诚信档案，对学生诚信状况按级别科学分类，定出可操作的量化考核标准，建立诚信测评体系。在高校成立相应的大学生诚信度的评估部门，构建大学生诚信度测评体系。首先，要确定诚信度测评的要素，可以把诚实、信用、正直、友善等道德品质列为测评的主要要素；其次，确定诚信度测评体系各级指标，即每一项指标定出不同级别的标准，以便参照定位；最后，选用诚信度测评的途径，可通过学生自评、同学互评、老师评议三种方式。通过运用诚信度测评体系可以考核学生过去、现在的诚信状况，并将结果记入学生个人诚信档案。

第四，完善诚信监督和惩罚机制。高校的纪检部门建立科学完备的监督制约机制，用制度约束学生的行为，促使他们形成良好的诚信品质。每年定期检查、核实相关职能部门对学生诚信品德的评价状况，收集师生反映的情况汇报。把教育和处罚结合起来，要建立健全失信惩罚机制，针对违反信用以及欺骗、制假造假的行为，学校要制定和完善相关的条例和管理规定，要加大制度的执行力度，让那些失信的学生及时品尝失信的苦果从而遵守诚信做人的道德底线，以免将来给国家、社会、他人和自己造成更大的损失。

总之，大学生的诚信教育是一项长期、艰巨而又紧迫的任务，需要全民参与。全社会要形成统一的道德风尚，柔性的道德要与刚性的法律相结合，维护公共道德秩序，约束非诚信的行为，为学生创造良好的教育环境，形成良性教育循环的格局。

2010年

关于构建民办高等学校良好外部环境的建议

随着我国高等教育体制的一系列重大改革，高等教育的规模得到了很大发展，结构得到了科学合理的调整，促使中国高等教育进入大众化发展阶段，实现了历史性的跨越。这些成就的取得，与民办高校的快速发展是分不开的。民办高等教育经过20多年的发展，根据社会的需要，为各方面培养了不少急需的人才，为地方政府创造了效益，得到了社会和国家的肯定。但民办高等教育在快速发展过程中，存在一些不容忽视的问题，尤其是其所面临的外部环境困境已经严重影响了民办高校的生存和发展。

其一，对民办高校的评价存在不公正的现象。当前民办高等学校其办学理念、培养目标、教育对象、课程设置、教学方式、管理模式等均不同于公办普通高校。而有关部门在教育评估中，往往只用一个标准来进行评价，结果肯定不尽如人意，这势必影响民办高校的办学声誉，办学声誉的好坏直接影响到民办高校的招生形势和就业形势。

其二，政府缺乏管理民办高校的实践经验。迄今为止，尚未出现管理民办高校的专门机构，对民办高校的管理往往混同于公办高校，忽视了民办高校的特殊性。在具体管理中，部门众多，标准不一，给学校的运作造成了很大的负担，与鼓励、支持发展民办教育的方针背道而驰。

其三，民办高校管理机制缺乏灵活性。由于我国的民办高校脱胎于公办教育这个母体，因此在学校的培养方式、办学模式也多借鉴了公办高校的经验，但是从教育内容及学生培养方式来看，许多民办高校并没有另辟蹊径，反而和公办高校越来越趋同，出现了民办体制下的“官办行为”，民办高校灵活的机制优势正在丧失。

民办高等教育市场是一种不完全的竞争市场，纯粹靠价格机制无法促进教育投入要素的有效配置；民办高等教育产品具有准公共产品的属性，若供需完全由竞争市场来决定，很难达到有效率的市场配置。因此，需要政府、社会以及民办高校自身的努力来共同优化民办高校的发展环境，以推动民办高校稳定、健康、持续发展 。

第一，加强法制建设。我国关于民办高等教育的立法工作起步较晚，《民办教育促进法》、《民办教育促进法实施条例》和《民办高等学校办学管理若干规定》等法规对民办学校的设置与发展起到的促进作用是不言而喻的，但还远远不能满足民办高校快速发展的现实需要。如民办学校的收费标准多年一贯制，不能充分体现市场运行机制的作用，实行优质优酬。法律制定上的不健全，影响着民办教育的良性发展。所以，政府部门需要根据民办高校的特征，加快制定或完善一系列不同于公立高校的法律法规，改变法规建设滞后于民办教育发展的局面。

第二，完善评价体系。我国对高校教学工作水平评估，目前只有两种体系，一种针对普通高校的水平评估，另一种是针对高职学校的水平评估。对民办高校进行的评估是按照《普通高等学校本科教学工作水平评估方案》进行的，但民办高校在办学体制、办学模式、生源质量、用人制度等方面都与公立高校不尽相同，若采用同等的评估方案，很多民办高校是难以达标的。这样会造成民办高校为了达到评估要求，花大量精力、财力投入其工作，进一步扩大校园面积，增加设备投资等，使本来在后续资金投入不足的现实条件下，再度增加学校负担。因此，我们期待教育部能针对民办高校的特点，进一步细化教学工作水平评估方案，从而进一步完善普通高校教学工作水平评估体系。同时对于民办高校的建设、改革和发展，也将会起到重要的引导作用。

第三，加强对民办高校的宏观管理，建立全国性的民办高等教育市场。民办高校是自主参与市场竞争的主体。政府在对民办高校的管理上，要转变职能，从教育微观领域退出来，尽量避免对民办学校直接的行政干预，进一步实施民办高校自主办学。在政府宏观管理下， 建立全国性的民办高等教育市场，将民办高校的招生、就业、教学等资源都纳入统一的民办高等教育市场，让高校自主地组织实施教学、科研和人才培养工作，行使人、财、物的资源配置权，加强国内外学术交流与合作，进一步调动教职工的积极性，真正实行面向社会依法自主办学，增强学校的社会适应能力和自我发展能力。通过立法、资助、服务等手段加强对民办高校的宏观管理，引导民办高等教育合理调整供求关系并实现均衡化发展。

第四，创新管理机制，提高管理效益。创新民办高校的管理机制，不能完全以我国现有的公办高校模式为蓝本，必须在吸收中外高校办学经验的基础上，以现代企业制度为参照，大胆借鉴先进的经营理念和管理模式，来优化学校内部的组织结构与运行机制。学校必须适应市场经济发展，发挥体制和机制的特色，完善法人治理结构，使举办者产权与学校日常管理权分离，实现权利运作的高效和相互制衡，建立责任分担和权力制衡机制，把内部治理与外部参与监督有机结合起来。学校依法自主管理，由教育专家负责学校日常管理，教职工依法民主参与，利用市场机制，把人力资源转化为人力资本，构造现代大学的管理方式。

第五，建立教育中介机构为民办高校提供服务。建立教育中介机构，参与民办高等教育的管理并发挥其作用，是转变政府职能、改革教育管理体制的一项任务，同时还是民办高校相互协作、规范发展的自身需要。政府要充分发挥行业中介机构在维护民办高校合法权益，为民办高校提供服务、理论研究与发展调研、咨询培训、加强宣传诸方面发挥积极的作用，以保证我国民办高教事业更加健康、规范地发展。

第六，营造民办高校宽松的发展空间。民办教育要获得长足的发展，需要有政府和舆论的支持，还要有社会各方面的关心。因此政府应积极向社会宣传民办高等教育在国家高等教育体系中的重要地位和不可替代的作用；大力宣传民办高校的社会效益、办学质量、就业状况以及国外私立大学的情况和成功经验，提高社会认知度，让广大群众了解民办教育，支持民办教育。

总之，在民办高校未来的发展道路上，政府角色的主导性作用是至关重要的。民办高校若想在激烈的竞争中求得生存、稳步发展，除了必须努力提高自身的核心竞争力以外，更需要政府和社会来共同优化民办高校发展的外部环境，以此来推动民办高校的壮大，使其成为中国教育改革的先行军。

2011年

关于提请关注我国民办教育发展，进一步增强民办高校办学自主权的建议

当前，我国社会主义市场经济取得较快发展，市场选择教育、市场决定教育走向已成大势所趋。民办高校和积淀深厚、有强力财政支持、民众认可度较高的公办高校在教育市场中竞争，其生存和发展的基点永远是特色，失去特色，就无法生存。而现行的某些体制却束缚了民办高校的办学自主权，客观上起着按公办标准打造民办高校的作用，致使民办高校无力形成自身的办学特色。

对于民办高校来说，目前最需要落实的办学自主权有招生自主权、专业及课程设置权、学费定价权。分述如下：

1. 招生自主权——统一的招生机制和模式，使民办高校丧失了市场选择权。

招生权是民办高校一项非常重要的权力，是其开辟生源、维护学校正常运转和促进学校发展壮大的重要保障，更是其赖以生存和发展的基础。但目前实施高等学历教育的民办高校的招生仍采用计划方式，在招生范围上要纳入国家统一招生计划，在招生标准和招生方式上要遵守国家相关规定。如此一来，在招生体制机制上，公、民办高校完全相同，这对民办高校的发展在近远期都有着致命打击。从近期看，同一招生机制和模式使民办高校在生源的质量和数量上整体处于尴尬境地，不但不利于民办高校挑选培养对象，塑造特色人才，还使民办高校付出了更高的招生成本，这对急需扶植的民办高校是雪上加霜；从长远看，完全相同的招生机制，将极大剥夺或削弱民办高校的办学自主权，使其灵活的办学机制难以和市场形成对接，对未来我国高等教育形成公、民办

高校协调发展的格局也会带来不利影响。

2. 专业及课程设置权——统一的专业审批，使民办高校难以应对市场的多元人才需求。

目前，高等学校的专业设置走的都是审批路子。民办高校在这一专业设置机制下，如果和公办高校面目相趋同，没有自身的特色专业，学生毕业后就难以适应就业市场的要求，学校的“出口”就会被堵死。民办高校没有财政扶持，学生学费高再难就业，学校的发展可想而知。对此问题，《民办教育促进法》已明确规定：“实施民办高等教育和中等职业技术学历教育的民办学校，可以按照办学宗旨和培养目标，自行设置专业、开设课程，自主选用教材。”当前应重点做好这条法规的落实，使民办高校享受充分的办学自由，更好地发挥其贴近市场的功能。

3. 学费定价权——统一的收费管理机制，使民办高校难以得到市场能够赋予的资金。

《民办教育促进法》第37条规定：“民办学校对接受学历教育的受教育者收取费用的项目和标准由学校制定，报有关部门批准并公示。”这意味着作为民办高等教育供给者的民办高校，本身并没有对自己服务产品的定价自主权，其收费必须依据物价部门制定的收费标准。公办高校系政府投资举办，在资金方面也有政府财政支持，政府有权决定其收费标准；而民办高校，尤其是准营利性民办高校，系民间投资兴办，获得适当的投资盈利是其多元目标之一，而且民办高校既然是市场经济的产物，那么必须按市场机制运作，才会有出路。

综上，招生、专业设置、收费管理等多项机制对公、民办高校的统一，限制了民办高校的办学自主权，限制了市场对教育应有的作用，束缚了民办高校的发展。

由此，我建议：

1. 应归还民办高校招生自主权。

自主计划内招生不应仅限于公办名牌高校，民办高校也应有权自主命题来招收考生，至于哪些人愿意投考，应由市场决定。这样就能保证民办高校招收到适宜的学生，在培养人才质量和办学声誉等多方面，都能促进学校发展。

在保持目前高考机制的条件下，也可采用统一高考考试和招生分离的战略，把招生自主权还给学校。要相信民办高校有了自主权会承担起自主的责任，进而形成多元化考试制度和多元化招生制度的统一。比如，日本的两次考试制度，把高考当成一种资格考试，民办高校再根据自己的培养目标组织考试决定最终录用人员，这对形成民办高校的“特色”很有帮助。

2. 应保障民办高校充分的专业设置权。

可允许民办高校根据社会需求自由开设专业，自主制订人才培养计划，以便更好地培养适应市场需求的各种人才。从专业设定上来说，应当以民办高校及其教师、学生和专家为核心，共同选择和设计民办高校的校本专业，丰富具有民办高校特色的内容，强化民办高校的特色建设。

3. 应允许民办高校根据供求关系享有自主定价权。

既然民办高校满足了大众多元的教育需求，就应该根据多元教育的类别实行多元收费，而多元收费的标准，只能让市场来决定。因此，政府应强化市场作用，把民办高校的收费管理纳入市场管理轨道，在收费上充分体现并发挥市场的导向作用。这样，一方面能够增加民办高校收入，改善办学条件，另一方面，价格竞争也有利于从根本上改变民办高等教育产品供给不足的局面，从而更有效地实现教育公平。因此，《民办教育促进法》第37条可修订为：“民办学校对接受学历教育的受教育者收取费用的项目和标准由学校制定，报有关部门备案并公示。”

总之，教育的宗旨是提高人口素质，为社会培养人才。古今中外有关教育的实例都充分说明，一个充分发达的高等教育体系，从来都不是完全靠国家、政府的力量建立并得以维护和发展的。实现高等教育“自助式”服务的理想，唯一出路就是进一步增强民办高校办学自主权，促进民办高等教育走向特色发展，进而实现公、民办高等教育协调、充分发展。

2011年

关于提请关注我国青少年生命安全进一步加强中小学生生存教育的建议

目前，我国每年有近2万名大、中、小学生非正常死亡。其中中、小学生因火灾、交通、溺水、拥挤踩踏、食物中毒等安全事故死亡的，平均每天有40多人，每年还有40万—50万的孩子受到中毒、触电等意外伤害。安全事故已经成为我国学生的第一位主要死因，其比率显著高于经济发达的国家，如美国、日本。而这其中约有80%的非正常死亡和意外伤害本可以通过预防措施和应急处理避免。

可以说，这些事实与我国在对未成年人生命与安全教育上的缺失有很大关系。近年的一项学术调查显示：在我国未成年人中，仅有不到5%接受过安全自护方面的教育。新浪网上的一个调查更令人震惊：在答“是否会正确使用灭火器”题中，“会”的不到50%，问其“灾难逃生知识从什么渠道获得”，18%的人称“没有渠道”。对生死相关的知识，竟如此无知，岂不令人痛心！所以大多数人一遇灾难便恐慌、失措，最后做出错误选择。

造成以上状况的原因，分析如下：

1. 学校方面：由于传统教育认识的偏差，我国的学校教育的价值取向往往偏重于认知教育，而忽略对生命个体存在价值的关注。生存教育工作只停留在消极的保护状态：一是生存教育比较滞后，实施中往往上级部门、学校领导提一提、抓一抓，比较被动，或是亡羊补牢。而积极的防患于未然的教育偏少，针对不断出现的新问题的教育也较少。二是生存教育有效性不够，教育中往往对实践层面的操作不够重视，表现为说教较多、讲大道理较多，进行正确行为的强化练习较少，一旦事情发生，中小学生不知道如何去做。

2. 家庭方面：很多家长对孩子的生存安全教育存在着误区，虽然很关注孩子的安全，但只是告诉孩子 “听老师话”、“不要和同学打架”之类，最多是告诫孩子远离危险，至于遇到突发事件时如何提高警惕，关键时刻如何自护、自救和求救，几乎是一片空白。比如，家长往往只会教孩子不玩火，预防火灾，从不教孩子发生火灾后该如何应急、避险，而这些知识才是对生命安全最为重要的。

3. 社会方面：长期以来，我国社会对全民的生存教育存在一定程度的缺失，特别是各类媒体没有充分发挥宣传遇险自救互救知识的作用，而邻国日本的经验值得我们借鉴，为纪念关东大地震，唤醒全民防灾减灾意识，日本确定每年9月1日为“防灾日”。这天，各地都要组织防灾训练，各消防单位在购物中心的广场或公园空地搭起帐篷，消防员爬到一根细细的长竿顶上，表演各种高难度动作，带领市民体验灾害来临时的情景，电视、报纸、广播、网络等媒体也经常宣传各类自救互救知识。近年来地震、洪水、台风等自然灾害在我国频繁发生，在我们为逝去的生命感到惋惜的同时，更应意识到在民众中普及生存知识已刻不容缓。

综上可见，进一步加强对我国青少年的生存教育已势在必行。而生存教育是一项整体性强、关联度高的系统工程。应以家庭教育为基础，学校教育为主干，社会教育为保障。因此，我建议：

1. 学校方面：生存教育应去形式化。联合国教科文组织已将青少年学会生存列为教育的首要目标，学校中进行自救互救培训在欧美、日韩国家都得到了积极的推行。日本是亚洲急救逃生知识普及率最高的国家，通过课堂普及是日本的成功经验之一。由于应急自救教育是青少年生存的需要，应尽早将其纳入学校的教学内容，要积极培训和引进专门的师资人才，并组织有关专家撰写专门的培训教材，从小学一年级开始贯穿整个学校教育阶段。在小学阶段进行逃生教育，在中学阶段开展自救互救教育，通过规范的授课普及急救知识和技能，使受训学生牢固掌握最起码的自救互救知识，从而提高学生在突发灾害、意外事故和危重病发生时的应急能力和应变能力，进而最大限度地降低青少年由于灾害、安全事故和急病引起的伤残率和死亡率。

2. 家庭方面：生存教育应是家庭教育的火车头。家长要摒弃谈灾晦气的旧观念旧思想，打开防灾、生存知识进入家庭的所有通道。要带头学习生存知识，明确依法教育和保护未成年孩子的责任，认清失责行为在亲情、道义和法律等方面的后果，从而自觉主动地把防灾与生存知识引入家庭，把家庭防灾措施落到实处，时时注意给孩子宣传自主自救的典型事例。

3. 社会方面：生存教育应是全民普及教育。社会要加大对急救知识的宣传。电视、广播、报纸、学校黑板报、互联网等宣传媒体是青少年用于学习科学知识、文化技术，开展娱乐活动的重要工具。如果利用电视台、电台每天几分钟时间，插播一些有故事情节的各类事故灾害的自救常识，每一个家庭的每一个人既能得到娱乐的享受，又能学到急救的常识。又如学校黑板报、墙报之类宣传媒体，学生都可能接触到，由于这些媒体布局简单、明了、醒目，容易引起学生课间观赏、学习。每隔一段时间更换一次灾害的自救常识，不经意间，这些知识就潜移默化注入学生的心田，变成了他们的一种潜能。一旦遇到灾难，就会本能地释放出来应对危害。同时，社区除了以举办讲座、宣传栏等多种形式做好急救知识的宣传外，还应该利用寒暑假把本社区的青少年甚至他们的家长组织起来，邀请老师对他们进行有关止血、包扎、伤员搬运、人工呼吸等急救技能方面的实地演练和知识教育。市区的青少年宫也可以经常性地组织生存常识培训班和生存技能知识竞赛。

2011年

关于在中小学统一国学教材的提案

中华经典凝结着中华民族的民族精神和民族情感，承载着中华民族的文化血脉和思想精华，是中国人之所以为中国人的基础，是对广大群众尤其是青少年进行思想教育的宝贵资源。党的十七大报告提出，“要弘扬中华文化，建设中华民族共有的精神家园，进一步提高国民语言文化素质和国家通用语言文字社会应用水平”。经过近10年的传播和认知，国学教育已日渐成为国人越来越强烈的教育意识，在2005年新浪网做的关于国学的文化调查显示，有超过44%的调查对象希望让他们的子女接受国学教育，在“最有利于弘扬中华传统文化的措施”的调查中，有高达84%认为应该增加小学、中学、大学的国学必修课程。科技部研究中心对国学教育改革的评估报告显示，73%的家长和87%的教师认为国学教育对孩子起到了弘扬传统文化的作用，近90%的家长和96.7%的教师认为对孩子的个人修养和人格发育起到了良好作用。近来，有不少民间教育机构，包括不少中小学开风气之先，开始在学校教育中进行国学传承的有益尝试，在儿童潜能开发、人格培养、道德塑造等方面都取得了为人所称道的成效，但就总体而言，国学教育还仅停留在非官方的零星探索与实践之中，并未得到组织、体制、纲领及计划上的推动和保障，还远远徘徊在规模化规范化的国民教育体制之外。而就取得全社会普遍的族群认同与伦理共识而言，就和谐社会的建构与可持续发展而言，幼儿与中小学教育中的国文、国学教育不容忽视。因此，全社会都应当重视对幼儿、小学生和中学生加强中华民族人文知识与人文精神的教育。把“国学”教育纳入国民教育体系，对公民社会的形成、和谐社会的建构，对长治久安，对人的全面发展、百年树人的大业与共建中华民族共同的精神家园，都有极其重要的意义和作用。

目前，从一些开展国学教育的中小学、教育机构来看，国学教育还存在着很大的问题，最大的问题就是教材不统一。采用的教材五花八门，而且不一定适合学生使用。有的小学把《孝经》放在国学课的开篇，但一年级的孩子识字量不够，诵读起来不够朗朗上口，这样会影响孩子读书的兴趣。

另外，现在一些老师本身国学素养不够，若仅仅是教孩子诵读课文，没有任何意义，而是要通过自身的魅力言传身教，对孩子进行为人处世等方面的教育。

今天，国学教育与国民教育体制脱离，导致国学教育只能以民间特色教育的形式而存在，本具有最广泛教育基础的国学教育衍生为商业性、功利性的教育行为，并越来越深刻地引发两种教育方式的抉择矛盾，理想教育模式与现实教育体制的两难甚至令不少家长选择了逃离主流教育。因此，基于对更多儿童和国民接受民族传统教育的权利的保护，教育变革势在必行。

因此，我建议：

教育主管部门应本着弘扬民族优秀文化、提高青少年文化素质和思想道德素质的目的，通过试点的形式，编制统一的“国学”教材，在实践中使“国学”教育课本系统化、通俗化、基础化；力求用“国学”吸引学生，用“国学”感动学生，用“国学”滋养学生。然后再根据实际情况，全面推广“国学”课程。

国学经典诵读的选取要着眼于素质教育循序推进，重在潜移默化，不能急于求成，更不能做表面文章，应该注重在日常学习生活中的养成教育，让学生不但能诵读经典，而且能践行经典。同时抓好教师培训，尽快建设符合国学教育需要的优秀教师队伍。

2011年

全民健身有“地”放矢

——关于对外开放高校体育场馆促进全民健身的建议

国务院关于《十二五全民健身计划》中，“建设可持续的全民健身公共服务体系，保障公民参加体育健身活动的合法权益，促进全民健身与竞技体育协调发展，扩大竞技体育群众基础，丰富人民群众精神文化生活，形成健康文明的生活方式，提高全民族身体素质，努力奠定建设体育强国的坚实基础”。为了贯彻落实这一政策，许多高校体育场馆逐渐对社会开放，满足社会需求。与此同时，高校体育场所在以体育教学为主的前提下，面临维护经费高、使用效率低等等诸多问题。

一是中国全民健身场所供求不均。目前，我国各类体育场馆共85万以上，人均体育场地面积仅为1.03平方米，与国外指标相比，相距甚远。到2015年，全国各类体育场地达到120万个以上，人均体育场地面积达到1.5平方米以上。如何达到？高校体育场所的全面开放是其途径之一。

二是高校场馆功能单一，难以满足高校体育场所的新需求。目前，高校体育场馆设施的主要目的是教学，功能单一，场馆功能多未开发，忽视市场资源配置的要求。在教学之余，体育设施资源闲置，未得以充分利用，增加了维修、管理经费的投入。目前我国体育设施利用率较低。场馆的开发和维护需要学校大量的资金投入，如何才能做到不盲目地开发和提高现有场馆资源的利用率是目前学校最需解决的问题。

三是部分新场馆投资大、利用率低，不能有效地为社会公众所用。高校体育场馆服务对象的主要目标是在校大学师生，它是为学校师生的教、学和健身、娱乐服务的，符合高校教学、训练和科研的特点。但是场馆功能齐全：体育表演、健身、体质测试、健康评估、文化演出和文娱一应俱全，但这些设施除了满足基本的教学之外，平时全是有偿服务。而这些有偿服务仅对高校内部开放，或者部分限制性地对社会开放。多数市民没有享受到高校体育设施。

四是体育场馆的服务、管理滞后。在高校， 体育场馆一般由体育教学单位的后勤人员或是临时的工人进行管理，而这一部分人大多没有受过专门的培训，缺乏体育场馆管理的相关知识。同时很多高校在场馆的开放时间、服务内容、管理方式上都没有统一的规定，使学校体育场馆的管理相对处于混乱无序状态。这种情况导致了学校体育场馆管理和运行模式的不科学，也很难吸引社会上的体育消费，造成场馆的闲置和浪费。

因此，针对上述现状，高校体育场所需要改变以往的管理模式，承担社会责任与义务，面向全民，积极配合十二五规划的全民健身政策的合理落实，为此，我建议：

1. 国家给予高校体育场所维护、保养等费用的补助，以降低百姓在高校体育场所健身成本。将全民健身事业纳入本级国民经济和社会发展规划，将全民健身工作所需经费列入本级财政预算。并适当地划拨给高校体育场所，为其维修养护之用。

2. 综合利用、服务大学、兼顾社会。首先，提高高校体育场所的综合利用。将体育馆改造成多功能馆，既作为满足学校体育教学用的风雨操场，又为学校提供训练基地，同时也是大学生活动中心。另外，对外适度开放还能创造经济效益达到“以馆养馆”的目标。其次，服务大学做到既能满足学校体育专业教学训练之用，也能满足开展各种学校体育活动的需要。最后，兼顾社会，是指体育馆在满足学校本身教学及管理使用之外，充分发挥场馆设施完善、功能齐全优势，为社会体育、文化事业服务，满足社区居民日益增长的健身、娱乐需要。“兼顾社会”的主要形式可有：办国内外重大室内体育赛事、大型文体活动；进行健身、娱乐活动；利用场馆设施、设备，探索成立健身俱乐部形式的经营方式等，为全民健身服务。

3. 合理安排运动场馆的开放时间。首先，面向社会公众开放应该是高校体育场所的责任，因此，工作日面向学生教学使用，周末面向社会实施限时免费、定时收费等方式的开放的管理模式才是高校应该采纳的。高校体育场馆不同于社会公共体育设施，它不是完全免费为大众服务，也不是以单纯获取利润为唯一目的，应正确处理好体育教学与有偿运营之间的关系，既要保证正常的体育教学、训练的需要，又要能满足大众对体育锻炼的需求。满足广大群众的需求，同时也可以弥补体育经费不足的问题。其次，开展“假期体育活动全民健身计划”，促进高校体育场所高效利用。高校寒暑假期是高校体育场所的空窗期，高校体育场馆的对外开放并不是以追求经济利益为目的的，但通过对体育场所的高效利用，可以将场馆有偿收入中的绝大部分用作场馆的维护与保养，提高场馆自身条件，改善或丰富体育设施，使其不断更新，以适应社会需要。

4. 高校承担周边社区体育组织的健身项目，帮助社区开展全民健身，坚持以人为本，增强服务意识，发展社区体育事业。高校有最专业的体育健身教师，有高质量的健身器材、健身场所，高校承担社区体育组织的健身项目，帮助社区开展全民健身，既提高了高校场所的合理利用，又为全民健身提供高质高效的指导，迎合社会需要。

总之，要尽可能地减少学校体育场馆设施的闲置现象，合理地开发利用，对外开放中国高校体育场所，为大众体育健身服务，做到既能满足学校体育专业教学训练之用，也能满足社会公众健身需要，促进全民健身。

2012年

“传道授业”须以德为本

——关于在青少年中加强传统道德教育的提案

近些年来，随着我国进入新的发展阶段，经济体制深刻变革、社会结构深刻变动、利益格局深刻调整、思想观念深刻变化，诸如家庭不和、亲情沦丧、虐待儿童、虐待老人、校园暴力、职场暴力等事件常常曝光于各大主流媒体，引起了各界人士的普遍关注和深深忧虑。2011年春“老人倒地无人敢扶”事件，2011年10月“小悦悦事件”，同年“郭美美事件”，这类事件频繁出现使得“社会道德风气”问题一跃进入国人关注的10大焦点民生问题（中共中央机关刊物《求是》杂志社旗下《小康》杂志与清华大学联合发布《2011最受关注10大焦点民生问题》）。社会道德风气问题的根本原因在于：

1. 对青少年传统道德教育的重要性认识不够。

对于青少年的关注，更多的精力放在了学习成绩上，而在青少年的传统道德教育上却是乏力和缺失的，这种乏力与缺失在相当程度上影响了社会的繁荣和稳定。对此，我们应当高度重视青少年传统道德教育这个源头问题，决不能等闲视之，应当动员全社会行动起来，千方百计做好青少年的传统道德教育工作，给子孙、未来留下一个和睦友善的道德环境，这也是进行社会主义核心价值体系建设的题中应有之义。

2. 传统道德教育方法单一，没有形成学校、家庭、社会的完整体系。

对于思想道德教育，往往只放在课堂上，尤其是中小学的课堂上，这样对道德的培养就成为一门课程，而忽视了它的重要性。思想道德教育并不单单是学校的责任，而是全社会的责任，需要家庭和社会的全力配合，使青少年的思想道德教育不再流于表面，而是形成学校、家庭、社会教育相结合的长期的、完整的体系。

3. 媒体的传播误导。

目前许多媒体总是刊登一些有损社会道德风气的事件的新闻报道，这些报道即使所言是实，但这种新闻看得多了，很难不加剧人们“好人没好报”、“做好事难”的恶劣感受。结果是更多人只愿做一个社会风气的批评者，而不愿、不敢去做一个美德的践行者。现在的问题是，众声喧哗地一味抨击社会风气、渲染道德危机，尽管颇为解气，却很可能无益于改善社会风气、扭转道德危机，反而会深深伤害许多人对“好人有好报”的信念。

建议：

1. 借助传统的文化资源提高对道德的认识，增大其在德育中的比重。

我国的教育还没有摆脱应试教育的本质，学生、家长、学校的关注重点仍然是在学习成绩，尤其是和升学相关的成绩之上。而我国古代的教育家认为，德育之本在“修身”，这一论断也得到了历史的证明。可见，青少年成长过程中的传统道德教育应是第一位的。青少年伦理教育不是简单的说教，目前很多学校都已开展了传统经典教育，但很多学校的学习目的并不很明确。应该充分借鉴传统经典中的伦理资源，对有些重要典籍（如《孝经》、《弟子规》等），要重新诠释，使其具有针对性和时效性的特点，以此带动青少年伦理修养的提升。

2. 传统道德教育要覆盖普通高等学校的大学生。

目前的道德教育集中在中小学生，而道德教育是一件长期，甚至终身的事情，大学生刚刚成年，尚未走向社会，他们的道德意识还有待进一步的完善，同时他们即将面临的社会现实也需要他们有坚实的道德修养。应该在普通高等院校开设传统道德相关的公共课，提升学生的道德意识。

3. 构建道德教育的实践成绩，使其与毕业、升学挂钩。

针对社会上忽视思想道德教育，重视学习成绩的现象，建议在学生的成绩中加入道德教育的实践成绩，每个年级的学生都需要完成一定标准的社会志愿者活动，将这一成绩作为考核学生的重要指标。同时，升学考核也要与道德教育的实践成绩挂钩，使学校、家庭、社会更加注重青少年思想道德的培养。

4. 动员社会力量，形成机制，弥补师资不足和教育形式单一的问题。

传统的道德教育放在了课堂上，但面对课时有限、师资有限的情况，这样的教育方式很难达到预期的效果。如何生动形象地将道德标准融入学生的思想和行动中，是我们亟须解决的问题。因此建议动员全社会的力量来参与青少年的道德教育事业。社会上有很多热心关注青少年成长的德高望重、饱经风霜的老人，也有德才兼备的青年才俊，他们的现身说法是对青少年最重要的教育和启发。为此，我们应该建立一种机制，确保这项事业有序、持续地展开。

5. 社区积极开展传统的道德教育。

青少年的道德教育不仅仅是学校和家庭的责任，而是全社会的责任。作为现代基层社会组织的社区在这方面应当起到应有的作用。目前我国的社区道德文化建设统归各级教育部门管理，教育部门有可能统一部署，共同完成一项工作。各级教育主管部门要重视社区和学校的作用，使二者形成合力，共同做好青少年道德教育工作。社区应多开展志愿者活动，使青少年不仅在思想上，更要在行动上成为一个道德高尚的人。

6. 媒体介入，造成强大的舆论氛围。

各种媒体要确立一种强烈的人伦价值取向，尽量消除市场带来的唯利是图、亲情冷漠的负面影响，造成强大的舆论氛围，使广大受众，尤其是青少年明确应当坚持和提倡什么、反对和抵制什么，为其判断行为得失、做出道德选择、确定价值取向，提供基本的价值准则和行为规范。

2012年

关于切实加强青少年道德品质教育的建议

多年来，随着我国改革开放进程的加快和经济社会的迅猛发展，多种文化思潮不断汇聚、碰撞，各样诱惑不断出现、变幻。现实生活中存在的道德失范、诚信缺失、见利忘义及一些封建迷信和黄赌毒等等丑恶现象给当代青少年的成长带来了许多负面影响，给对下一代的道德品质教育增加了难度。一些青少年在思想品德方面，存在着许多令人忧虑的倾向。

一是理想信念淡化，进取精神不足。部分青少年缺乏人生长远目标和坚定信念，爱国意识淡薄、民族精神缺失，对现代影视歌明星却盲目崇拜、疯狂追逐。一些青少年生活方式欠佳，贪图安逸、热衷享乐、穿讲名牌、吃论高档，互相攀比，却缺少吃苦耐劳、自强自立的精神。甚至有些人长时间沉溺网吧、迪吧、游戏厅不能自拔。

二是个人主义至上，合作意识淡薄。由于从小到大受的“呵护”和“优待”太多，养成了部分青少年懒惰、任性、自私等不良个性，事事以自我为中心，缺乏关爱意识、公共意识和规则意识，对集体、他人、社会活动缺乏关心、缺少热情。在家庭、学校和社会交往中常常突出自我，过分强调自身价值的实现，缺少团结友爱和互助精神，缺少主动奉献和服务意识，缺少团队合作和配合态度。

三是心理成熟度低，意志不够坚强。一些青少年在工作、学习和生活中往往遇到一点小挫折、小打击就心灰意冷、怨天尤人甚至采取极端行为，缺乏健康乐观的心态和坚韧不拔的意志；做事依赖感强，调控自我、适应环境的能力差，缺少责任心，缺少持之以恒的态度。受影视、网络中一些消极因素的影响，结拜、酗酒、逃学、群殴等不良行为时有发生，甚至个别青少年走上了违法犯罪道路。

当然，上述问题只是当代青少年中的少数和极个别现象。应该说，我国现代青少年的主观意识都是积极向上、奋发有为的，对未来有着美好的憧憬，对新事物、新知识有着很强的认知能力、接受能力，他们是充满希望的一代，能担当大任的一代。只要我们多加引导、正确施教，特别在道德品质教育方面加以强化，就能够使他们成为建设和谐社会的中坚力量，成为共和国的有用之才。为此，我建议：

1. 要努力创造有利于青少年良好道德品质形成的社会环境。社会是道德品质培育的大课堂，也是青少年最不规范的学习课本。只有创造好的社会环境，才能为青少年的健康成长提供有力的保障。第一，要加大青少年文化娱乐方面的管理力度。公安、工商、城管、文化等管理部门，一定要把社会治安综合治理、扫黄打非、整顿文化市场、禁毒禁赌等工作切实做好，对各种报刊、书籍、影视音像制品，特别是网吧、迪吧、游戏厅等严格管理，减少对青少年的不良诱惑，形成青少年坚实的保护网。应该推动网络实名制，对网络游戏和一些成人内容设置登录壁垒，为青少年创建出绿色网络。第二，加强对青少年活动场所的建设。要清理、恢复被占用的青少年宫等活动场所。还要加大投入，建设一批新的活动阵地，为青少年开展健康有益的活动提供服务。第三，建议教育部会同团中央等部门，设立“全国青少年道德品质教育贡献奖”，每年对为青少年道德品质教育作出突出贡献的集体、个人予以表彰；设立以道德品质教育为主题的一系列全国活动周，如“勇气周”、“诚实周”、“友爱周”等；设立全国青少年“道德标兵”，像评选十大杰出青年一样，每年进行评选并给予隆重表彰。第四，要加强青少年道德品质教育方面的研究。对社科院、教育研究院（所）等研究机构这方面的课题要加大经费支持力度。以不断研究新情况、新问题，拿出好办法、好措施并加以推广实施。第五，电视、报纸等新闻媒体在青少年道德品质教育方面要大造舆论，多报道先进人物和事迹典型，形成好的社会舆论导向和氛围。

2. 要加强青少年道德品质教育中的家庭环节。家庭教育是青少年道德品质教育的重要组成部分，家长的引领和示范作用不可替代。第一，家长在子女教育过程中要改掉放任自流、过分溺爱、训斥打压等毛病。要尊重孩子，学会以平等的态度和子女进行沟通，少点一言堂和家长作风。要让孩子多参与家务劳动，使孩子在实践中形成健全的人格和良好品质。第二，要克服“望子成龙”的传统思想。让孩子要先成人，后成才。多教育他们做一个光明磊落、品德高尚的人，做一个有良知和爱心的人。第三，要强化预防意识。多留心子女的消费来源、留意他们结交的朋友，警惕孩子的谎言。对出现的一些不良苗头，要及早加以纠正，将其消灭在萌芽状态。

3. 要进一步完善学校的品德教育模式和机制。学校是青少年品德教育最重要的阵地。第一，要充分发挥教育主渠道作用，树立以人为本的观念，把德育工作摆在素质教育的首要位置。要把弘扬和培育民族精神作为道德建设极为重要的任务，纳入德育教育中。第二，要切实加强教师队伍建设，不断提高教师的思想道德素质，使教师的言行成为学生学习的榜样，达到“身教重于言教”。第三，要针对青少年的年龄特点和认知能力，开展多种形式的品德教育。如以“助人为乐”为例，可通过向学生介绍南方雪灾，号召孩子捐献零花钱，献点爱心，逐步让他们形成行善积德、为社会作贡献的道德观。第四，要多组织文体活动，培养学生健康的身心素质。学校每学年都应该组织一次半个月以上的军训活动，以培养学生吃苦耐劳的坚强意志和协作精神。第五，要积极开展丰富多彩的道德实践活动。多组织学生参观博物馆、艺术馆，游览历史名胜，鼓励学生参与各类俱乐部活动等，陶冶他们的文化和艺术情操。

总之，青少年道德品质教育工作，是一项长期、艰巨的系统工程。只有构建起学校、家庭、社会三位一体的立体教育网络，齐抓共管，狠抓落实，才能最终取得满意的成果。

2008年

德智并重　高校才能更“高”

——关于加强和改进大学生人文素质教育工作的建议

近年来，我国经济迅速发展，如今已跃升为世界第二经济体，但在此过程中暴露出的问题可谓惊心：地沟油、毒奶粉等食品安全问题，小悦悦、摔倒老人等社会事件，白领虐猫、公务员弃母等无德之举，以及“我爸是李刚”、药家鑫杀人等大学生犯罪案件……诸如此类的事实告诉我们中国民众需要起码的道德与情感支撑，需要在思想上达成一种众志成城的共识。这些绝不能归咎于缺乏高等科学知识教育，而是欠缺人文素质教育。

人的知识水平、心理素质、道德规范是不可分割的一体，专业教育与人文教育对于大学生成长成才更是缺一不可。然而，目前我国大学生人文素质的现状并不令人满意，主要存在问题：（1）基础文明素质低，遵守社会公德的自觉性不强。上课喧哗、迟到早退、考试作弊、乱扔垃圾、践踏草坪等现象并不鲜见，部分学生集体观念淡薄，对国家和社会缺乏责任感。（2）主体意识增强，法律意识淡薄。虽然大学生的主体意识逐渐增强，自我维权意识加强，但部分学生为了个人私利，不惜损害他人、集体甚至国家利益，还有大学生无视法律存在，最终受到法律的制裁。（3）心理压力大、心理障碍多。面对激烈的社会竞争，沉重的学业、就业压力及复杂的人际关系，许多大学生出现诸多心理问题：自我否定、失去信心、挫败感增加、心理承受力差、郁闷甚至抑郁、沉迷于网络、自我封闭等。（4）文化素养不高，知识结构单一。相当一部分学生基本文史知识欠缺，缺乏民族文化素养，文化底蕴浅薄。尤其是理工科学生，知识结构较单一，普遍缺乏文史哲、艺术审美等人文科学和其他社会科学方面的素养。

此现状的原因简单分析如下：（1）学校方面：对于人文素质教育缺乏重

视，认为按照规定开设一定数量的人文教育课程，传授刻板的书本知识，就是完成了“人文素质教育”。表面化程式化的教育模式难免使其流入“有教无化”的境地。（2）教师方面：一流的教授学者更愿意讲授专业课，很重要的一个思想原因是认为通识课比专业课“等级”低，通识课教师无形中比专业课教师“矮一头”，这显然是追求学术成绩与长远发展的教师们不想涉足的原因。（3）学生方面：也习惯性地认为相比于专业课，人文素质课程不过是充学分、“来混混”的科目，绝没有诸专业课有用与重要。（4）社会方面：虽然对人文素质教育的呼声很高，但在人才选拔上并没有将人文素质的考量纳入正规的选拔程式。大环境的轻视使得愈来愈功利化、目标化的高等教育也自然淡化对学生人文素质的培养。

为此，我建议：

1. 硬性规定。教育部门应通过硬性的规定提高人文教育课程在教育结构中的地位，树立在当代社会建设中人文素质对于个人与社会的重要性观念；政府也应硬性规定社会各用人单位逐步建立一种专业水平与人文素养综合考察的人才选拔方式。此条建议虽不治本，但却是最为权威和高效的加强和改进大学生人文素质教育工作的切入点。

2. 加大宣传。通过宣传教育的舆论工具，从正面大力倡导，提升全社会对人文素质教育的重视。转变人才质量观念，使全社会认识到21世纪人才素质应该是全方位的。

3. 深化教改。各高校应根据实际情况改革人文教育课程的授课形式，改变传统的灌输式、简单化的教学模式，加强师资水平、改变授课教师观念。开展更具趣味性与实践性的课堂方式，比如讨论交流会、人文电影书籍的赏析分享活动、人文知识竞赛、定期实践活动等各种形式。学校首先应重视，使人文素质教育的内容丰富、地位提升，学生才会真正感兴趣、重视，从而达到引导效果。

4. 营造氛围。环境对人的改造、影响作用是潜移默化且深远长久的。具备了一定硬件设施的校园环境才能营造一种人文的氛围。高校有必要增加资金投入，加大文化设施的建设力度，如投资兴建校园网吧、多媒体课堂、语音室、健身房、运动场等，尤其是应加大图书馆人文社科类图书资料的建设。

2012年

配上"增高垫"　让课桌椅与娃娃共"成长"

——关于合理设置中小学课桌椅高度的建议

随着国民生活水平的不断提高，现如今我国中小学各年龄段学生身高普遍增高。但中小学生平均每天使用8小时以上的课桌椅的舒适度却颇令人担忧，一组某省会城市有关中小学教学环境和教学用具抽样监测结果显示：小学课桌椅合格率为56.7%，初中合格率为23.3%，高中合格率为45.9%。这里的合格并不是指课桌椅的质量问题，而是有没有按照学生不同的身高来调节桌椅的高度。教学装备条件较好的省会城市尚且如此，县城及农村中小学的情况便可想而知。

事实上，早在1988年，卫生部就发布了《学校课桌椅卫生国家标准》，后来考虑到青少年平均身高不断增长，2003年1月1日，国家质检总局又颁布了《学校课桌椅功能尺寸标准》，将中小学生使用的课桌椅分为10个不同的尺寸档次，各型号配备给不同身高的使用者，以保护学生的身心健康。按照规定，中小学校可任选课桌椅的样式，但桌高、桌下空间和椅面高等主要尺寸必须符合国家标准。

而据我在部分城市调查，现在真正按标准配备课桌椅的学校很少，普遍存在以下问题：一是桌椅高度与学生身高不相配，大部分中小学各个年级都使用同一型号的课桌椅，能按年级高低分配不同型号课桌椅的学校很少，而做到按年级、按学生身高设置或调整课桌椅的学校更是寥寥无几。即便部分使用可调节式课桌椅的学校也未能真正发挥桌椅的"可调节"功能。二是桌椅舒适性差，一般课桌抽屉高约10厘米，可现在很多学生的书包厚达15—20厘米，根本无法放入，孩子们只好把书包放在椅子靠背前，坐在椅子前半部听课和学习。

而老师一般只强调坐姿，并不考虑“高个低桌”、“低个高桌”或是只坐半张椅子的学生是否舒适。

中小学时期是未成年人成长发育的关键阶段，学生使用课桌椅的时间长且姿势相对固定，舒适性差的课桌椅必然导致坐姿不正确，而长期不正确的坐姿会给学生的身心带来很大影响：（1）视力下降。眼睛与桌面比较合理的距离是30厘米，很多高个子孩子长时间弓着身子伏案，致使眼睛与书本距离过近，从而患上近视。我国学生近视发病率在全世界排名第二，仅次于日本。（2）脊柱弯曲变形。近年来，驼背和被诊断为脊柱侧弯的学生逐渐增多，脊柱弯曲会影响心肺血液循环、呼吸和消化功能，使肺活量减小，影响青少年健康成长。（3）学习效率降低。学生长时间体位不适容易引起中枢神经疲劳，从而出现头晕、困乏等症状，精力难以集中，破坏学习兴趣甚至厌学。此外，学生坐不稳坐不舒服，经常调整坐姿，老师会批评学生多动不好学，这也会影响学生的身心健康和课堂教学效果。

综上所述，我建议：

（1）中小学的课桌椅应逐步更换为可调节高度式。如果将课桌椅一次性全部更换成可调节式，成本过高，难以实现。可以先对那些已经需要更新的桌椅直接更换成可调节高度式，对那些还能继续使用的课桌椅配加“增高垫”，可以批量生产配合现有桌椅规格的桌脚垫和椅脚垫，每个脚垫有一定厚度，学校可以根据学生的身高，给需要的学生配置相应高度的桌脚、椅脚垫，这样不用更换桌椅，也能达到调节高度的目的，成本低廉，较易实施。脚垫的材质厚度等标准，可由教育部门进行论证试验后确定。学校更换和改造课桌椅，各级教育部门应给予一定的资金扶持。

（2）由上至下对中小学校课桌椅达标情况进行严格监管。各级教育部门应以学期或学年为单位定期对各中小学校课桌椅与学生身高匹配情况进行检查，实行校长负责制，把此项检查结果作为重要指标纳入校长业绩考核评价体系。各中小学校内部可实行班主任负责制，一方面，把调节学生课桌椅高度计入班主任工作量考核，由班主任在学期或学年初对学生所使用的课桌椅进行检查，记录需要调节高度的学生的课桌椅，上报学校，由学校安排技术人员负责完成，学校对各年级班级课桌椅调节情况进行定期或不定期检查，学校应对班主任此项工作的完成情况进行适当奖惩。另一方面，学校应加强师资队伍建设，提升教师的责任感和使命感，所有教师（包括班主任）除教学外也应把关心青少年的健康成长作为己任。

3. 中小学生和家长应对课桌椅的使用情况进行自我监管。社会各媒体、各级教育部门及学校应积极宣传坐姿对长期伏案的中小学生成长发育的重要性以及国家质检总局颁布的《学校课桌椅功能尺寸标准》，各中小学校可利用家长会向家长宣传并提醒其自查孩子所使用的课桌椅高度，以引起家长重视，从而时常督促孩子自查自检所使用的课桌椅是否符合标准，如有偏差学生或学生家长可及时上报给班主任。

2012年

让娃娃吃饱吃好有“法”可想

——关于尽快出台中小学《学校午餐法》的建议

少年儿童是祖国的未来，他们的健康成长关系到国家的发展、民族的兴旺。少年儿童时期孩子饭量大，身高、体重迅速增长，营养需求增多。而午餐是中小学生一日中很重要的一餐，营养全面而均衡的午餐不仅可以对学生上午体能和各种营养素的大量消耗进行必要的补充，并能为午后的学习和活动做好充分储备。

世界各国百余年来摸索出的成功经验表明，在城乡中小学中推行学生营养午餐是一个既科学又经济、既简便又有效的增进国民健康的战略举措，也是一个国家发展的明智选择和最为节约的基础性投资。日本是最早供给学生营养配餐的国家，目前日本营养配餐的供给率小学生达99%，中学生达66%，如今，日本青少年平均身高已高于中国，而日本也是世界人均寿命最长的国家，这和其注重青少年身体素质的提高有直接关系；即便是并不富裕的印度，每年为学生免费午餐计划投入的财政资金也多达301亿卢比。

20世纪90年代末，我国国家领导人提出“要在儿童、少年中推广营养餐”的指示，至今已10多年，从开始试点推广以来，已经有北京、上海、浙江、辽宁等20多个省份开展了学生营养餐工作。但相对日本、美国等推行营养午餐比较成功的国家，我国学生营养午餐的推广工作尚处于起步阶段，在法律规范、政府扶持、卫生安全、合理配膳、全民意识等方面都相对薄弱。主要存在问题如下：

1. 缺乏法律规范。推行中小学生营养午餐是长期的社会系统工程，但我国目前没有一部全国统一规范的有关学生午餐供应的健康营养标准以及相应的监管制度，无法可依必然导致学生营养餐的混乱状况。

2. 缺少政府扶持。我国目前国家级贫困县近600个，特别贫困的学生人口有350多万。可以说，如果没有政府的扶持政策，在这些地区和人口中推行营养餐几乎不太可能。

3. 午餐质量不能保证。营养餐生产企业除生产成本外，还需要承担教育、工商、环保等部门的额外行政管理费用；一些学校虽有食堂，但因受物价、人工费等因素影响，学校难有更多的资金投入，必然会导致学生营养餐的：（1）食品卫生问题。资金有限必然会使营养餐生产企业（学校食堂）在食材进货渠道、饭菜加工流程、餐具清洗消毒、食品加工环境等方面降低标准。（2）营养搭配问题。目前我国营养师十分稀缺，做学生营养午餐的营养师就少之又少。做饭的师傅大多随意聘请，根本谈不上根据气候季节变化、学生年龄以及不同学习时段的学习负担（毕业班的学生压力大，对营养要求更高）等进行营养搭配。

4. 全民营养意识不足。目前，我国家长、学生、教师对膳食营养的关注度远不及学习成绩：家长给孩子的日常膳食搭配不合理；中小学生很多偏食、挑食、嗜零食，部分女生在身体发育的重要阶段为减肥而节食；教师把提醒学生合理进食营养午餐看作是除教学之外的额外负担而不愿多说多管。

为此，我建议尽快出台《学校午餐法》以保障青少年学生的午餐质量，此法中应包含以下内容：

1. 规定中小学生不同年龄段的营养餐健康标准，并指定政府职能部门对营养餐的食品卫生和营养搭配进行监管。

2. 明确国家和各地方政府推动中小学营养餐推广的法定义务，在各级财政预算中应规定扶持中小学营养餐的经费。

3. 针对为学生提供营养餐的食品企业或学校食堂采取减免税、补贴或降低水电费等杂费收取标准的优惠政策。

4. 各地教育主管部门及各中小学校应有计划地做好中小学生营养餐的宣传、推广和监督工作。

5. 对于贫困学生，经认定后应给予免费营养餐，费用由国家财政和地方财政承担。

2012年

赋予特权，让校车驶离“坎坷”路

——关于农村校车的提案

近年来，校车安全事故频繁发生，令人触目惊心。据《中国经济周刊》的不完全统计，2010年10月到2011年9月全国各地至少发生校车事故22起，死亡人数达到47人，平均每月有4名儿童惨死在上下学的路上。这中间，农村校车事故造成的危害更为惨重。湖南衡南县校车坠河造成全车20名小学生14人死亡、6人受伤，甘肃正宁县榆林子镇、江苏省丰县首羡镇张后屯村校车事故也都发生在教育条件落后的农村。据媒体报道，近5年出现74起校车事故，死亡人数74%都是农村学生。

可见，农村校车安全问题的解决已经刻不容缓。我们甚至可以说，解决农村校车问题，已经成为保障广大农村学生生命健康、改善农村办学条件、提高农村教学质量的前提工作，理应列为“三农”工作的重点之一。

一、农村校车现状分析

1. “黑校车”大量存在。

随着农村学校的集中，很多学生家庭住处离学校过远，学生上学极为不便，而多数农民家庭条件并不富裕，甚至有不少家长忙于谋生，根本无暇也无能力送子女上学。而目前农村教育公共投入极度匮乏，难以为学生提供校车服务，而大多数幼儿园和学校也无能力为校车费用买单，于是造成了“黑校车”的泛滥。这些“黑校车”服务价格低廉，受到农村学生家长的欢迎，但不易监管，安全隐患极大。

2. 车辆不达标，安全隐患突出。

广大农村地区经济条件落后，多数学校不能配备校车，由农用三轮车、拖拉机和报废车辆改装而成的“黑校车”构成了运送学生上下学的主要交通工具。这类“校车”本来就不具备基本的营运条件，更何况还经常是“病车”上路。我们调查中发现，农村校车中，连较新一些的客车也是奢侈品。

3. 超载现象普遍。

以营利为目的的“黑校车”，追求利润的最大化，车主自然是希望尽量多地拉人，乘车学生越多越好，这必然导致严重超载，形成极大的安全隐患。据我们调查所知，超载一倍左右的并非少数。这种严重超载的现象在全国广泛存在，如陕西铜川市红土镇全镇只有一所中学，周末回家，一辆只能乘坐7人的昌河面包车竟然拉了17名学生，其他诸如“34座的校车挤118名孩子”、“19个座位的客车搭载79名小学生和学前儿童”等报道也是随处可见。

4. 司机素质较低。

大量农村“黑校车”为私人所有，车主或自己驾车，或雇人驾车，但不管何种方式，车主多追求利益最大化，故司机在营运中往往只求速度，不顾安全，疯狂驾车、违章驾驶现象尤为突出，因此交通事故频频发生。还有一个不容忽视的事实是，这些所谓的司机，有不少根本就没有学习过什么交通知识，驾驶技术也不过关，只是凭借在农业活动中驾驶拖拉机的一点儿经验，就充当了司机的角色。这些人开车上路本身就是极大的危险。此外，甚至有因为司机责任意识缺失致使幼儿闷死的现象发生。我们也看到相关报道说，有的司机竟然在发生交通事故时逃逸，而不是积极进行营救，这无疑也是缺乏责任心所致。

5. 管理缺失。

在校车管理上，缺少明确的分工。按理说，校车与教育、公安、交通等部门都有关系，这些部门有责任对校车进行共同管理、共同负责，但是公安、教育、交通等部门在管理校车时并没有明确的职权分工，这无疑造成校车在事实上接近于无人管理。缺少监管的校车，仅凭校车所有者的良心，很大程度上是难以管理好的，这也是农村校车事故频发的重要原因。

6. 无法可依。

目前现有的校车标准由质检总局制定，而现实中实施校车系统管理需要教育、交通、公安等多部门配合，仅仅依靠某一部门是无法实现的。截至目前，我国还没有建立起基本的校车管理法规制度，更不要说强制执行的校车标准了。

二、解决农村校车的建议

针对以上农村校车所存在的问题，我们提出如下建议：

1. 杜绝农村“黑校车”，期待政府买单。

“黑校车”大量出现、屡禁不止，这说明在广大农村对规范校车的需求已经形成，而且越来越迫切。在农村，对校车的需求是刚性的。什么叫刚性?就是不能没有。然而，资金短缺、运营困难，缺乏统一的监管机制与监管部门，是目前农村校车市场存在的主要问题。而要彻底解决农村“黑校车”问题，需要公共政策的支持。当前，政府部门可考虑把农村中小学的校车采购列入省级政府的财政预算，采取专项资金的方式，通过政府采购，为义务教育阶段公办农村中小学配备校车。政府既然有钱采购公车、有不菲的招待费，资金缺乏显然不能成为为农村学生置办校车的理由。

2. 尽快在农村实施免费校车制度。

近年来，“黑校车”出事故的报道屡见报端，表面上看，这是“黑校车”违规运营的问题，实则暴露了政府在义务教育阶段责任的缺失，政府应尽快在农村实施免费校车制度，并将其纳入民生工程范畴。提供免费校车服务以解决农村儿童上学远的问题。

在这方面，美国、日本等一些发达国家的经验值得我们借鉴。在这些国家，为中小学生配备校车，是政府免费的配套服务之一。在美国，每个孩子每年的校车补助是近600美元，这大大减轻了学校的负担。尽快在农村实施免费校车制度，并将其纳入民生工程范畴，由政府公共财政为其买单。每所跨村招生的农村中小学、幼儿园均按学生数配备一台以上的校车，专为免费接送学生之用，并设计全国统一的校车专用标志，在全国范围内统一使用。

当然，我们并不能照抄照搬国外经验，必须结合中国国情，确保幼儿园的孩子、中小学生能够坐上安全舒适的校车。要想达到这一目的，将校车服务纳入社会公共服务体系，纳入公共财政，是必需的前提。只有当校车重返了公益性质，而不再是牟利的工具，才能真正安全起来。

3. 赋予校车在行驶中一定“特权”。

校车的乘客是中小学生，是少年儿童，是祖国的未来，是民族的希望，同时又是弱势群体。为了更好地保护儿童，不妨赋予校车一些在行驶过程中的特权，比如只要校车停靠在路边上下乘客，它旁边的车辆都要停驶且保持一定车距，只有这样才能更有效地保障少年儿童的生命安全。

据有国外生活经历的人士介绍，在美国的公路上随意超越校车是违法的，如果校车要停车上下学生，双向车道的所有车辆都必须停下，即使是警车和总统的车辆也不例外。而在加拿大，所有的机动车辆在行驶中都必须与校车保持至少两三米的距离，给它让路。加拿大很多州规定，超校车是违反交通规则的行为，要被罚款、扣分。

既然美国人、加拿大人都能心甘情愿地承认并遵守着校车的特权，我们自然也能做到。事实上，每到“两会”期间，接送政协委员、人大代表的车辆，都曾享受过特权。我们认为，与政协委员、人大代表相比，儿童更需要特权。

4. 配备专职教师，负责学生途中的安全。

孩子是未成年人，自理能力差，遇到意外难以做出正确处理，我们建议在接送学生的途中，应安排专职教师负责学生安全。对于这些专职教师，应做好相关知识培训工作，不但让其能在途中为学生提供一般的照顾，而且要使其在遇到意外情况时能进行基本的救助工作。

5. 加强孩子之间的关爱教育，使相互关心成为一种习惯。

在美国，校车接送比中国大陆更普及，超载或者是闷死孩子的事情却几乎没有发生过，除却规章制度严格、司机责任心强外，学生间关系密切、相互关照，也避免了很多事故。相比外国孩子，中国的独生子女缺乏主动交际能力，许多孩子坐车时“落落寡合”，下车则自顾自走路，伙伴谁下了、谁没下，毫不关心，自然心中无数。我们建议加强孩子间的关爱教育，让其养成一种习惯，在上下校车时自觉地注意一下周围的伙伴，彼此之间相互照应。

希望政府对校车的投入能再快一些、再多一些，跟时间赛跑，跟悲剧赛跑，让更多的孩子早日坐上安全的校车。让小公民对祖国的骄傲，不仅来自太空中的神八飞船，也来自于身边结实安全舒适的校车。

2012年

弥补政策缺陷 生育“完美宝宝”

——关于提高出生人口素质的建议

实行计划生育，控制人口数量是我国30年前确定的基本国策。30多年来，由于实行计划生育，我国育龄妇女总和生育率由5.8下降到1.8，大大低于更替水平2.1的标准，人口生育水平呈持续稳定状态，控制人口数量已经不是主要矛盾。而人口素质特别是出生人口质量上的问题却日益突出，据监测结果显示，全国出生人口缺陷发生率呈逐年上升的势头。每年有20万—30万显性出生缺陷儿出生，加上出生后数月和数年才显现出来的，总共高达80万—120万，约占每年出生人口的4%—6%，全国已累计有3000万个家庭生育过缺陷和先天残疾儿，约占家庭总数的1/10。无数家庭陷入无限的悲痛，背上了沉重的经济负担，社会也因此承受着巨大的压力。一个新生命诞生的同时也成了许多孩子和家庭悲剧的起点。

出生缺陷儿中除20%—30%经早期诊断和治疗，可以获得较满意的生活质量外，有30%—40%出生后死亡，约40%致残。专家测算，在全国范围内，如对先天性心脏病患者进行手术治疗，每年需花费120亿元人民币；仅2003年发生的唐氏综合征患者一生的治疗费用就达66亿元；神经管畸形造成的经济损失每年也有2亿元。因此，全国每年出生缺陷患儿的治疗费用高达数百亿元，给国家造成的间接费用约数百亿。

在出生缺陷婴儿中，以先天性心脏病、唐氏综合征、神经管畸形等最为常见；以神经管畸形为最高，我国占世界该病例的四分之一，一些学者称之为“不光彩的珠穆朗玛峰”。受环境、婚检率低、膳食条件和健康意识影响，约90%的出生缺陷发生在农村，农村和落后地区为高发区。有的农村孕妇缺乏食物营养知识，把家里的鸡蛋卖掉，去小卖店买小食品吃。

一、存在问题

1. 各级政府对提高出生人口质量的工作重视不够，缺乏强有力的工作机制。

我国从法律法规层面对提高出生人口素质有明确规定，如1994年颁布的《中华人民共和国母婴保健法》，1999年国务院办公厅转发卫生部关于做好提高出生人口素质工作意见，明确提出各级人民政府要把提高出生人口素质作为一件大事来抓，政府各有关部门要同心协力做好工作。但提高出生人口素质尚未被各级政府摆上议事日程。目前各有关部门没有形成合力、发挥优势共同推动提高出生人口素质工作。

2. 第一道防线失守，使出生缺陷干预工作难度加大 。

2003年新的《婚姻登记条例》颁布实施后，群众误解为“取消婚检”，以致全国的婚检工作跌入低谷，全国婚检率明显下降。卫生部统计资料显示：2002年到2006年的婚检率分别为68.0、53.4、2.67、2.93和4.43，出生缺陷发生率分别是111.17、129.79、128.38、138.96和145.5。以上数据显示，婚检率持续低迷与出生缺陷发生率逐步上升是客观存在的。专家认为，婚检率下降是出生缺陷上升的重要原因之一。婚前医学检查是预防出生缺陷的第一道防线，尤其是在出生缺陷高发地区，如我国北方是神经管畸形高发区，但从婚检时开始给妇女增补叶酸的比例不足15%。婚检率的大幅下降导致新婚人群中大量疾病漏检，给新婚人群及后代健康带来隐患。

3. 国家投入严重不足，孕妇产前筛查及产前诊断，新生儿筛查预防措施未能普及 。

产前筛查及产前诊断可以减少严重缺陷儿的出生，在提高出生人口素质方面发挥着重要作用。但目前这些产前筛查及产前诊断的花费都是产妇及其家庭来承担的，加大了其家庭负担。有的产妇为了节省开销，减少产前检查，甚至不检查。这极大地增加了缺陷儿出生。

通过开展对新生儿先天性甲低、苯丙酮尿症、听力等新生儿筛查项目，可以早期发现患儿，早期干预，能够治愈或明显减少残疾的严重程度。但是，我国新生儿疾病筛查的覆盖面不高，在农村和贫困人群中难以普及。目前国家的投入严重不足，仅靠卫生部每年几十万的投入难以推动成熟技术在全国的普及应用。

二、减少出生缺陷的建议

1. 修改我国基本国策内容，增加提高出生人口素质的内容。

提高出生人口素质、降低出生缺陷是一项系统工程，需要各部门通力合作。建议应上升到国策层面，各级政府要重视并切实加强对出生缺陷防治工作的领导，把减少出生缺陷作为提高出生人口素质、建设和谐社会的重要任务来抓，将减少本地区严重高发出生缺陷的任务纳入目标管理。强化政府责任，明确部门职责，加大出生缺陷干预力度，逐步推进全国出生缺陷防治工作。

2. 探索有效模式，加强婚（孕）前保健工作 。

婚（孕）前保健工作作为提高出生人口素质、降低出生缺陷的第一道关口有着不可替代的作用，当前亟待加强。建议由政府牵头，卫生、民政、计生人口等部门相互协作，改变以往婚姻登记和婚前保健工作各自进行的做法，将婚姻登记处与婚前保健咨询台设在同一房间，合署办公，并将“新婚学校”、婚检室设在同一楼，加强婚检工作。

3. 加大财政投入，落实三级预防措施 。

政府要加大对出生缺陷干预和技术服务的经费支持，使各项措施能够在全国普及应用。建议孕妇产前筛查及产前诊断，全部免费，加大宣传力度，让孕妇了解。为贫困地区孕前和孕早期的育龄妇女免费提供叶酸，减少出生缺陷的发生。

提高新生儿疾病筛查率，免费为孕产妇提供新生儿筛查及早期治疗。出生缺陷高发区各助产医疗保健机构在新生儿出生72小时充分哺乳后，要按照卫生部《新生儿遗传代谢性疾病筛查采血技术规范》要求进行采血，制成血样标本，并做好登记，送新生儿疾病筛查中心。对确诊患儿新生儿疾病筛查中心应建议其立即进行治疗，并定期进行跟踪随访和体格、智能发育评估。

人口素质特别是出生人口质量事关民族、国运的兴衰，提高人口素质特别是出生人口质量应该列为基本国策，动员全党全社会力量，齐抓共管。如是，于群众、于民族、于人类，其善莫大焉，功莫大焉！

2012年

关于建设辽宁省国家生物技术产业基地的建议

一、生物技术产业发展的国际和国内背景

21世纪是生命科学的世纪，专家预言，21世纪将是生物经济的世纪，更有企业家宣称要决战生物经济时代。在发达国家，生物技术产业已经成为一个新的经济增长点，其增长速度是在25%—30%，而整个世界经济增长速度平均只有2.5%左右，因此它是整个经济增长平均数的8—10倍。生物技术产业已经成为推动新经济发展的核心动力，生物技术产业美好的发展前景已普遍被世界各国看到。

1. 国际生物技术发展态势。

生物经济开端于1953年，以DNA双螺旋结构的发现为标志，其孕育阶段到2001年人类基因组破译完成，标志着孕育阶段的终结。在2001年后的20多年是生物经济的成长阶段，预计到2025年生物经济将进入成熟阶段。

全球生物技术产业市场仍以美国为主，欧洲其次，日本紧追在后，亚太地区生物技术公司近些年增长迅猛。美国拥有525个基因实验室，市场资金从1993年的390亿美元达到2002年的1980亿美元，直接创造了19.1万个就业机会。美国生物技术产品的销售额平均每年以12%的速度扩展，2000年为158.5亿美元，2003年为215亿美元，预计到2010年将增加到490亿美元，到2025年生物技术相关产品将占GDP的20%。

2. 发展中的中国生物技术产业。

近20年来，在我国政府有关部门的大力支持下，我国医药生物技术产业取得了长足的进步，并呈现出良好的发展态势。我国2000年生物技术产品总销售额大约为200亿元人民币。近10年来，国产产品市场占有份额发生了根本性的变化，从国外产品几乎垄断的状况转变为国产产品占有70%—90%市场份额的

局面。这些产品的问世，使我国数以千万计的患者从中受益，其价格仅为国际市场的几分之一到几十分之一。

二、辽宁省生物技术研究开发与生物技术产业现状

近年来，辽宁省生物技术重要性的认识有了较大的提高，为辽宁省生物技术产业的持续发展奠定了良好基础。然而，就当前辽宁省生物技术科研和产业化情况来看，与辽宁省作为工业大省的地位很不相称，全省生物技术产业在国内还处于落后水平。辽宁省在生物技术科研和产品开发方面，力量分散，各自为战，研究开发的创新能力不强，已有产品缺乏市场竞争力。生物技术产业布局缺乏整体规划，全省尚无生物技术产业基地，生物技术产业产值占全省工业总产值和高新技术产业产值的比例较低。

三、辽宁省生物技术产业发展的系统思考

以生物技术为基础的生物产业已成为当前世界经济继信息技术产业之后又一新的可持续发展的经济增长点。

如何发展辽宁的生物技术产业，如何建设生物技术产业基地，如何建立一套科学、简洁、高效、严密的管理体系和运作机制，如何打造有辽宁特色的生物技术产业，是值得进行系统思考的一件大事。

1. 创建辽宁省国家级生物技术产业基地。

辽宁在发展生物医药产业中能否走出一条独特的道路，即以机制优势探索出一条发展高新技术产业的独特道路。辽宁应在集成上下功夫，要充分注意产业布局的整体规划、配套体系的完善和企业间的整体合力。面对日益剧烈的国内外竞争，辽宁生物医药产业迫切需要通过建立国家级产业基地，集中资金、统一建设、孵小扶强，提高资本、人才、技术等要素的集聚度。抓住生物技术产业这一新的经济增长点，充分利用各种优势，大力发展以医药生物技术产业为核心的生物技术产业，通过10—20年的努力，把辽宁打造成为国际一流的生物医药产业基地，实现其经济的第二次腾飞。

2. 组建简洁、严密、高效的组织管理体系。

成立辽宁省生物技术产业发展领导小组，由省领导任组长； 成立辽宁省

生物技术产业发展专家咨询委员会；成立生物技术产业行业协会；成立与国际接轨的生物医药产业行业协会组织，充分发挥协会在政策咨询、信息、协调、培训、评估等方面的作用。

3. 构筑四大平台，助跑生物技术企业，增强产业基地吸引力和竞争力。

第一，建造公共技术平台。鼓励和支持国内外和本地著名企业、高等院校和科研院所在基地设立生物技术研发中心，同时加大政府投入，联合有关高校和科技情报机构，建立资源共享的生物科技数据库和信息网。

第二，搭建产业化支撑平台。采取企业化经营的运作模式，大力建设生物技术产业孵化器、实验动物中心、GMP中试基地、生物医学工程样机试验中心，加速生物医药成果转化。

第三，构筑创业服务平台。生物技术的研究和产业化一般以高额投入和高风险为特征。为了突破中小生物技术企业的创业“瓶颈”，除了政府对于生物技术的研发投入和银行贷款外，还应建立完善的融资服务体系，鼓励和吸引海内外投资者来基地设立创业投资机构，建立担保代偿金和再担保制度。同时，建立各类大型公共设备和仪器有偿使用中心，吸引国内外科研机构来辽宁。

产业基地还应引入法律、会计、咨询、认证等中介服务机构，着重建设生物医药技术成果评估、交易、仲裁等科技信用体系。另外，还应建设国际科技（生物）商务平台，提供生物医药项目交易服务，加快培育生物医药产权市场。

第四，营造政策环境平台。为吸引生物医药资本和高端人才的流入，省政府应利用开发区被授予经济立法权的特殊地位和财政资金比较充裕的优势，出台更加优惠的财政、税收、房租等方面的政策。对骨干企业进行重点招商，在地价、用水、用电、贷款贴息等方面予以补贴。要通过政策引导，加强与企业及投融资机构的产业合作。

2008年

关于提请关注我国环保事业，加速推进城市生活垃圾分类收集的建议

近年来，世界各国垃圾排放量日益增长，每年全球新增垃圾80亿—100亿吨，垃圾的大量增加使垃圾处理成为世界性的难题，而处理垃圾带来的占用大量土地及严重的环境污染也使人与自然的矛盾日益加深。随着我国社会经济的发展、人民生活水平的提高及城市人口的不断增加，城市生活垃圾产生量平均以每年10%的速度递增，目前我国城市人均日产垃圾达1.12公斤，上海、北京、武汉等流动人口不断增长的城市，生活垃圾年增长率更是可达15%—20%。

城市生活垃圾的分类收集处理，使生活垃圾减量化、资源化、无害化，不仅是城市节能减排的重要途径，更是贯彻科学发展理念，构建和谐社会、资源节约型社会，实现可持续发展的必然要求。国外一些发达国家和地区早在几十年前就已开始推行城市生活垃圾源头分类收集，经过实践，如今城市生活垃圾分类收集、管理、运输和处理技术已很成熟，并积累了许多经验，美、德、日等国家城市生活垃圾分类收集率现已达80%。与之相比我国城市生活垃圾分类工作起步较晚、进展较缓，虽然近年来各级政府对与日俱增的城市生活垃圾及垃圾分类给予了一定重视并加大了相关的资金投入，但在大力提倡促进人与自然和谐发展、社会经济及环境资源可持续发展的今天，我国城市生活垃圾收集处理的现状仍不容乐观：

1. 垃圾混合收集污染环境且增大了垃圾无害化处理难度。目前我国除了上海、南京、厦门等8个实施生活垃圾分类收集（且尚处于实验阶段）的试点城市外，其他城市的生活垃圾收集方式为混合收集，大量有害物质，如干电池、废油漆、废日用化学品等未经分类直接进入城市生活垃圾，增大了垃圾无

害化处理的难度，造成了严重的环境污染。

虽然中国历来重视废旧物资的回收利用，但由于只考虑经济因素，没有从减少垃圾、保护资源、保护环境出发，回收还没有作为一种义务而仅是赚钱的手段，回收对象多集中为废旧金属、废纸等利润高的物资，而对废旧塑料、玻璃制品和废电池的回收则不感兴趣，而是直接将其扔入垃圾中，这不仅导致资源的极大浪费、造成环境的污染，同时也增加了垃圾处理量及处理难度。

2. 填埋混合垃圾占用大量土地且造成环境污染。目前对我国城市生活垃圾的处理有填埋、堆肥、焚烧三种方式，其中填埋是我国目前大多数城市解决生活垃圾出路的最主要方法，近85%的城市生活垃圾采用填埋处理，而填埋场的城市垃圾渗滤液可对水资源和周边环境造成严重污染。虽然90年代以来，我国城市垃圾填埋处理技术有了一定的发展，全国相继建成了一批较为完善的城市垃圾卫生填埋场，但建一个填埋场需要大面积的空地且耗资几千万元甚至上亿元资金的填埋场的使用寿命也是有限的，同时按规定要求场址要距离市区7千米以外，在城市周围满足这种条件的地方已越来越难以寻找，建场成本、管理成本、运输成本也将越来越大。而生活垃圾中的可回收物、可堆肥组分和可焚烧组分等可以实现资源回收的部分被一并填埋不仅导致资源严重浪费，而且大大增加了填埋场的处理量，缩短了填埋场的使用寿命，我们不断地把有限的地球资源变成垃圾，又把它们埋掉，我们将来的子孙在哪里生存？

3. 垃圾处理缺乏资金，收费制度尚未建立。生活垃圾处理需要投入较多的资金，由于垃圾治理一直视为公益事业，其经费来源于政府，虽然国家财政投入的环卫建设资金逐年增长，但随着垃圾产生量的增加和环境保护要求的提高，需要政府投入越来越多的资金，才能使城市垃圾的无害化处理率达到预定的目标，这给政府财政造成了巨大的压力，资金缺口越来越大。与此同时，公众和企业则袖手旁观，指责政府没有解决好城市垃圾问题，垃圾产生者不承担任何费用，不承担任何污染责任，包袱都由政府背起来，垃圾处置只凭行政要求、道德意识，没有相应的经济激励机制，无法吸引社会上资金的投入。

面对如此现状如何最大限度地减少污染、科学有效地处理和利用城市生活垃圾成为亟待解决的问题，而垃圾分类收集作为预处理的重要环节起着至关重要的作用。生活垃圾分类收集是从垃圾产生源头开始，按照垃圾的种类、用途、特性等分别收集、储存及运输并送往相应的待运场所的垃圾收运方式。垃圾分类收集处理不仅是实现生活垃圾无害化、减量化、资源化目标的最根本最有效的途径，而且能带来巨大的经济效益、社会效益及环境效益。

经济效益：生活垃圾分类收集后首先可以对回收价值较大、能作为二次资源用于再生产的垃圾（金属、纸张等）加以开发分别利用。根据市场调查和初步测算，一个年产10万余吨垃圾的市区，对城市生活垃圾分类处理加以利用后，仅玻璃、金属、橡胶、塑料、纸张五项，年创收效益就可超过600万元人民币。以此类推，我国每年对城市居民生活垃圾分类收集加以利用，将创收超过180亿元人民币，具有巨大的经济效益。

社会效益：生活垃圾分类收集的实施，可保证城市生活垃圾的及时收运与处理，保护城市居民身心健康、提高城市环境卫生质量，生活垃圾分类处理是一种有序、有目的的活动，这就需要大批保洁人员来进行收集、分类，可解决一批社会富余劳动力再就业，而且随着以可回收利用垃圾为原料进行生产的工厂的逐步建立，也可为社会提供就业岗位，社会效益明显。

由此我建议：

1. 加大对城市居民垃圾分类的宣传力度。

一直以来，市民垃圾分类意识淡薄是阻碍垃圾分类进展的“瓶颈”，因此为切实提高城市生活垃圾分类的知晓率、参与率和分类效率，首要工作就是在城市内大力宣传垃圾分类的重要意义和垃圾分类的方法，让垃圾分类的观念深入人心。

随着世界范围对节能减排的宣传，中国居民渐渐有了垃圾分类的概念，但这个概念还很模糊，既不明确垃圾分类的方法，也没有把垃圾分类的想法付之于行动。欧美在几十年前就开始进行垃圾分类，垃圾分类的模式在老百姓的头脑中已根深蒂固，中国与之相比已落后很多，我们应该加速垃圾分类在居民中的宣传，扩大市民参与。进行垃圾分类宣传时，可从电视和报纸重点出击，加强各种媒体的宣传作用，利用市政府信息、广告、电视节目和网络等进行启发式宣传，设置专门栏目，让居民熟悉分类方法，同时应设置热线电话，及时为群众答疑解难，对于居民反映强烈的垃圾分类收集实施步骤及方法、环保意义做重点宣传，引导市民养成文明、健康的卫生习惯，让居民在头脑中喜欢进行垃圾分类，乐于进行垃圾分类。

2. 严格制定垃圾分类的相关制度及法律。

对于垃圾分类除了进行大力的宣传外，我认为还应逐步建立法律条文进行实施，尽快出台《城市生活垃圾分类收集管理办法》、《城市生活垃圾分类收集实施方案》等规章制度，立法中应明确规定国家、地方、企业和个人在城市生活垃圾分类中应负的责任和应尽的义务，使分类收集工作有法可依有章可循，对违反垃圾分类制度的行为，应该有相应的惩罚措施。

3. 逐步推行垃圾收费政策。

建议逐步推出居民垃圾处理收费政策，对于垃圾清运收费及居民卫生费定出收费标准，制定收费制度。国外许多国家早已实行不同方式的城市生活垃圾处理收费制度，并在实践中逐步完善。资料显示，美国加利福尼亚州1924年就开始实行城市生活垃圾处理收费制度；英国从1995年开始征收城市生活垃圾填埋税；德国规定一个四口之家平均每年缴生活垃圾处理费600—700马克，平均约占家庭收入的0.5%；新加坡居民每户每月缴纳生活垃圾处理费5—10新加坡元。制定适合我国国情的收费标准和收费制度一方面可以提高全社会对环境卫生的参与意识和责任意识，另一方面可以有力补充政府财政对于环卫资金投入的缺口。

4. 环卫部门与物资回收部门联营，争取有关部门支持。

垃圾资源化利用，不仅是环境卫生行政主管部门的事，它对物资回收部门工作的促进，对社会治安的影响，对工农业生产的发展，对环境保护的影响都是很明显的。能否取得有关部门的支持和协助，是分类收集工作能否实施和坚持下去的关键。成立多个废品回收公司模式的流动废品回收站，深入各小区，作为居民生活垃圾分类收集的补充。如能与历来从事废旧物资经营的物质回收部门联手，经营垃圾中再生资源的回收、销售和再利用等事宜，必对垃圾的分类收集、再生资源利用有很大的促进。

5. 政府应给予更多的优惠政策。

分类收集是垃圾处理系统工程中的一个重要环节。随着分类收集制度的实施、垃圾处理量的减少，应加快有机垃圾处理厂及无机垃圾分选中心的建设，保证生活垃圾分类后分别收集、运输和处理，并尽快解决可回收利用垃圾的出路问题。政府应将垃圾资源化工程中出现的废品交易及其他一切从事垃圾资源化的生产都视为社会公益项目，在用地、税收及价格等方面给予长期的优惠政策。

2009年

关于提请关注城乡居民食品质量与安全的建议

近来的三鹿奶粉，以及之前的苏丹红鸭蛋、染色脐橙、“蔬菜中农药残留超标”等一系列事件，使我们面临着一个重大的问题——食品安全问题。仅2008年奶制品问题，据官方公布的数字，因使用婴幼儿奶粉而接受门诊治疗咨询且已康复的婴幼儿累计39965人，正在住院的有12892人，此前已治愈出院1579人，死亡4人。因此，食品安全事关人民群众的身体健康和生命安全，关系着经济发展和社会稳定，与我们提倡构建和谐社会也是格格不入的。我们要实现人类自由而全面的发展，最根本的目的就是让我们的生活更健康、更美好。

全面建设小康社会和构建社会主义和谐社会，难点和重点都在“三农”。农民是中国民族解放和民主革命的基本和决定因素。中国是个农业大国，农民一直就占中国人口的大部分，农民的生活状况关系着中国的社会稳定。城乡居民的饮食安全问题势必对社会稳定产生重要影响。

随着我国改革开放步伐的不断迈进，城乡居民生活水平的不断提高，人们的食品安全意识不断提升，对食品安全的要求不断提高。近年来，在中央的正确领导下，面对经济大发展、社会大开放、商品大流通、人员大流动的复杂监管背景，我国各食品安全职能部门积极工作，采取了一系列行之有效的措施，如完善食品安全监管机制，强化食品安全全过程监管，建立食品安全预警预防体系等；食品安全工作取得了阶段性的成效，食品安全状况得到明显改善。

但食品安全问题仍存在很大隐患，我认为主要有以下几方面问题：

1. 伪劣食品还有一定市场。在一些城郊结合部和农村集贸市场、代销店，由于监管的力量较为薄弱和经营者素质不高，伪劣食品依然可见，甚至在一些城区专业市场，也有销售“伪劣”商品现象。例如，2007年全某省工商系统在城乡结合部食品安全专项整治活动中，共查处制售假冒伪劣商品案件13383件，比2006年增长8.5%。查处的食品案件3097件，占总案件数的23%。最多假冒伪劣食品的种类是肉类、水产及其制品，共有635件，其次是酒633件和保健食品620件。

2. 外来建设者食品安全水平堪忧。外来建设者为经济和社会建设作出了积极贡献，但目前工地食堂、路边饮食店等卫生设施普遍落后，无证照流动饮食摊点打“游击战”，食品安全状况较差。某市在全市整规打假暨产品质量和食品安全工作会议上掀起遍布在全市各区域的“遮羞布”，并强调今年全市整规打假的重点将从市中心深入隐患问题最严重的农村和城乡结合部等地。据报道，“经过4个月的专项整治，餐饮业持证经营等难题仍未完全解决。仍有12.3%的餐饮企业证照悬挂不规范，个别酒楼根本不亮照经营；餐饮从业人员无健康证的情况也比较普遍”。据介绍，在接受监察的某市281家经营单位中，餐饮从业人员健康证的合格率仅为78.6%。冒名顶替现象严重。

为加强食品安全监管力度，提高食品安全水平，特建议：

1. 进一步完善食品安全工作机制。

经过多次整治和宣传，城区的食品安全已得到有效控制，过期、假冒、“三无”等食品在城区已基本销声匿迹，转移到了监管力量较为薄弱的城郊结合部和农村集贸市场、代销店。经常组织农牧、质监、工商、卫生、商务等部门，深入一线摸底，对无证照食品加工小作坊、流动食品摊点及滥用违禁药物、制售假劣食品等突出问题进行认真排查和集中整治，切实把影响食品安全的潜在隐患消灭在萌芽状态。应该强化镇（街）食品安全工作，划拨专项经费，成立专门机构，落实人员编制，明确专责人员，实现监管触角的延伸，消除监管漏洞，切实健全和落实食品安全监管责任制，抓好城郊结合部和农村食品安全工作。

2. 努力提高食品产业水平。

在加大打击和整治力度的同时，政府要给予政策优惠，在积极发展“三品”农业、培育与壮大本地食品生产加工企业的同时，要积极引进和扶持外地食品规模和品牌企业，如农产品生产与加工企业、豆制品规模企业等，积极倡导良性竞争，扶优扶强，促进本地食品工业规范和产业提升。积极开展“无假劣食品乡镇”创建活动，建立农产品标准化示范基地，发展“放心农资店”、“食品安全示范店”和“食品安全示范一条街”，在所有餐饮业推进食品卫生监督量化分级管理，净化了市场，形成了“抓点带面，典型带动”的强势效应，推动了全县食品安全工作向纵深发展。

3. 切实改善外来建设者食品安全状况。

（1）是要加大对外来人员集居地食品经营、餐饮单位等的监督检查力度；（2）是要对其开展食品安全知识的宣传，提高自我防范和保护意识；（3）是要探索建立一套行之有效的长效机制；（4）是建立统一的食品药品安全监管和信息发布平台。

4. 加快食品检测监管体系建设。

实行食品经营企业准入制度，确定食品配送主体企业，开展食品集中统一配送，由质监、工商、卫生、商务等部门，分别在食品种养、加工、流通、餐饮等各个环节全面进行备案登记，健全了监管档案和安全信用档案，促使企业诚实守信、依法经营，从源头上保证了食品质量。加强食品安全工作的领导，进一步加大投入，加强部门协作，强化食品检测监管体系建设；在充分发挥现有检验检测机构作用的基础上，优化资源，组建综合性的食品检验检测机构，全面提高食品检验检测水平；同时，要建立食品安全预警机制，及时发布食品安全信息，努力提升食品安全水平。

2009年

关于构建我国“储存型社会”的建议

“储存型社会”所说的“储存”，是指超越一代人积蓄的资产和资源。其内涵在不同领域里存在着微妙的差异：在人们的生活领域，指对个人/家庭收入和闲暇时间的“储存”、应对及规避风险能力的“储存”及生活质量的不断提高；在经济领域，指对土地、建筑、社会的基础设施及设备等实物资产和股份等金融资产进行“储存”；在资源及环境领域，指对地球在长期历史中积蓄的资源及优良环境的“储存”。改革开放以来，我国经济社会面貌有了广泛而深刻的变化，但在人民生活、经济发展、环境和资源等方面仍处于“低储存”或“无储存”的状态。

一、人民生活“低储存”

1. 国民人均收入偏低。虽然我国人均年收入及居民储蓄存款余额呈逐年递增的态势，但据国家统计局去年公布的数据显示：中国人均年收入约15000元人民币，还不到美国的1/30，即使是收入最高的上海人收入也只有美国人的1/10。在美国，一台品质优良的笔记本电脑只需要花一个穷学生不到一个月的薪水，一辆不错的半新二手车也不过需要一个普通研究生三到四个月的薪水，这在我国很难想象。而我国人民本不高的收入大多分配在对基本生活资料的消费及对医疗、教育、养老、住房的储备，而用于旅游等享受性消费方面少之又少。

2. 闲暇时间较少。生活质量的高低，不完全取决于收入的高低，还取决于能否充分享受闲暇生活。虽然我国现行5天40小时工作周的工作制度，但劳动力供给充足带来的“强制性”加班、带薪休假制度形同虚设等现象屡见不鲜，导致相当部分劳动者实际拥有的闲暇时间与欧洲一些发达国家（每年上到总统，下到门卫都可以得到一个月以上的休假）相去甚远。

二、经济领域“低储存”

为什么欧洲国家比较富裕？那就是因为“储存”不同。例如，在法国、意大利等欧洲国家，房子、家具等个人资产或公共建筑、道路等各种社会基础设施的社会资本都是几代人继续使用的长寿型，机能、价值经过数世纪也不会劣化，百年建筑在许多国家比比皆是。相比之下，我国现今房屋建筑的平均使用寿命只有30年，而我们也有像故宫、天坛这样历经数百年的经典建筑作品，可在建筑技术水平大幅度提升、建筑材料不断出新的现代社会，建筑却变得如此短命，导致更新及维持个人/公共资产的投资大幅度增加。根据国家统计局的初步统计资料分析，如果把我国城镇现有近70亿平方米房屋的使用寿命延长一年，就相当于新建上亿平方米的房屋，或相当于创造数百亿元的经济效益。

三、环境、资源“低储存”

地球环境问题的根源，就在于人类社会的资源循环系统不能与地球资源的循环系统同步。我国在资源总量上可称丰裕国，但在人均资源分配量上却是贫乏国，煤炭、石油、天然气等人均拥有量远低于世界平均水平。而作为发展中国家，我国未来经济的发展必将使人均能源和资源消费量成指数式增加，因而，能源将是制约我国当前和今后相当长一个时期经济社会发展的突出瓶颈；同时，随着我国经济社会的快速发展，资源能源的大量消耗，导致包括大气污染、水污染、海洋污染、土壤污染、固体废弃物污染在内的环境污染日益加重。

综上，积极构建“储存型社会”是综合解决人民生活、经济、环境和资源问题的重要途径，其目的就是使人民生活富裕，经济结构稳定，保护地球环境，资源充分合理利用。因此，我建议：

1. 增加人民生活“储存”，不断提高生活水平。

近年来，国家在增加居民收入方面做了大量工作，但在建立城镇居民增收长效机制、多渠道促进农民增收、建立健全收入分配调节机制方面还有很多文章要做。 同时，要改善居民消费结构 ，积极拓宽消费领域，更新居民消费观念，不断强化消费市场监督管理。特别是要健全社会保障体系，健全和完善社会保险制度，健全和完善社会救助体系，加强社会福利事业建设。

2. 增加经济“储存”，尽量减少重复投资。

在国家及地方、区域投资建设方面可引入“经久保值”和“缓冲”的概念。“经久保值”是指经历几代人物质仍具有不易损坏的有价值的部分，也就是长寿命型的部分。“缓冲”是指对于将来可能发生的变化采取适当灵活的方法（通过改变物质的用途等手段）延长物质的使用寿命，提高其使用价值。如：

第一，用“经久保值”和“缓冲”概念延长资产使用寿命。若考虑时代变化带来的技术和价值观的变化，诸如建筑物（公共/个人）外墙、内部装修或相关设施，可尽量设计成可重复、再利用的样式。当然，这要提高设计水平和文化价值。按照这个方法建成的建筑物，可以大大降低世代人的成本负担和资源负担，使资产可超越一代人继续使用。

第二，用“经久保值”与“缓冲”的概念构想未来的市区和街道。我国一些城市和地区总是从个别地方着手，制造出七拼八凑的市区景观，尽管个别建筑物很美很出色，但总体看就不是十分协调统一。因此，房屋和建筑物长寿化的前提必须优先考虑市区和城市计划的长寿型，使城市、街道及其建筑、房屋等无论是在使用价值上还是从审美的角度都能“经久保值”。而市区街及房屋建筑等能否建成长寿命型完全取决于战略上有没有对50年后、100年后的长远设计。如果我国城市及乡镇均能以“储存型”战略发展建设，那么在节约能源、保护环境、节省巨额经济投入、提高人民生活质量方面必将有十分深远的意义。

第三，提高对资源/环境的“储存”力，延长资源/环境的利用时间。

努力使我国社会的资源循环系统与生态资源的循环系统同步，即构建节约资源，少出废弃物的体系。

第一，节约资源。在不浪费资源的基础上延长资源的使用寿命、提高资源的利用率对节约资源、保护环境尤为重要。如要保护森林资源，就要延长木材的使用寿命，必须防止木材的腐蚀、虫咬，且要增加硬度，这就有必要对木材进行适当的物理和化学加工，虽然可能增加成本，但对保护森林资源及生态环境有着非常重要的意义；节约水资源的同时必须提高对水资源的利用率，如城镇住宅小区可逐步建立中水系统，发展“污水处理回用”以实现“水资源的可持续利用”。

第二，少出废弃物。随着国民经济的高速发展，生活、工业、建筑、医疗等垃圾也在日益增长，我国垃圾总量正以每年8％到10％的速度增长，增速与GDP比肩，许多大城市已经出现垃圾围城的现象。社会、企业、个人应充分认识废弃物排放对人类生存环境产生的影响，国家应从政策和制度上积极规范及引导，使企业清洁生产、产品不过度包装，居民不过度装修、积极进行生活垃圾分类，从而使我国向垃圾减量化、资源化和无害化的方向发展， 从而实现资源/环境的可持续发展。

2010年

关于尽快出台保健食品、化妆品监管法制法规的建议

随着我国社会经济的进步，人民生活水平的提高，保健食品、化妆品等与健康相关的产品越来越受到人们的关注。然而，目前我国对保健食品、化妆品的监管存在着不容忽视的问题。

关于保健食品：

我国保健食品产业从1996年开始进入规范化发展轨道，现已发展成年产值1000多亿元的新兴朝阳产业。然而，保健食品市场存在的某些“乱象”，使公众对保健食品的信任度大幅降低。

一、产品管理标准不规范

1. 批准文号管理不规范。从1996年实行批准文号管理以来的10多年间，保健食品功能和批准文号等相关管理规定几经变动。卫生部规定的功能范围有22项，国家食品药品监管局（SFDA）为27项；保健食品功效分类和名称表述方式也进行过较大调整；保健食品批准文号标示方式也较多，现有“卫食健字”和“国食健字”两种格式，其中“卫食健字”又有4种标示方式。此外，保健食品批准文号的有效期也不统一，原卫生部批准的产品因当时没有规定文号的有效期而属于“批准文号终身制”，SFDA批准的保健食品批准证书有效期为5年。由于产品管理连续性差，常使消费者和基层监管部门感到困惑。

2. 标签标识管理不规范。保健食品标签和说明书等标识是消费者选择使用保健食品重要的信息来源和依据，其规范与否直接影响到产品使用后的有效性和安全性。国内保健食品标签标识不规范问题十分突出，部分产品在外包装上故意混淆产品名称与商标之间的区别以误导消费者。监管部门间的标签标识

规定不统一、相互不衔接，不仅让企业无所适从，而且使监管工作出现空隙。此外，目前保健食品内包装上没有强制要求标注生产日期或产品批号，这给不法者留下一个可以方便篡改产品生产日期（批号）的可乘之机。

二、产品质量监管力度不够

不法企业为突出产品的功能效果擅自在保健食品中非法添加违禁物质，如在减肥类产品中添加芬氟拉明、麻黄素；在抗疲劳类产品中添加枸橼酸西地那非；在促进生长发育类产品中非法添加生长激素等，这种违法行为对消费者的身体健康构成极大威胁。造成这种现象，一方面是由于对这种违法行为的处罚力度偏小，不足以震慑违法犯罪分子；另一方面是由于许多添加的物质缺乏法定的检测方法以及找不到合适的检测机构进行检验，造成对非法添加违禁物质的违法行为难以认定，以致一些不法分子有恃无恐。

三、市场监管手段不当

保健食品企业销售形式和手段变化发展很快，除传统的“店面”销售外，还有“会议营销”、“亲情营销”、“直销”、“网络电视购物”等五花八门的销售方式和手段，其中不乏违法营销手法，如以开办知识讲座名义宣传产品功能，骗取消费者的信任，借机推销高价保健食品等。且保健食品流通企业准入门槛过低，从业人员质量安全意识较差，易受利益驱动唯利是图，以致保健食品市场竞争陷入无序和混乱之中，一些假劣食品容易混迹于市场上。对于以上行为常规监管手段的实际效果不理想，目前政府部门对这种状况没有好的事前监管预防手段。

四、媒体与监管部门连接不当

保健食品不实宣传以及虚假违法广告已成为民生反映强烈的问题。一些经营者利用媒体的广告和所谓“科普宣传”形式大肆夸大产品功能，误导消费者，尤其是“健康讲座”或“免费体验”的宣传形式对老年人的欺骗性很大。另一方面，部分媒体缺乏社会责任感，广告宣传管理混乱，为大量保健食品进行违法广告宣传提供了平台。造成这种状况的原因是监管部门之间也没有很好的连接及信息共享平台。目前，我国保健食品广告内容由食品药品监管部门审查，广告的监管和违法广告的查处由工商部门负责，但两个部门的执法依据和判定标准有所差异造成保健食品广告许可和事后监管相脱节，导致广告监管上的缺位，甚至造成相关部门间的互相掣肘，难以形成稳定有效的保健食品广告长效监管机制。

五、产品上市后跟踪评价机制尚未建立

虽然保健食品上市前需在产品的安全性、功能性和质量可控性及稳定性四个方面通过严格审评，但由于科学技术水平和人们对风险认知水平的限制，上市的保健食品安全性、有效性仍需进行再评价。而我国现在还缺少一种有效的手段或机制，对已上市的保健食品功能效果以及所产生的长期、慢性危害进行评估，产品的适宜人群及其保健功能的人体适用性也缺乏进一步试验研究。

当前我国保健食品监管尚不完善的原因是多方面的，既有社会发展带来的新问题、新矛盾，又有目前法律法规不完善、技术标准缺失、缺乏企业（产品）信息平台等因素。政府部门应以《食品安全法》的实施为契机，进一步理顺保健食品的监管职能，强化保健食品质量安全监管工作，探索对保健食品实行全程科学的监管模式。为此，我建议：

1. 健全法规体系。

据统计，1996—2009年，我国各监管部门共出台保健食品相关规章和规定120多部，涵盖产品注册、生产经营许可、广告审查、市场监管、进出口管理等多个方面。但多个部门在制定法规时协调性不够及覆盖范围存在空隙的现象时有发生。国家应尽快出台与《食品安全法》相配套的《保健食品管理办法》等相关法规，对保健食品实行品种监管的模式，并纳入药品监管同一体系中。同时，加快保健食品政策体系和技术法规的建设步伐，健全机制，借鉴国外先进的监管模式，促进保健食品监管与国际接轨。

2. 建立标准系统。

建立健全保健食品技术标准体系，一是要建立科学的保健食品国家标准体系。尽快对现行保健食品的相关国家标准、行业标准、地方标准进行清理，解决标准之间交叉、重复、矛盾的问题，理顺标准体系结构，构建基础标准、

产品标准、方法标准和管理标准相配套，并与国际标准体系接轨。二是加强标准的基础性研究和危险性评估等科学研究，提高标准的科学性和合理性。三是引导和配合有关协会、机构，建立类似《药典》等行业相关的评判标准和标准工艺规范，提高保健食品行业的竞争力。

3. 改进监管手法。

对保健食品的监管须注入为民监管、依法监管、全程监管、有效监管、和谐监管的科学监管理念，积极探索科学化、适合产业发展的监管模式。

4. 培养公众正确的消费观。

保健食品的监管不但要加强监督执法，还要加强宣传和教育工作，引导和培育市场。教育消费者树立正确的保健食品消费观，增强人民群众的安全意识和维权意识，自觉抵制保健食品或非药品、非食品产品违法广告，让不法厂商失去市场。

5. 发挥行业协会作用。

加强与保健食品行业协会的沟通和联系，积极发挥行业协会的桥梁和纽带作用，配合政府部门规范企业行为，树立企业的诚信观念和品牌意识，增强企业的社会责任感，树立行业新风尚。

关于化妆品：

人们生活水平提高带来的审美标准的不断提升，使化妆品由简单的美容修饰作用不断向功能性方面扩展，出现了许多如防晒、祛斑、减皱去皱、美白嫩肤等特殊用途的化妆品。多品牌、多用途的化妆品满足人们需求、提高生活质量的同时也出现了一些对行业发展产生负面影响的问题，如有的生产厂家和经销商为了争夺化妆品市场，牟取经济利益，非法生产或添加违禁物质，或采取不正当的促销手段，虚假宣传，误导消费，给消费者的身心健康造成伤害。造成这种状况的主要原因是：

1. 准入门槛偏低，源头把关不严。据了解，职能部门对化妆品的配方审核较重视特殊用途化妆品，不重视非特殊用途化妆品。而且对使用原料的审核也仅从企业申报资料上进行形式审查，而没有履行到企业现场对原料采购、验收、入库以及报批前的小试、中试等诸多必要环节进行实地审查的程序，无形中在准入环节为后续工作留下了隐患。

2. 缺乏统一标准，质量管理滞后。据查，目前我国化妆品产品标准多达18部。多标准体系为实际工作中的标准执行带来了难度。例如，在对化妆品中所含铅、汞等物质是否允许添加以及添加多少等方面的规定上，缺乏统一的限制性规定，使得一些化妆品企业在配方设计时仍有意无意地使用禁用物质或超量使用限用物质。正是由于质量安全控制标准没有统一，直接影响了相关职能部门的监管力度，导致某些化妆品企业蒙混过关，生产的产品质量不高或不安全。

3. 法规体系不健全，与行业发展不相适应。目前，政府部门用来监管化妆品行业的法规依据是执行了16年的《化妆品卫生监督条例》，而且在管理体制上呈现部门设置重叠、职能交叉的局面，显然这种体制与快速发展的化妆品行业极不适应，迫切需要创新体制。此外，由于化妆品经营企业未实行经营许可管理，管理部门对企业经营的动态信息不能实时掌握，也不利于实施有效监管。为此，我建议：

1. 进一步完善化妆品安全监管法律法规。尽快修订《化妆品卫生监督条例》及《实施细则》，并争取在化妆品方面进行立法，进一步完善化妆品法律法规，以促进化妆品及美容行业的健康发展。

2. 调整化妆品监管机构，加强市场监管。随着化妆品行业的迅速发展，目前的监管体制显然已不适应化妆品的行业发展需要，应对现有的监管部门进行调整，建立专管部门，加强化妆品市场监管，并要加强执法监督，给予各监管部门足够的重视。

3. 加强化妆品安全常识和维权意识的宣传教育。目前消费者在化妆品安生常识上普遍缺乏，基本上对化妆品标识、质量和安全性不甚了解。根据卫生部《化妆品卫生监督条例》有关规定，“育发、染发、烫发、脱毛、美乳、健美、除臭、祛斑、防晒”等特殊用途化妆品的外包装上须标注“特妆准字文号”，对此，在相关调查中69.7%的消费者表示不知道。另外，消费者对化妆品的真假、伪劣辨别能力差，上当受骗后主动维权意识差。因此，各有关部门应加大对化妆品常识及安全知识宣传教育，提高大家维权意识，真正达到保障消费者合法权益的目的。

4. 加强化妆品抽检和公告。目前基层对化妆品的检验，从设备到人员、技术等各方面都还比较落后，因此，国家、省级卫生质检部门要加强对化妆品生产企业的质量监控，从源头上杜绝伪劣产品。同时还要加大对市场上销售化妆品的抽检力度，抽检结果及时通过新闻媒体向社会公，并建立不合格产品黑名单制度等，进而增强公众的辨别能力。

5. 加大对违法化妆品及化妆品广告的打击力度。特别是要加强对带医学美容的化妆品及广告进行监管。严格化妆品生产经营及广告发布有关手续的审批制度，杜绝不符合条件的企业进行生产经营、疗效不确切的化妆品广告进行发布。同时，要加大处罚力度，并把查处结果及时向社会公布。

6. 充分发挥消协和新闻媒体的作用，帮助消费者进行维权。可吸收消协、化妆品协会和新闻媒体参加有关化妆品法律法规的修订，重大案件查处结果及时向其通报，积极发动群众举报违法化妆品，形成良好的监督化妆品质量的社会氛围。

2010年

大力发展银行卡产业促进经济发展

随着经济社会的发展，城乡居民生活水平不断提高，社会消费品零售额大幅度增长。在科技进步、银行业和通信事业发展过程中，我国居民，特别是发达地区城市居民消费普遍把使用银行卡作为首选，促使刷卡消费领域不断拓宽、发卡量和刷卡终端不断增加。目前，银行卡消费已经从宾馆、酒店、商场等传统商业服务领域，逐步扩大到房地产、汽车、互联网、公共事业等新的领域。据央行统计显示，截至2009年底，我国银行卡的发行量已达20.7亿张，已经成为全球发卡（银行卡）量最多的国家。通过银行卡产业的发展，对促进消费减少现金流，降低交易成本，都具有重要的意义。据统计，银行卡支付在社会消费的零售总额中每提升10个百分点，就可以带动GDP增长约0.5个百分点。因此，为转变经济增长方式，调整产业结构，促进经济发展，今后应大力发展银行卡产业。

近年来，我国的银行卡发行量已达全球第一，刷卡量的比重有大幅度增加，但也存在许多问题：

一、主要问题

1. 刷卡消费比重较低。2009年，全国银行卡消费交易金额1600亿元，占社会消费品零售总额的比重为32%。这一比重，远远低于发达国家。我国既是人口大国，也是消费大国，并且也是全球发卡量最多的国家。由于银行卡受理使用环境、消费者持卡消费意识滞后等原因，影响了消费能力的正常释放，导致刷卡消费总量与全国社会消费总体水平较低。

2. 刷卡消费发展不平衡。从区域看，主要集中在东部沿海和发达地区的大中城市服务功能日趋完善。但在县域农村，除少部分经济较发达县区的大型零售企业安装了银行联网消费终端外，广大农村地区银行卡刷卡消费还基本处于空白状态。从行业看，刷卡消费主要集中在宾馆、酒店、商场等传统商贸流通业。从企业看，大型商贸流通企业仍然是银行卡刷卡消费受理的主体，而在中小型百货、超市、餐饮及其他流通服务业则进展缓慢。

二、造成上述问题的原因

1. 从主体层面看，消费者刷卡消费意识不强。一方面原因是，银行卡还没有完全成为居民的日常主要支付手段和工具，人们的消费意识在选择支付方式时，现金消费的习惯性仍起着决定性作用。另一方面，由于没有形成促进刷卡消费的激励机制，又缺乏长期、有效的刷卡消费宣传导向，造成相当一部分群体手中的银行卡只用来储蓄，从未用于刷卡消费，成了“休眠卡”。

2. 刷卡手续费用率偏高，刷卡费支出负担过重。目前，企业制定的银行卡刷卡费率如下：大型百货店为每笔交易额的1%；大型家电卖场、超市为每笔交易额的0.5%；宾馆、餐饮企业为每笔交易额的2%；房地产和汽车销售企业为每笔交易额的1%至每笔交易刷卡费50元封顶；批发类为每笔交易额的1%至刷卡费20元封顶。在当今企业经营成本不断提升、经营利润逐年下降、各项刚性费用支出不断增加的情况下，银行卡刷卡费率与当前流通企业的销售利润率、成本费用率以及商业服务业全社会平均利润率等指标相比，比重明显偏高。同时，随着市场竞争日趋激烈，企业经营的利润空间越来越小。

以全国性的经营企业在东北某大型零售商业企业为例，2009年实现销售总额30.5亿元。其中：刷卡消费总额为16.1亿元，占总销售的比重为53%，刷卡手续费支出达1035万元，占当年企业实现净利润的16.67%。另一重点是餐饮服务企业，2009年实现营业收入1.7亿元，其中：刷卡消费总额7284万元，占总销售额的比重为43%；刷卡手续费用支出总额为147万元，占当年企业实现净利润的28%，占企业经营费用的18%。

3. 支持刷卡消费措施滞后。由于刷卡费用较高，企业负担过重，对居民的刷卡消费没有制定一些有利政策，对中小商户POS机的安装没有补贴的政策，显示出政策的滞后，从而影响刷卡消费。

为解决上述问题，提出以下几点建议：

1. 制定降低刷卡费率和促进刷卡消费的政策。银行卡刷卡费率，是由人民银行及国家金融监管部门批准实施的。建议人民银行、国家税务总局、工信部等有关部门，研究制定鼓励使用银行卡的优惠政策，对开展刷卡消费的流通服务业给予政策上的引导和扶持，帮助企业降低银行卡受理成本，充分调动企业实现和改善刷卡消费服务的主动性和积极性，提高持卡消费水平。特别是对居民刷卡消费要制定积极性的政策，使居民的消费与纳税结合起来（可在政府提供的公共服务上得以体现），不但可以调动居民刷卡的积极性，而且还可以提高公民的纳税意识，大量增加税收，使我国的社会消费零售总量与国家的税收相匹配。

2. 拓展刷卡消费的使用范围。第一，在城市进一步加大力度推动消费品和生产资料大型批发市场开通银行卡受理功能，同时使银行卡受理服务向中小型百货、超市、餐饮等商贸流通服务业全面推进。第二，在农村结合国家正在开展的农村市场开展的“万村千乡市场工程”、“品牌市场工程”和“家电下乡”等活动，选择经济较发达地区的部分农村商业零售网点、配送中心、农产品批发市场作为试点，协调银行部门给予优惠政策支持，发展其为银行卡受理商户，率先开展农村刷卡消费业务。

3. 进一步完善用卡环境。由人民银行或各商业银行加大支付终端的布放力度，特别是在农村和中小零售企业，各地政府部门应与金融部门做好终端布放的支持与配合工作，工信部应责成电信运营企业为刷卡终端的电信费用支付制定统一的电信资费标准（目前刷卡支付终端普遍采用的市话费的资费标准），而每刷卡交易所占用的电路一般仅占20秒，工信部应借鉴天津的经验采用按次收费的做法。

4. 加大考核力度。考虑刷卡消费对国民经济的带动作用，结合国家目前正在开展的调整结构的措施建设，国务院采取措施把支付终端的布放与刷卡指标列入服务业发展指标，并作为相关部门工作业绩的考核指标。

2010年

关于推动“绿色人民币”的提案

人民币作为我国的法定货币，在市场经济中占有举足轻重的地位，但近年来，小面额纸币却频频遭遇尴尬，出现部分商家拒收分币、毛币的现象。

据调查，商家拒收小面额纸币有四个原因，一种说法是，这两种纸币已停止流通，银行拒收。另一说法是存入小面额零币，银行要收手续费，经营户吃不消。第三种是纸币易污染、易破损，会给他们带来不必要的损失。第四种是流通太久的纸币，真假难辨，易存在假币风险。

对于小面额纸币是否能流通，如果存入银行是否需要手续费，中国人民银行沈阳分行负责人称，当前为第四套人民币和第五套人民币混合流通期，中国人民银行并未发出公告收兑或停止流通第四套人民币的一角两角纸币。任何单位和个人不得拒收正在流通期的人民币，拒收是一种违法行为。至于各银行是否收手续费，目前没有统一的规定，但该行鼓励各商业银行免费为个人客户办理零币存款业务。

之后又分别拨通建行、工行的热线电话。建行热线工作人员称，个人办理零币存款业务不收手续费，但需预约；工行工作人员称，对于个人办理小面额存款是否收费尚无规定，单位办理小面额存款业务，200枚（张）以下不收费，200枚（张）以上最低收5元。而有的金融网点的工作人员以出纳未上班、需要改天才能办理予以谢绝。

对此，本人从网上查到根据2003年6月26日银监会发布的《商业银行服务价格管理暂行办法》中的相关规定，收取手续费是合法的，不过各金融机构的收费标准却不相同。“凡是办理存取款业务的金融机构网点都应无偿接收个人的零钞，收取手续费只对公，不对私。”一名不愿透露姓名的金融部门知情者接受记者采访时说。

据了解，中国各省市出现拒收小面额纸币的现象也屡见不鲜。为此，有些人民银行还在当地电视台利用飞播字幕的方式，进行辟谣。“针对社会上仍有拒收小面额纸币的现象，我们将加大检查力度，一旦发现违规行为将依法严肃处理，以消除造成的不良影响。”然而虽然出台了政策，各市拒收小面额纸币的现象依然存在。这样就造成了小面额纸币人民币大量积压在百姓手中，一方面降低了国家资金的周转速度，另一方面也是对人民利益的损害，所以能否出台合理的便民的回收渠道，加大监督、检查的力度，运用环保方便的材质才是解决问题的关键所在。

本人建议：

1. 银行要发挥重要作用，要建立一条通畅的回收小面额纸币的渠道。

首先，银行要设立合理便民的服务渠道。

虽然，现在银行是有“以零换整”的服务，但这样的服务对于大量的小面额纸币换取有一定作用，但为少量小面额纸币跑一趟银行，有些耽误时间，而且，现在的银行并没有专门的兑换币的窗口。若为了几毛钱的纸币去和存取款者一起排队，实在是有些不划算，正因为有种种不便，商家才对小面额纸币不太欢迎。所以，要彻底解决问题，银行要么设立自动兑换机，要么主动上门回收，要么设立专门的兑换窗口。

第一，设立自动兑换机。

设立自动兑换机，韩国方式可以借鉴。比如在韩国存取小额纸币、硬币都是用机器，使得纸币、硬币存取是自助服务的，不存在收费问题。银行对个人业务收费相对就比较少。

据了解，在韩国，如果有民众拿着一大堆硬币、纸币去存款，这属于银行的正常服务范畴，是不收取任何额外费用的。但不同的是，韩国更加重视自助服务，即这类存款韩国基本都是在自助服务机器上办理的，不存在人为操作耽误基本工作人员时间的事情。所以我国可以借鉴韩国，在银行中设立自助服务机器上办理小面额纸币兑换，零存整取业务，既省时又省力。

而最经济的做法，本人认为，是由银行选定一些代理人，比如选定一些在本金融机构开立基本结算户的超市、商场、医院、药店、车站等小面额货币需求量大的单位，及公交、旅游等小面额货币回笼量大的单位建立定点联系制度，主动服务，确保其小面额货币供应不脱节、回笼及时。比如在市区平均选定一些大超市作为代理人，这些大超市贴出通知回收小面额纸币，大超市每每收集到一定数额，再专门送到银行，由于大超市每天有大量营业额，原本就要和银行打交道，送小面额纸币的事可以说是顺便而为，所以，如此做法是非常节约成本的。由于在银行和消费者以及普通商家之间，有了代理人这样一条沟通渠道，那么，拒收小面额纸币的行为将会大大减少。

第二，各金融机构在集贸市场、商业区内或附近的营业网点建立小面额货币便民服务窗口，面向中小零售商户、摊贩和居民开展经常性小面额货币调剂和残损币回笼、兑换服务。

第三，各金融机构设立人民币服务投诉电话，在营业网点公布，及时受理和认真处理客户投诉，接受公众的监督。

2. 加强法律宣传力。

《中华人民共和国中国人民银行法》第三章第十六条规定：

“中华人民共和国的法定货币为人民币， 以人民币支付中华人民共和国境内的一切公共和私人的债务任何单位和个人不得拒收。”《中华人民共和国人民币管理条例》也明确规定，人民币包括纸币和硬币，任何单位和个人不得拒收，如果执意拒绝使用这些人民币，那就违反了《人民币管理条例》，属于违法行为。对于这种违法行为要加强处罚。

3. 小面额人民币宜改成塑料基材。

随着我国经济的迅速发展，货币流通频率相应加快，纸币在快速流通中极易造成破损，因而影响流通货币的面貌。其中，小面额纸币破损问题尤为严重。在我国，有的人在使用钞票时不太注意整洁问题，一些人在钞票上乱写、乱画。要在短期内改变这种现状，除了对民众加强爱护人民币教育外，还应该考虑更换钞票的材质。因此，建议将小面额人民币改成塑料基材，这样更有利于提高流通钞票的整洁度。

目前世界已有近30个国家印制了塑料钞票，有6个国家流通货币全部是塑料基材。我国在2000年也印制发行了以塑料为基材的百元流通纪念钞，若小面额钞票使用塑料基材，在我国技术上应该是可行的。塑料钞票具有以下特点和优势：一是挺括，抗皱折、抗撕裂；二是抗污染，因塑料材质渗透性、吸附性均不同于纸质，不易被污损；三是耐流通，其流通寿命是纸质的4倍左右；四是材料属于绿色环保型，无毒、无害、可回收，这些优势可大大提高人民币钞票流通的整洁度。

推动“绿色人民币”，提倡环保，中国钱币将承担起更大的社会公益责任和文化教化责任，“如果人类给地球机会，地球能够自愈”，这是一则很著名的环保公益广告解说词，或者也可以诠释“绿色人民币”提倡环境保护题材人民币的设计理念。

让环保理念走进每一个人的生活，是提倡推动“绿色人民币”发行的主旨。保护环境不是一朝一夕的事，也不是一个人的事，它需要长期坚持，需要全社会携手保护。如果我们每个人在保护环境的道路上迈出一小步，那么全社会就会迈出一大步。中国的钱币人用自己的理念、工艺和创意带动每一个喜爱钱币、热爱生活的有心人都自觉投入到保护环境的队伍中来，让我们的地球家园变得更加美丽，让我们的蓝色地球充满绿色，让我们的生活更加幸福美满。

“保护地球就是保护自己，拯救地球就是拯救未来。”保护环境，人人有责，保护环境，需要携手，只有地球上的人类都携起手来，为保护环境尽一份力，做出自己应有的贡献，我们才能共同拥有美好的未来。保护环境从推动“绿色人民币”开始。

2011年

关于将《房产证》《土地证》合二为一的建议

说起买房子，许多人都把眼睛盯在了《房产证》和《契证》上，买到房子后，购房者最关注的是何时能够拿上《房产证》，对《土地证》的了解则十分有限。

日前，在青岛某小区，由于《土地证》过期，整个小区所有房产均无法交易，银行也拒绝为其办理抵押贷款。在上海，部分房屋也因《土地证》即将到期而出现房价大幅下降的现象。类似的情况在我国的其他地区也很普遍。以沈阳为例，经过调查，沈阳有六成受访者手中仅有《房产证》和《契证》，并没有《土地证》。绝大多数受访者也不知道《土地证》是干什么用的。

进入2000年以后，我们对国有土地的监管规程日趋完善，对开发商在拿地时的审批和对《土地证》的管理也越来越严格。根据我国《城市房地产管理法》的相关规定，个人所购商品房应具备国有土地使用权证和房屋所有权证。理论上说，购房者有了《房产证》却没有《土地证》，就是产权不完整。在买房子的时候，很多购房者都会问“这套房是哪一年开发的”，因为大家都知道，按照我国的有关法律规定，商品房土地是有规定的使用年限的。而《土地证》的作用正在于此，因为它明确地标明了商品房开发时间和土地使用年限。

没有《土地证》虽不影响房产交易，但《土地证》到期可能影响房价。同时，如果没有《土地证》，业主家的房产就像是空中楼阁一样，按照法律来讲，一旦国家对土地进行拆迁，势必会影响业主的拆迁补偿。

土地登记行为是一种行政确认行为，是国土部门依申请人提出土地登记申请而受理登记造册，核发土地权利证书的行为。按照工作流程，房产开发商在拿地时，需要办理一个“大土地证”，也就是一整片土地的使用权。开发商在拿地时就已经定下了国有土地出让年限，只有在开发商提供了具体的房屋产权证复印件和分栋分户清册等资料之后，国土部门才能按照这些数据来进行分户分割。

换言之，只有整片地全部开发完，居民才有可能拿到分户的《土地证》，因此会出现部分业主房产购置了多年以后才下《土地证》的情况。

综上所述，《土地证》与《房产证》对业主来说都很重要，但目前两证是分别核发，百姓办证须分别掏钱。两证在概念上，也易让百姓混淆，从而造成不必要的麻烦。所以本提案建议，两证能否合并为一证（由各地的土地和房产管理部门共同核管）。这样一来，既能降低行政成本，又能方便百姓，同时减少百姓的一项费用，于公于私都有好处。

2011年

关于加强林业信息化建设
推动我国现代林业加快发展的建议

林业既是一项重要的公益事业，又是一项重要的基础产业，发展现代林业是全面落实科学发展观、创建资源节约型和环境友好型社会、实现节能减排、有效应对温室气体排放、推动国民经济又好又快发展的客观要求，而发展现代林业离不开林业信息化。加强林业信息化建设是改革林业管理方式、推进职能转变、降低行政成本、提高经营管理能力水平、促进现代林业快速发展的有效手段。

近年来，特别是“十一五”以来，全国林业信息化建设得到全面、快速、有序的推进，为转变政府职能，强化行业管理、提高服务水平、为现代林业建设提供了强有力的科技支持。

虽然我国在林业信息化建设中取得了一定成绩，但还存在着以下问题：

1. 建设发展不平衡。林业信息化建设发展不平衡，各省差异较大，东部较快，西部、中部较慢。

2. 应用程度偏低。在我国林业信息化应用中，特别是县区基层和广大林农应用程度普遍偏低。

3. 为林农提供林业信息的渠道单一。目前一些省局只是建立了一些网站，林农只能通过上网的方式查询信息，缺乏语音与有针对性、及时性信息的服务。由于林农对电脑的应用水平较低，导致网上信息应用程度极低，点击率不高。

4. 林业信息化人才严重不足。由于林业信息化既要求懂林业又要求会计算机方面的人才，然而不管是从各省林业系统内部，还是学校，对这方面人才的培养都是单一型的，没有复合型的，所以与数字林业建设管理服务的要求不相适应，特别是市级局和县局人才极为缺少。

5. 资金投入严重不足。目前，从全国的情况看，对林业信息化资金的投入远远低于林业发达国家，各省没有固定的专项资金，严重限制各地数字林业的建设。

针对上述问题，为加快我国林业信息化建设，加快现代林业发展，提出以下建议：

1. 实施"金林工程"。目前我国林业生产力发展水平还很落后，林业资源存在着总量不足、质量不高、分布不均衡三大问题，远远无法满足国家、社会和公民对林业资源的迫切需求。针对林业资源建设工作中遇到的这一瓶颈，传统的管理手段无法满足新形势下对林业资源监管的需求，国家林业局应实施以林业资源监管、综合营造林管理和林业灾害监控与应急指挥等三类重点应用系统建设和信息资源整合开发建设为内容的"金林工程"，通过建设林业资源监管系统、综合营造林管理系统、林业灾害监控和应急指挥系统、林业产业发展与林业经济运行系统、生态文化手段与教育培训系统解决林业资源总量不足、质量不高和分布不均衡的问题，为推行依法行政、科学经营管理、保障林农权益提供服务；为加强国际履约、应对气候变化、维护生态安全提供保障。为保证"金林工程"的建设，国家发改委、财政部应设立"金林工程"专项资金，像支持"金盾"和"金税"工程一样支持国家林业信息化的建设，促进现代林业的发展。

2. 加强新技术的应用和推广，建立示范城市。加快物联网云计算、IPV6、北斗卫星等最新现代信息技术在林业信息化的推广和应用，通过这些新技术的应用推动林业管理方式与管理流程的变革，提高行政效率，节约行政成本，为早日实现胡锦涛总书记提出的林业"双增"目标提供强大的信息手段支撑。把沈阳建成全国林业信息化的示范城市。目前，国家林业局在全国建立4个林业信息化示范省，但没有示范市，示范的带动性不够深入，因此，应积极建立林业信息化的示范市。基于沈阳市林业信息化建设完成的情况，比较江西、湖南等全国林业信息化示范省的建设成果，国家林业局应把沈阳作为全国林业信息化的示范市，并建议全国林业信息化工作会议在沈阳召开。

3. 建立"金林热线"。为满足广大林农对信息的需求，根据林农的特点和信息技术的能力水平与消费习惯，国家林业局应当在现有网站的基础上开通基于语音和短信服务的平台，整理加工处理林业政策、技术、市场等方面的信息，设立“金林热线”语音服务台，组织专人开展专门的服务，工信部应为“金林工程”设立统一的接入码。

4. 加强林业信息化人才队伍的培养。

一是由林业系统的用人单位挑选一些有林业管理经验、专业的年轻人，选送到高等院校或科研单位、数字林业的相关企业开展培训。

二是由教育部责成北京林业大学、东北林学院等林业院校开设数字林业信息化的专业课程，国家林业总局组织用人单位与学校建立合作关系。

三是利用现有的视频会议系统，由国家林业局负责与北京林业大学、东北林业大学开展合作，利用它们的教育资源开展数字林业等专业的远程教学，普遍提高我国林业系统广大员工和管理工作者的信息化素质，以满足建设现代林业发展工作的需求。

5. 设立专门的机构。林业信息化是一项系统性和技术性很强的工作，不仅要建设好、管理好，还要保证它的运行才能实现应用。因此，从上到下特别是基层必须建设一支专门的队伍才能保证这项工作的完成。各地方政府应为各市林业系统设立专门机构——林业信息中心，并在编制上和经费上给予支持和保障。

6. 加强应用，加大考核。加强决策与管理层的应用，为做好应用工作，国家林业局应制定一套应用考核标准，并纳入信息化发展的整体指标考核体系和评价标准。

7. 建立新模式，加快建设步伐。在林业信息化的建设过程中遇到的最大问题就是资金的问题，在资金不到位的情况下，为加快和提前实现信息化，基层单位与所在地的主导运营企业开展合作，委托其帮助系统的建设，特别涉及应用网络的“两个远程”项目，采用租用线路分期付费的方式，提前完成系统的建设，以降低建设与维护成本。为推动这项工作，由国家林业局协调联通、移动、电信集团公司开展战略合作，由各集团公司要求下属企业为各地林业局的信息化建设与应用提供支持，搞好服务。

8. 建立森林防火的移动视频指挥系统——“动中通”。当火情出现后，最关键的决策时间是在灾情出现后的半个小时以内，而在这个第一时间段里，恰好是各级领导从各地赶赴现场的时间，在这段时间领导只能听语音通报的各种信息，看不到图像信息，很难做出正确的判断和指挥，在这种情况下建立移动式的视频指挥系统是非常必要的。因此，国家林业局要抓住在沈阳建设全国林业信息化示范市的有利时机，为沈阳市林业局提供一辆“动中通”。一方面可以加强自身的建设，提高防火指挥能力；另一方面可以给全国做出示范。

9. 采用新型终端方便林农信息获取。广大林农在应用林业信息化过程中最大的瓶颈就是终端问题，在农村由于从事林业生产的林农基本上都是15岁以下或50岁以上的人，在对电脑的应用上存在很大的问题，一是“不敢碰”，二是“不会用”，三是“不能修”。而采用网络多媒体可视电话可有效解决林农信息化应用的问题（只要你会看电视会打电话即可）。可视电话具有视频直播和视频点播的功能，林农可通过点播的方式查阅各种技术和市场方面的信息，使广大林农实现“想啥视啥、要啥来啥、干啥成啥”，而不是采用计算机的方式让你“连找带查”。因此，国家林业局应要求各地方林业局与各地电信运营企业开展合作，为一些林业大户提供终端，方便广大林农信息的获取，切实解决广大林农信息化应用的问题。

2011年

“顺藤摸瓜”保护菜篮子

——关于建立农产品质量安全溯源制度的建议

我国既是一个农产品生产大国，也是农产品消费大国。但农产品中安全优质农产品总体数量偏少，无公害农产品、绿色、有机食品在农产品生产总量中所占比例较小。农产品质量安全事件及对人体造成直接或潜在危害的恶性事件时有发生。因食用有毒有害物质超标的农产品而引发的人畜中毒，以及对外销售农产品因农（兽）药残留超标被拒收、退货、停止贸易往来的现象屡见不鲜，严重影响了我国农产品的质量信誉和市场竞争力。

主要存在问题如下：

1. 农产品生产经营的组织化程度差。

我国耕地实行家庭联产承包责任制，农产品生产经营分散，生产规模小，随意性大，组织化程度低，农民应用农业科技水平差异大，缺乏生产过程的监控，自律意识淡薄，生产过程中存在使用残效期长甚至剧毒的投入品，农产品质量安全难以保证。

2. 农产品质量管理的法律法规等不健全。

在眼前利益的驱动下，生产者对农产品追求的目标仍然是数量，还没有把质量和安全放在重要的位置，质量安全意识比较淡薄，一些很好的标准化措施得不到有效贯彻和执行，有些违反标准的行为难以得到有效遏制。

3. 农产品检测和标准体系尚不健全。

现有的检测机构以及相应的仪器设备、人员等都难以满足农产品质量安全检测工作的需要，设备简陋、手段落后、经费不足、检测方法不配套、检测时效性差等问题普遍存在，不能进行全面检测和监督。同时现有的农业标准实施力度小，还没有形成完全覆盖农产品生产、加工、销售各环节的标准体系。

4. 农产品优质优价的市场机制还没有完全建立。

优质农产品与劣质农产品混同经营、价格同等的现象还很普遍，不利于优质农产品和质量安全的监管。

建议：

1. 采取切实有效措施，净化农产品产地环境。

要进一步净化农产品产地环境，加大农产品产地环境监测力度，加强农产品产地环境保护，发展循环农业、生态农业，促进农业可持续发展。要制定有效的产地环境管理规范和污染防治措施，保护好耕地、草场和养殖水域等农产品产地环境。

2. 推行农产品产地编码制度，推广农产品产地溯源制度。

探索建立农产品产地溯源制度，实现产品安全信息的可溯源管理，实现快速定位、快速跟踪、快速反应，最大限度降低农产品安全问题可能带来的危害。

3. 规范农业生产过程，科学合理地使用农业投入品，严格控制农业投入品的使用，从源头上控制农产品质量。

在农业生产中使用，对不按规定销售、使用高毒、高残留农药的，依法严厉查处。对农业投入品经营者，实行业前培训、持证上岗，严格界定经营范围。及时向社会公布禁用、限用的农业投入品品种，严厉打击制售和使用假冒伪劣农业投入品行为，加强农业投入品的登记使用管理制度。加大高效低毒低残留农业投入品的研发力度，加速开发生物型安全农业投入品，抓好新品种、新技术、新产品的开发、推广和技术服务工作。通过打假扶优、创新经营等方式，实现农业投入品市场的净化，为提高农产品质量创造良好的外部环境。

4. 大力实施农产品的品牌战略，促进优质安全农产品的发展。

要进一步加大优质安全农产品的开发力度，搞好无公害农产品、绿色食品和有机食品的产地认定和产品认证，按照市场化和标准化的要求培育名牌产品，提高优质安全农产品的市场占有率。

5. 充分利用各种教育培训资源，广泛开展农民技术培训。

农民的素质在很大程度上决定了农产品的质量和安全水平。如果不尽快提高广大农民的素质，再好的标准、规范和技术都无法转化为现实生产力，推进农业标准化和保障农产品的质量安全也会落空。因此，要利用各种渠道，采取多种方式，广泛宣传农产品质量安全知识，积极开展农民生产经营技能培训，努力把农业生产的新技术、新知识、新品种送到田间地头，在生产环节改善农产品的质量安全状况。

2012年

五招让机动车有更多的“立足之地”——关注城市停车难

随着私家车数量的迅猛增长，老百姓对停车位也呈现出爆发式的需求。车位紧缺导致停车难。

导致停车难现象的原因：

1. 车位配建跟不上车辆保有量增长 。

随着我国经济发展，很多家庭购进私家车。汽车保有量迅速攀升，车位紧缺。

2. 停车场设立结构不合理 。

我国城市停车场按性质用途可划分为三类，即配建停车场、路外公共停车场和路面停车场。其中配建停车场和路外公共停车场已远远满足不了停车需求；路面停车场，虽然总体停车需求上起到了调节和补充的作用，但是以挤占动态公共交通资源为代价的。

3. 停车场专项规划滞后 。

长期以来，城市规划建设中只重视“行”而忽略“停”的问题，是导致停车难的重要原因。道路新改建工程比比皆是，相反，停车场建设项目却十分少见。

解决停车难问题的建议：

1. 做好规划，增加停车泊位。

规划部门要有前瞻性，根据城区机动车保有量与人口的比例以及建设项目的定位等因素，合理确定建设项目的配建停车泊位面积。新建、改建、扩建的城市建设项目，配建停车泊位必须做到同步设计、同步建设、同步交付使用。

2. 在城市道路改造中，因地制宜设置停车泊位。

解决停车难的问题，重要的是需要政府部门对“行”、“停”并重。在泊位设计上，既要让车进出方便，又要保障交通畅通。

3. 政府出台优惠政策，鼓励民营企业参与建设现代化的立体停车场，以增加停车泊位供给量。

立体停车场占地少，提高土地资源的利用率，另外建设立体停车场可以催生停车产业，促进经济发展。一方面，政府应投资兴建公共停车场；另一方面，制定合理的投资政策，加大扶持力度，给予一定的优惠政策。按照谁投资谁受益的原则，积极引导社会各界，实现投资主体多元化，鼓励单位和个人投资建设公共立体停车场。

4. 大力发展公共交通。

我国城市的公共交通虽然有了长足发展，但离人们的出行需求还有较大差距。因此，要坚持优先发展公共交通，为市民提供方便、快捷、舒适、安全的服务，以降低自驾出行的比例。

5. 完善相关的法律法规，加大宣传力度。

完善相关的法律法规，加大对不按规定配建停车场、侵占挪用停车场以及车辆在中心城区乱停乱放违法行为的处罚力度，规范停车秩序。加大宣传力度，让市民养成文明停车、规范停车的好习惯。

2012年

政协第十二届全国委员会

【提案】

关于提请关注我国中小学生学习用光源，保护青少年视力健康的建议

目前，我国近视人口已近4亿，超过世界平均水平1.5倍，近视人口居世界第一。青少年近视比例更是达到50%—60%，高达2.5亿，我国已经成为世界上近视发病率最高的国家之一。

青少年眼睛发育尚未完全，稍不注意就容易患上近视，是视力保护的关键期。而过早地发生近视不但会给孩子的心理、生理带来不利的影响，更加会严重影响到孩子今后的升学、就业、婚姻、家庭等事业和生活的方方面面。随着孩子近视度数的加深，各种眼病的发生将显著增加，像黄斑变性、视网膜脱离等，特别是高度近视，严重的可以致盲。造成青少年近视的原因除了众所周知的遗传基因、饮食营养、读写姿势等因素外，人们普遍忽视了光源照明对青少年视力所产生的不利影响。学校教室和家庭是中小学生最主要的两个学习场所，但目前，学校照明和家中照明都存在着一定问题。

学校照明：

1. 教室照明环境不良。

2011年5月1日，我国开始实施《中小学教室采光和照明卫生标准》，要求教室课桌面的照度应达到300勒克斯，黑板面的照度应达到500勒克斯。然而，

近日某大城市对中小学教室照明环境的卫生检测结果显示，全市中小学校教室课桌面平均照度合格率为60.3%，黑板平均照度合格率仅为22.9%。并有学生和老师反映，半边黑板反光，教室内眩光、照明不均匀等一系列学习光源问题。

2. 频闪光源有害视力。

目前，我国从幼儿园、小学、中学到大学，很多学校还在使用有频闪的日光灯光源。日光灯受交流电频率50赫兹的影响，相当于每秒开关100次，明暗交替刺激视网膜光感细胞，使眼睛极易疲劳，除了学习负担过重，光源频闪很有可能是造成中小学生近视的一个直接原因。

家中照明：

家长给孩子安排照明时也存在一些误区：一是有灯就行。照度不足会加速视疲劳。二是有了局部灯就行。传统观念认为，孩子一个人安静地坐在写字台边，一盏台灯相伴看书，效果最好，其实不然 ，昏暗的环境里只点一盏孤灯看书，很容易造成视觉疲劳、引发近视。三是灯越亮越好。这样的想法是错误的，光照过亮也是视觉的疲劳源之一，长期使用将影响孩子视力的正常发育。

此外，为预防青少年近视，家长们往往会给孩子选配护眼灯，但目前护眼灯并无国家标准，存在质量良莠不齐的现象，虽然很多护眼灯在说明书和外包装上都醒目地标注了“保护视力”、“自然光”等字样，但相当一部分不能做到无频闪无辐射，继而成为青少年视力的隐形杀手。为此，我建议：

1. 卫生、教育等相关职能部门应：（1）充分重视光源对近视的影响，开展专项调研。组织光学、医学、电学、环境学等多学科专家针对家庭、学校使用灯具、光源亮度、使用方法以及学生视力进行调查，收集数据，对比分析，得出科学论证，从而为学校和家庭优选照明光源及照明规范提供科学的理论依据，以逐步降低我国青少年近视的发生率。（2）通过各类媒体向全社会宣传光源对视力的影响及用眼卫生知识。（3）对护眼灯进行专项整治。尽快设立护眼灯行业标准，规范护眼灯市场，以切实保护青少年的视力。

2. 学校方面应：（1）积极改善教室照明条件：增加人工照明数量、使用高效光源等手段以提高照度水平；教室灯具纵向排列以保证照明均匀度；使用专业的黑板照明灯具，并在合理的位置安装以保证黑板照度及解决黑板反光问题；使用带格栅的教室灯具，房间内各表面涂以漫射材料以解决教室眩光问题。（2）为教室日光灯加装“无频闪电子镇流器”：无频闪电子镇流器可以把50赫兹低频电源转换成相对高频电源（数千至数万赫兹），光源是完全连续无频闪的。同时这种“高频”（频率只有手机的百万分之一水平）的电磁辐射也很弱并容易屏蔽。而且无频闪电子镇流器现在的市场价格比较便宜，实施并不难。各级教育部门应在资金及政策等方面对学校以上两点举措给予支持和鼓励。

3. 家庭方面应：（1）为孩子提供科学合理的学习光源。应选择高色温光源作为台灯，且光源位于左前方，灯与桌面距离一尺（33厘米），眼睛不能看到裸灯，使用台灯学习（包括看电视、电脑）的同时，要保证一定的背景光照。（2）及时纠正和引导孩子的不良用眼习惯。使孩子真正认识到视力对自身成长及发展的重要性。

2013年

关于设立中国眼角膜捐献日的提案

角膜疾病是继白内障之后的第二大致盲眼病，是眼球摘除的第一致病因素。据不完全统计，角膜混浊患者约占全球盲人的5.1%，占中国盲人患者的7.5%—8.5%，目前中国角膜盲患者约有300万，85%的角膜盲源自感染性角膜病，且每年新发感染性角膜病致盲患者约10万，其中青壮年患者约占85%。

角膜盲最佳治疗方法是眼角膜移植，但受到角膜来源限制，全国每年眼角膜移植数量仅为5000例左右。影响角膜来源严重不足的主要原因在于：一是由于眼角膜捐献的公众社会教育乏力，导致公众对眼角膜捐献的认识不足；二是缺乏鼓励眼角膜捐献的政策保障，导致公众眼角膜志愿捐献的主动性和积极性不强；三是尚未建立一支专业化的眼角膜劝捐员队伍，缺乏专业化的眼角膜捐献工作规范和心理辅导；四是由于目前我国药监部门没有进口眼角膜审批流程，按药品审批则周期长，导致进口眼角膜进入国内医疗机构渠道不畅。

为此，建议：

1. 以设立“中国眼角膜捐献日”为契机，加大眼角膜捐献宣教力度，积极开展眼角膜捐献社会教育。

各级卫生计生行政管理部门应将眼角膜捐献宣教工作列为年度卫生计生宣传工作重点，建立眼角膜志愿捐赠社会教育制度，积极联合公众媒体和防盲社会公益组织，积极宣传捐献眼角膜的目的、意义和自愿捐献眼角膜的典型事例，破除公众自愿捐赠眼角膜的陈旧观念和心理障碍，共同营造人人关心角膜捐赠、为失明者重返光明世界的社会支持环境。

2. 研究出台包括眼角膜捐献在内的人体器官捐赠的国家行政法规，确保眼角膜捐赠工作规范化。

在全面总结深圳、上海、重庆等地对包括眼角膜捐献在内的遗体捐赠地方法规及操作实务经验基础上，在国家层面研究出台眼角膜捐献行政法规。坚决维护眼角膜移植的正常秩序，严防眼角膜“黑市交易”，有效保障眼角膜捐献者的合法利益。

3. 依托眼角膜移植示范医院和规范化眼库，建立专业化的角膜职业劝捐员队伍。

为推进角膜劝捐工作职业化和常态化，角膜移植实施医院应该加强对医护人员角膜劝捐规范化培训，建立健全眼角膜捐献工作标准规范体系，重点实施临终关怀医务社会工作项目，有效促进眼角膜捐献工作的持续健康发展。

4. 规范眼库角膜管理，建立进口角膜绿色通道。

国际化眼库通常对外提供角膜，需要政府审批的规范眼库才能引进。建议通过政府审批的规范眼库进行总体角膜质量的控制，给予进口角膜的绿色通道，提供质量合格的角膜供体，并进行随访跟踪。

2015年

关于加强我国眼视光师专业队伍建设的提案

近年来，我国眼科疾病中与视觉、视功能相关眼保健问题日益增多，人民群众对眼保健服务需求日益强烈。世界卫生组织（WHO）最新报告显示，全球2.85亿的视力残疾（包括盲和低视力）患者中，约有8000万集中在中国，为全球拥有视力残疾患者最多的国家。我国眼保健领域突出矛盾在于人民群众眼科医疗保健需求与眼保健服务专业人才资源有限之间的矛盾。

立足我国防盲治盲事业长远发展，尽快建设一支由眼科医生和眼视光师有效衔接、协同配合的眼保健专业队伍，以满足人民群众眼健康优质服务需求，对我国防盲治盲事业的发展将起到积极的推动作用，更好地完成眼保健三级防盲网络建设及视觉2020目标的实现。然而，由于国家尚未建立眼视光师医疗职业资格制度，在眼科医疗体系中没有明确的职业发展定位，导致眼视光师专业人才流失严重，严重制约我国眼视光行业发展，使人民群众长期享受不到完整的眼健康服务，无法满足社会需求。

为此，建议：

1. 提请国家人力资源与社会保障部和国家卫生与计划生育委员会联合研究将眼视光师纳入国家职业资格管理目录，建立眼视光师医疗职业资格制度，加快推进我国眼视光专业技术人才队伍建设。

2. 规范眼视光师的考核标准及资格认证。具有眼视光学专业背景的毕业生根据工作年限及业绩考取不同级别的眼视光师职称（如眼视光助理医师、眼视光医师、眼视光主任医师等），明确各级职称的岗位职责，并在制度上提高眼视光师的相关待遇。

3. 明确眼视光师的工作场所。医院需设置对视功能进行检查和诊疗的视能部门，为眼视光师提供独立的工作场所；完善眼镜商店功能，使其成为视光诊所；鼓励眼视光学专业的毕业生考取眼视光师职称，自主开设眼视光诊所。

4. 加强对视光学专业人才的培养。国家重点支持高等医学院校开设视光学专业，逐步建立符合我国国情、有中国特色的现代视光教育体系。

5. 成立国家级视光学学术组织“中国眼视光师协会”，进一步加强国内外眼视光专业交流与合作。

6. 加大对眼保健的全方位、立体化宣传力度，大力提升眼视光师职业的社会影响力。

2014年

关于修订单眼视障者考取机动车驾驶执照视力标准的提案

近年来，我国单眼视障者合法考取机动车驾驶执照的民生诉求越来越强烈，引起媒体和公众的高度关注。据不完全统计，在我国现有单眼失明、单眼弱视等单眼视障人数将近2000万。

目前，公安部现行的《机动车驾驶证申领和使用规定》对申领驾照的视力要求为“申请大型客车、牵引车、城市公交车、中型客车、大型货车、无轨电车或者有轨电车准驾车型的，两眼裸视力或者矫正视力达到对数视力表5.0以上；申请其他准驾车型的，两眼裸视力或者矫正视力达到对数视力表4.9以上”。未对单眼视障群体作单列说明，存在视力条件界定异议，成为政策执行盲点，导致各地交通管理机关按照惯例剥夺了单眼视障者合法申领机动车驾驶执照的权利，不同程度地影响了单眼视障者社会生活质量。

为此，建议：

1. 提请公安部会同卫生和计生委组织专家科学评估允许单眼视障者驾驶机动车对交通安全的影响及可行性。

2. 提请公安部会同国家卫计委组织专家研究国内外允许单眼视障者合法驾车的成功经验，经过科学的调查与论证，认真修订《机动车驾驶证申领和使用规定》及其他相关规定，明确列出单眼视障者可以合法驾车的视力要求，允许符合视力要求的单眼视障者合法申领驾照。

2015年

关于提高眼保健意识 创建视觉中国的建议

中国进入全民过度用眼时代，移动设备、环境变化，使全国的眼健康问题较之前些年，病症更综合、更复杂。预防是最好的眼药，呼吁加强对全民用眼卫生的公共卫生教育，提高眼保健意识，创建视觉中国。

一、现状与原因分析

1. 全民处在用眼过度状态，眼健康问题更加突出。

眼病的发生之所以呈现出更加严峻的形势，除去传统的课业繁重、工作繁忙、用眼不卫生等因素，其中最重要的原因是随着社会的发展，电子设备日益普及，环境问题更加突出。

随着科学技术的发展，电脑、网络、移动设备进入生活，且越来越普及，近距离用眼成为现代人最主要的生活、工作状态，大量的信息通过视觉传递而加重了眼睛的负担，这应该是造成全民普遍面临着用眼过度这一问题的首要因素。

除电脑、网络、移动设备之外，环境的影响同样不可忽视，而其中最重要的则是光污染。家居装修中五彩斑斓的灯光，街道建筑上闪闪发亮的玻璃，道路上刺眼的车灯……可以说光污染普遍存在。美国一家研究机构的数据表明，“现在全世界约有三分之二的人生活在光污染里”；而国内一项研究证实，光污染可以伤害角膜和虹膜，可以引起视疲劳和视力下降，而高中生近视率60%以上和视觉污染有关。可见，环境的变化尤其是光污染对视力健康带来的副作用不容忽视。

最新的统计数据表明，目前我国视疲劳人数达1.5亿之多，近视患者很可能已达3亿，老花眼人数则近4.3亿。可以说，视力低下已经成为影响我国国民身体素质的一大健康杀手。在眼疾患病率日趋攀升的今天，它不仅仅使患者本人及其家庭受害，也给社会带来了一定的影响。眼健康问题理应得到全社会的关注。

如果说我们可以有意识地减少电脑、电视、手机等电子设备的使用，进而降低用眼强度，那么广泛存在的光污染恐怕是我们难以单凭个人之力减少的。这决定了在当今条件下，眼保健工作的形势较以前更为严峻。

2. 眼保健市场混乱，眼保健标准缺乏。

可以说有识之士早已意识到眼健康问题的重要性，国家也早已开始注意到眼保健工作。如自20世纪60年代眼保健操的逐步推广，90年代爱眼日的设立。但是从目前的情况来看，我们所做的努力还不够，尤其是眼保健市场混乱，眼保健标准缺乏。

很多人把眼健康问题的普遍存在当作一个巨大商机。最能说明问题的就是，按照医学界的共识，真性近视是不可逆转的，我们只能预防近视的发生、发展，但市场上却有众多的商家宣称自己的产品能治疗近视，不负责任地承诺疗效，最终只能是加重患者负担，甚至是加重病情。再如，眼镜店林立，但很多眼镜店缺少合格的验光师，这与很多国家将验光配镜纳入医保有着本质的不同。

在眼保健工作中，最早是推广眼保健操。去年据说是有了首个获得ISO9001国际标准认证的视力保健技术服务推广标准，针对的都是青少年的近视问题。这显然难以很好地适应目前全民普遍存在用眼过度的形势。也就是说，我们缺乏适用于不同人群的更有针对性的眼保健标准。

从相关报道来看，虽然学界对于眼保健操的有效性是肯定的，但仍有一些人质疑其有效性。这说明，我们以前所做的工作还不够，我们不能仅通过理论论证，通过其在试点试用有效，就得出其有效的结论，要重视临床大数据的分析，用最新的临床大数据证明其有效性。对于所有的号称有眼保健作用的方法、产品，都应该进行临床大数据检验。

二、对策

1. 加强公共卫生教育，让公众自觉减少近距离用眼。

虽然近距离用眼是现代社会难以避免的一个问题，但通过宣传让公众知道其危害，自觉地减少近距离用眼时间，仍是有必要的。

2. 呼吁社会关注光污染问题，尽可能降低光污染。

光污染普遍存在的一个重要原因是不了解其对眼睛的伤害，医务工作者尤其是眼科工作者应当多宣传减少光污染的重要性。呼吁减少家中的灯光污染，减少街道建筑上的强光污染，减少行走车辆的强光污染，相信是能够起到一定作用的。

3. 将眼保健纳入公共卫生体系，纳入医保。

如前所述，我们国家的视力健康问题非常突出，但眼保健标准却基本阙如，去年才有了一项获得ISO9001国际标准认证的视力保健技术服务推广标准。建议尽快组织专家制定面向全民的眼保健标准，并尽快推广，将眼保健纳入公共卫生体系。

标准的制定要有针对性，我们初步的设想是先按照年龄分别针对12岁以下儿童、青少年、成年人等不同人群制定标准，在此基础上，以后可以再加细化，分别针对6岁以下婴幼儿、12岁以下儿童、18岁以下青少年、40岁以下青年人、60岁以下中年人、老年人制定更有针对性的标准。

标准的制定要以眼科专家为主导，广泛吸取营养学专家、中医专家等相关专家的意见，集思广益，要借助统计学，利用最新的临床大数据。这样，我们制定的标准才能经得起实践的检验。

标准制定后要积极推广，对于社会上不符合眼保健标准的形形色色的经营活动，要依法取缔，严厉打击，规范眼保健工作市场；借鉴国外的先进经验，逐步将眼保健工作纳入公共卫生体系，纳入医保，使其更好地实现为全民健康服务的功能。

相信在国家的重视下，在全社会的努力下，我们有能力制定出适合不同年龄的人的眼保健标准；相信我国全民用眼过度的局面能够得到很好的改善，相信我们的眼保健能做得更好。

2016年

关于加强中小学生近视防控的建议

近年来，我国青少年近视发病率节节攀升，患病人数居全球首位，达到历史空前水平。坚持以人为本的科学发展观，关注我国青少年视力健康，切实加强中小学生近视眼的防治工作刻不容缓。

随着现代学习、工作、生活节奏的加快，电视、游戏机、电子计算机，特别是移动设备的普及应用，人类使用视力的时间不断延长，近视眼患者的队伍也越来越庞大，目前，我国共有4亿多近视眼患者，以13亿人口计，约每3个人中就有1个是近视眼，特别是青少年近视的发病率居世界第二，人数居世界第一，且渐趋低龄化，中小学生近视检出率为53.8%（城市60.7%、农村30.7%），高中以上学生更是高达70%，其中高度近视眼的发病率已达到国际平均水平的5—10倍，近视正严重危害青少年的健康成长，同时影响我国高素质人才职业的筛选，缩小了特殊职业人员的选取范围。

造成我国中小学生近视眼发病率高的主要原因有：

不良的读写习惯在我国中小学生中较普遍地存在，占学生总数的78%左右；学校的学习环境导致学生视力下降，受应试教育体制的束缚，许多学校延长学生在校学习时间，小学生平均在校时间长达8—9小时，除去每周两节体育课外，几乎没有什么体育活动；家庭生活环境导致学生视力下降，诸多家长对孩子在完成学校的学习任务后往往回家还要加班加点、挑灯夜读；而随着传媒、电子、网络的发展，如今相当多的中小学生在家庭生活中放松娱乐的主要方式是看电视、打游戏、上网，长此以往不能使眼睛得到充分休息，造成视力下降。

此外，社会对青少年近视防治的投入及关注不够。对应于我国如此众多且与日俱增的青少年近视眼患者，近视等眼疾研究和防治条件却相对落后，从事视光学研究的人才严重匮乏，全社会对防治近视等眼疾的认识程度不足、宣传及普及教育不够。

切实加强我国青少年近视的防治工作，需要政府、社会各界、学校及家庭各方面的齐抓共管、密切配合。我建议：

1. 教育卫生体系的整合，打通医疗卫生和教育卫生的障碍。

目前中小学生近视防控工作全部由教育部门负责，但教育部门并没有专业的眼科医生，对医疗预警和眼健康教育的能力很低。而医疗部门不能覆盖到学校，家长想让孩子的眼睛得到专业的诊疗，只能到医院。政府应该协调教育部门、卫生部门，破除屏障，整合资源，完善教育卫生体系，使专业的眼科医生可以直接到校定期为学生做眼健康筛查和公共教育。

2. 加大对校医的培训。

打通教育与医疗的屏障，建立完善教育卫生体系后，可以让医疗机构承担对校医的培训工作。医疗卫生机构应与教育部门合作，对校医进行专业的眼科诊疗及预防培训，提高教育卫生的预防能力和日常的眼健康保健能力。

3. 加强规章制度建设，规范管理“防近”工作。

将学生视力保护工作纳入学校管理、教师管理和班级管理内容。制定科学规范的学生在校作息制度。保证小学生每天睡眠10小时，初中学生9小时，高中学生8小时。

根据教室采光照明情况和学生视力变化情况，每月可调整一次学生座位。根据学生身高变化，及时调整其课桌椅高度。

建立视力定期监测制度。每学期对学生视力状况进行两次监测，对有视力下降趋势和轻度近视的学生进行分档管理，并有针对性地实施相关“防近”措施。

4. 为学生创建良好的视觉环境。

第一，保证教室内所有学生合理的用眼距离，教室前排课桌前沿与黑板应有2 米以上距离，后排课桌后沿与黑板的水平距离：小学不超过8米，中学不超过8.5米。

第二，按国家规定的标准要求，提供与学生身高相符合的课桌椅，每间教室内应预置1—3种不同型号的课桌椅（有条件的学校应配置2种以上型号的课桌椅），或配备可调试课桌椅。

第三，黑板下沿与讲台地面的垂直距离：小学为0.8—0.9米，中学为1—1.1米；讲台桌面距教室地面的高度一般为1.2米。

第四，教室采光应符合国家相关卫生标准。单侧采光的教室光线应从学生座位左侧射入，双侧采光的教室主采光窗应设在左侧；教室墙壁和顶棚为白色或浅色，窗户应采用无色透明玻璃；教室采光玻地比（窗的透光面积与室内地面面积之比）不得低于1∶6（新建教室采光玻地比应达到1∶4）。

第五，教室照明应配备40瓦荧光灯9盏以上，且灯管应垂直于黑板；教室照明应采用配有灯罩的灯具，不宜用裸灯，灯具距桌面的悬挂高度为1.7－1.9米；黑板照明应另设2盏横向40瓦荧光灯，并配有灯罩；课桌面和黑板照度分布均匀，照度应符合国家标准（建筑照明设计标准GB50034—2004）要求。自然采光不足时应及时辅以人工照明。

5. 加大宣传力度，多方面帮助学生养成良好的用眼习惯。

建议报纸、电视台、电台等媒体加大眼科相关知识的普及与宣传；政府、企业、社会团体、社区应积极开展爱眼宣传及活动，定期举办爱眼讲座、创办健康教育网络等真正引起学生、家长、学校及社会各界对眼保健的重视，营造学生主观重视，家长、学校、社会积极保护与监督的良好氛围；而学校作为学生学习的主阵地应定期开设有实效性的健康教育课，面对面地教育学生学会科学用眼、克服不良读写习惯。

6. 增加社会投入，提高我国对青少年近视的防治能力。

英国、美国与澳大利亚等国的学生近视率多年来能得到较好的控制，先进的眼科视光学与视觉科学、发达的健康教育与医疗保健体系都是其重要因素。我国各级政府及社会各界应重视并大力加强青少年儿童视觉发育规律与近视眼的预测、预防与早期干预的综合研究，增加资金及社会力量的投入，参与国际交流与合作，积极培养视光学专业人才，规范并加强对近视眼镜验配行业的管理，以逐步提高我国对青少年近视的防治能力。

2016年

关于加快农村防盲治盲体系建设的提案

我国防盲治盲问题面临着严峻的考验。世界卫生组织（WHO）最新报告显示，全球2.85亿的视力残疾（包括盲和低视力）患者中，约有8000万集中在中国，为全球拥有视力残疾患者最多的国家。最新流行病学调查数据显示，白内障、青光眼、糖尿病视网膜病变是最为常见的三大致盲性眼病，约占总患者量的65%，且高发于40岁以上的中老年人群。

目前，“白内障手术率（CSR）”作为评估世界各国防盲水平的通用观测指标，即每年每百万人群中实施白内障手术的例数，可以反映一个国家防盲治盲水平和综合服务能力。近年来，各级政府将减少白内障盲作为防盲治盲工作重点，尤其在2009年开展了“百万贫困白内障患者复明工程”等一系列项目，使得CSR从2005年的440达到了2012年的1824。但是，我国CSR指数与美国、日本等发达国家相比依然存在差距。

究其原因，一是农村基层眼科医疗资源严重匮乏。截至2011年，全国共有眼科医疗卫生机构4200多家，主要集中在大中城市，尚有600多个县没有眼科医疗机构，不能提供任何眼科医疗服务。二是眼科专业人才依然稀缺。据我国眼科专业人才资源普查，全国共有眼科医生28338名，但能够独立地完成白内障手术的医生不足一半，而且多集中在大中型城市，无法及时地为农村患者提供医疗服务。三是防盲治盲医疗体系尚不健全，初级眼保健人才严重匮乏。四是常见眼病等科普公共教育相对滞后。

综上，建议：

1. 各政府应将防盲治盲工作纳入各级政府卫生工作和残疾人工作总体规划中，进一步加大防盲治盲事业支持力度，积极协调社会各方医疗资源，上下联动，共同推动县、乡、村基层防盲治盲体系建设。

2. 重点加强县、乡、村的眼科综合服务能力，尤其是西部等经济欠发达地区。城市三级医院眼科、眼科专科医院要与县级综合医院眼科建立紧密的合作关系，通过技术指导、人员培训等方式，使县级综合医院眼科具备常见眼病诊治和急诊处理能力，落实双向转诊。建立基层眼科交流平台，以筛查救治为主要内容，以培养人才为根本，建立防盲治盲长效机制，推动完善农村眼病医疗救助制度，构建县、乡、村三级最基层的眼保健网络。

3. 建立眼科远程医疗中心重点项目，鼓励民营眼科医疗机构积极参与健全防盲三级网络工作。各级政府卫生行政管理部门应重点建设眼科远程医疗平台，让基本眼病在基层就得到解决，复杂眼病转诊到中心医院，彻底解决看病难、看病贵的问题；三级医疗网的各级医生可以共享患者的病例信息，不但减少了不必要的检查费用，而且使得会诊和转诊更加便利；边远地区的患者在村卫生室、乡镇医院、家中就能方便、快捷地得到名医、专家的高质量即时诊断和治疗，给患者节约了大量的经济开支，具有较好的经济、社会价值。

加强统筹协调和资源整合，大力支持非营利民营眼科医疗机构充分发挥防盲治盲网络建设作用。

4. 依托国家级防盲治盲公共卫生培训基地，加强防盲治盲专业队伍建设。应成立国家级、省级防盲治盲培训专家队伍，科学研制防盲治盲管理人员和基层专业技术人员培训大纲和课程体系，探索建立国家级或区域培训中心。重点组织对各省省级防盲治盲管理人员开展规范化培训，各省（区、市）对市、县以及基层相关工作人员开展培训，提高各级防盲治盲管理人员的工作能力。加强对县级综合医院眼科医师和基层医疗卫生人员的培养和培训，使其能够掌握适宜技术预防、治疗常见眼病。

5. 加大眼保健科普知识的教育力度。加强对普通百姓的宣传，争取绝大多数眼科患者能够得到早防早治，减少视力残疾人口，提高眼病患者的视觉质量和生活能力。

2015年

关于在儿童节目和电子产品中加注护眼提示的建议

据调查：目前我国有4亿多近视患者，小学生中近视率在30%以上，中学生达70%，大学生达到90%。统计数字显示，在危害14岁以下儿童的9种眼疾中，近视排在首位。有专家预测，今后近视将成为失明的第二大原因。

国家卫计委于2013年4月15日发布的《儿童眼及视力保健技术规范》提出，儿童持续近距离注视时间每次不宜超过30分钟，操作各种电子视频产品时间每次不宜超过20分钟，每天累计时间建议不超过1小时。2岁以下儿童尽量避免操作各种电子视频产品。眼睛与各种电子产品荧光屏的距离一般为屏面对角线的5—7倍，屏面略低于眼高。长时间地用眼会使眼睛负担过重，眼内外肌肉长时间处于紧张状态而得不到休息，久而久之，当看远处时，眼睛的肌肉不能放松而呈痉挛状态，这样看远处就感到模糊而形成近视。

随着电子产品的不断普及，有调查显示，“60.87%的家长称自己孩子每天户外活动的时间在一小时以下，32.48%受调查的儿童平均每天在手机、电视、电脑等电子产品上花费1—3小时。在小学生和中学生中，平均每周注视荧光屏时间5小时以内的只占到10%，时间超过12小时的占到了55%。大学生每周的上网时间则超过了40小时”。不注重参加户外活动，过分依赖电子产品，由此带来的影响则是中国孩子的近视率已经远远高于欧美等西方发达国家。

保护孩子们的眼睛健康，需要从孩子们长期用眼的源头入手，即以动画片为主的少儿节目和以游戏为主的电子产品。目前，我国的儿童电视节目和电子产品在少儿视力保护方面所做的工作还有很多不足之处，如播放时间过长、没有适当提示等。针对目前存在的一些问题，提出如下建议：

第一，集全民之力制作以“爱眼护眼”为主题的公益广告，依靠电视传媒加以推广，形成全民爱眼的社会氛围。

第二，以法律法规的形式确定儿童动画节目必须在节目开始前加播护眼提示，提示内容需包括：观看环境照明条件（不要过暗或过亮）、适宜的观看距离（眼与荧光屏的距离不应小于荧光屏对角线长度的5倍、手持设备30—35厘米）、正确的观看姿势（身体端正平视、不要躺卧）以及适度的观看时间（每次不超过20分钟、每天不超过1小时）等护眼提示，帮助孩子从小养成良好的用眼习惯。

第三，在儿童动画节目的制作和审查阶段限制单集时间长度，以单集时长不超过20分钟为宜，播放过程中不可多集连续播出，每集间隔时间不少于5分钟。

第四，提倡面向儿童的少儿频道或卡通频道在每日选取固定时段播放《眼保健操》等创意互动节目，带领儿童在参与节目互动的同时缓解用眼疲劳加强视力保护。

第五，手机、电视、平板电脑等电子产品的生产商应提供儿童视力防护标准，并在其产品外观和使用说明中标注此产品可能造成的视力损害（如香烟包装上注明“吸烟有害健康”），对消费者尽到应有的告知义务。

2015年

关于允许眼视光师进行临床执业的提案

在中国，眼科医生的数量非常有限，13亿人口只有眼科医生2.8万人，近5万人才有一个眼科医生，相比日本，1.3亿人口有眼科医生2.5万人。中国的眼科医疗服务远远不能满足日益增长的百姓需求。

眼视光学是眼科学的起点也是眼科学的终点，眼科学加视光学才能组合成眼科全程医疗保健体系。在一些发达国家，眼科医师和眼视光师是相互配合的两种不同职业，眼视光师主要是用光学器具来矫正和改善视功能，并有药物处方权，美国现有眼视光师3.3万人，其人数远远超过眼科医师。

为了促进我国视光学的快速发展，经过多年的系统教学和专业培养，我国已经初步具备了一定数量和能力的眼视光师，正在逐步满足需要视功能矫正和治疗的患者需求，但目前眼视光行业仍然存在的问题是视光师的工作职能和工作范围政府、医院不认可，视光师在眼保健体系中的工作职能没有被充分利用的情况，多数眼视光师只从事单一的验光、配镜等工作。但由于眼视光师的职业特征，是可以作为初级眼保健人力资源中重要补充的，尤其是在初级眼保健教育宣传及眼病筛查转诊中可以起到重要作用，这样不仅降低人力资源成本，也能适应目前国家提出构建三级医疗网的要求，并能有效改善我国眼科医生人员不足的现状。

初级眼保健工作主要包括：（1）眼病预防和公共眼保健宣传；（2）建立和完善居民眼健康档案；（3）儿童弱视等视功能筛查、评估和治疗；（4）老年人常见基础眼病的筛查与治疗及手术后的视功能检查、评估、干预；（5）眼的亚健康状态及功能性眼病的诊疗；（6）利用设备进行常见眼病筛查并和大医院通过远程医疗手段进行患者眼健康指导等。

因此，为了保证实施，我建议：

1. 进一步规范眼视光师的考核标准及资格认证，将眼视光师纳入国家职业资格管理目录，建立眼视光师医疗职业资格制度。针对我国视光学的发展现状，增加眼视光师执业资格考试是提高眼视光师质量的重要保障，具有眼视光学专业背景的毕业生根据工作年限及业绩考取不同级别的眼视光师职称（如眼视光助理医师、眼视光医师、眼视光主任医师等），明确各级职称的岗位职责与执业权限（是否具有处方权与手术权）。

2. 建议验光师职业技能培训机构设立在有相关专业的院校中，并扩大培训的深度及广度。通过职业技能培训可以给在职人员及社会中有需求的人员提供短期的、强化的系统学习机会，使其胜任所承担的临床工作。

3. 明确眼视光师的工作场所及执业范围，全方位开展初级眼保健服务工作，从业岗位设定可以包括：（1）医院视功能检查和诊疗的视能部门；（2）具有初级眼保健功能的眼镜店和眼视光中心；（3）社区医疗服务中心的眼公共卫生领域；（4）基层眼病筛查领域；等。

4. 加大政策的引导及媒体的宣传，使全行业及全社会对眼视光师在眼保健体系中的作用有充分的理解和认可，进一步增强其在眼保健体系中的作用。

2015年

“健全农村三级医疗卫生服务网络”

——关于进一步提升县级医疗机构卫生技术人员能力的建议

党的十八大提出“要坚持为人民健康服务的方向，坚持预防为主，以农村为重点、中西医并重，按照保基本、强基层、建机制要求，重点推进医疗保障、医疗服务、公共卫生、药品供应、监管体制综合改革，完善国民健康政策，为群众提供安全、有效、方便、价廉的公共卫生和基本医疗服务”的总要求。作为县乡村三级医疗网的龙头，近年来，国家及各级政府加大了对县级医疗机构的建设力度，给予基础设施建设、医疗器械配备、医保倾斜等多项政策扶持，使得县级医疗机构得以大踏步前行。伴随而来的是，县级医疗服务机构对其医务人员的要求也更高，同时广大基层群众对医疗技术和服务质量的要求也逐步提高。县级医院作为县域内的医疗卫生中心，负责基本医疗服务及危重急症病人的抢救，并承担对乡镇卫生院、村卫生室的业务技术指导和卫生人员的进修培训。而目前县级医疗机构卫生技术人员的医疗水平相对于居民需求的不足，造成患者去大医院看专家“难”。突出表现为许多人看小伤小病也拥到大医院，大医院人满为患。

县级医疗机构卫生技术人员存在的问题：

1. 我国县级医院医师以专科医生为主，与大医院相比，专业技术水平较低，导致医疗纠纷和医疗事故较多，造成居民对县级医院的满意度和信任度不高，很多人不管小病大病都到大医院就诊，从而导致基层患者到大医院“看病难、看病贵”的现象。

2. 目前，针对县级医疗卫生人员的培训尚未建立科学规范的体系和制度。虽然国家和地方提供很多的医疗知识技能培训，但针对基层需求的适宜性技术培训较少。许多县级医生接受培训后，难以在实际工作中应用，造成政府投入的设备闲置，医疗服务质量无法保证，培训效果不佳。

3. 县级医院医疗人才队伍出现断层，上级医生技术垄断，不愿意教年轻医生。年轻医生素质普遍下降，看病主要依靠仪器、设备检查，缺乏独立判断和处理疾病能力。受到市场经济的影响，县级医院技术好的医生流失到经济效益好的上级医院。

由此，我建议：

加强县级医疗机构卫生技术人员队伍能力的建设，为县级医疗卫生机构培养适宜人才，提高现有人才，留住合格人才。具体措施如下：

1. 进一步完善专科医师制度建设，对应届毕业生开展为期3年的专科医师培训，培养临床实用型人才，为县级医院培养适宜、合格的专科医师。

2. 针对现有的在职卫生技术人员，开展继续医学教育，举办各类针对县级卫生技术人员的适宜技术培训班，适当减少与“高精尖”技术相关的培训班，提高县级卫生技术人员的实际操作能力和服务水平。

3. 在有条件的县及县以上医院建立临床培训基地，重点培养县级医疗技术人员。对于培训所需经费，由中央及地方财政给予补助。

4. 制定优惠政策，鼓励优秀卫生技术人才到县级医疗机构服务，保证县级医疗机构合理的人才梯队和其医疗卫生服务能力。

总之，要下大力气建设好以县级医院为龙头的基层服务体系，让更多的病人在基层医院解决普通疾病和一般疾病，最终实现解决基层群众“看病难、看病贵”的问题。

2013年

关于进一步落实民办非营利性医院与公立医院平等政策的提案

近10年，特别是深化医改以来，国家大力支持社会办医，积极发展健康服务业，推动了我国民营医院快速发展。据国家卫生计生委介绍，2012年与医改前的2008年比较，主要体现在“四个增长”：一是机构数不断增长。非公立医疗卫生机构数达到44.70万所，占全国医疗卫生机构总数的47%；其中非公立医院9786家，占全国医院总数的42%，年均增长16%。二是床位数不断增长。非公立医疗卫生机构床位总数63.53万张，占总床位数的比例从7.7%提高到11.1%。三是在岗职工数量不断增长。非公立医疗卫生机构在岗职工161.97万人，占卫生人员总数的18%，增加了44.6万人，增长38%。四是服务量不断增长。非公立医院诊疗人次达到2.53亿，占全国总数的10%，增加了1.2亿人次（增长90.9%）。实践证明，民营医院为缓解社会医疗资源供给不足、倒逼公立医院综合改革、推行现代医院管理制度起到了积极作用，为祖国人民提供了方便可及、可支付的、可持续的、高质量的医疗健康服务。

《国务院关于促进健康服务业发展的若干意见》（国发〔2013〕40号，以下简称40号文）要求，大力发展医疗服务，加快形成多元办医格局。《关于加快发展社会办医的若干意见》（国卫体改发〔2013〕54号）明确提出，加快发展社会办医是深化医药卫生体制改革、促进健康服务业发展的重要组成部分，是转变卫生发展方式、优化卫生资源配置的重要举措，是增加卫生资源供给、满足人民群众多样化多层次医疗卫生服务需求的重要途径。

然而据权威部门统计，2013年在全国各级民营医疗机构总数量已占到全国医疗机构总数量的43.24%，而诊疗人次数却仅占全国医疗机构总诊疗人次数的

2.7%，入院人数占全国医疗机构入院人数的2.5%，在每年超过万亿元人民币的中国医疗市场份额中，民营医院仅占不到3%。众所周知，我国民营医院目前普遍存在着发展结构不合理、发展空间受限制、相关配套政策不完备、专业人才普遍缺乏、发展面临信任危机等诸多发展问题。尤其是非营利性民营医院产权制度不明晰问题、非营利性民营医院未能同等享受国家给予公立医院的政策扶持和财政补贴问题，应该作为国家下一阶段医改的重点问题予以关注。

为此，建议尽快出台鼓励民间资本介入医疗的管理细则，逐步完善社会力量办医的配套政策，落实民办非营利性医院与公立医院的平等政策。重点在于：

1. 科学规划区域医疗卫生资源布局，保证民办非营利性医院发展空间。各级政府应充分考虑区域医疗卫生资源总体布局，科学合理制定区域卫生规划和医疗机构设置规划，避免公立医院规模盲目扩张，明确民营医院比例，积极为民办非营利性医院留出合理发展空间，鼓励和支持民办非营利性医院与公立医院的“错位”发展。

2. 引导民间资本投资医疗市场，促进民办非营利性医院健康持续发展。各级政府通过直接举办公立医院和购买服务的方式实现人民群众特别是广大农民基本医疗卫生服务保障的同时，应积极引导动员境内外有实力、有责任、有影响的企业和个人兴办民营医院特别是非营利性医院，重点保障人民群众非基本医疗卫生服务，高质量地满足人民群众多样化、多层次的健康医疗服务需求。积极鼓励民营医院与县级公立医院的重点专科技术协作，鼓励社会资本通过联合、参股、兼并、收购、托管等多种形式参与公立医院改制。

3. 进一步推进民营医院分类管理制度，明晰民办非营利性医院的产权关系。推进实施民办非营利性医院和民办营利性医院的分类管理制度。建议取消民办非营利性医院的民办非企业单位分类制度，赋予民办非营利性医院的公益服务事业单位法人属性，民办非营利性医院产权归属社会公益基金组织，将有利于提升民办非营利性医院的社会效益。民办营利性医院是以商业为目的，可以采取企业管理方式。

4. 加大对民办非营利性医院建设用地政策支持。各级政府应该对符合地区规划的民办非营利性医院给予建设用地政策支持，享有与公立医院平等的土地价格，切实减轻民办非营利性医院建设成本，支持民办非营利性医院拓展空间。

5. 加大对民办非营利性医院的金融、财政补贴、医疗保险转诊政策支持力度。研究调整民办非营利性医院的税种和税率，切实减轻民办非营利性医院纳税负担；鼓励银行和中小金融机构给予融资优惠政策；逐步建立财政对民办非营利性医院的长效补助机制。积极探索民办非营利性医院资本退出机制，研究实施投资或捐赠民办非营利性医院的税前抵扣优惠政策。消除并纠正向民营医院医保转诊的偏见，使群众能够享受到可支付得起的优质医疗服务。

6. 加大对民办非营利性医院的专业人才政策支持力度。切实将民办非营利性医院专业技术人才工作纳入区域卫生人才工作总体规划，统筹安排民办非营利性医院专业技术人员的继续教育工作，给予职业技能培训、全科医生培养和住院医师规范化培养等人才项目支持。进一步消除民办非营利性医院专业技术人才职称晋升、课题申报等政策壁垒；加快公立医院人事制度改革，变身份管理为岗位管理。完善医师多点执业管理办法，兼顾医师、第一执业点与其他执业点之间的利益平衡，明确各方责权利，盘活医疗卫生人才资源，促进医务人员在公立和民营医院间合理顺畅流动。

2014年

关于建立个人医保信贷系统的提案

近年来，我国在全民医保建设方面取得了极大的成绩，截至2011年底，城镇职工医保、城镇居民医保和新农合三项基本医保参保人数已逾13亿人。2014年又全面推开全国城乡居民大病保险试点工作，向十八大提出的“健全全民医保体系，建立重特大疾病保障和救助机制”目标进一步迈进。这些措施对于化解广大人民群众提出的看病难、看病贵等问题无疑起到了很好的作用。

但是，即便如此，目前的医保政策加上商业医疗保险仍难以完全解决看不起病的问题，尤其是当人们患有重大疾病时。具体说来，存在有如下问题：

1. 医疗保险具有滞后性。

由于医疗保险是与保险机构结合的一种保障方式，有时因不能联网结算等原因难以即时报销，需要采取医疗后报销的形式，这种滞后性不但使一些贫困家庭的患者难以得到及时治疗，即使一些已经达到了温饱水平的家庭在遇到重大疾病时也会感到些许不便。

2. 大病保险自付部分负担仍显沉重。

大病保险原则上是报销不低于50%的医药费用，但越到上级医院报销比例越低，而对于相当一部分大病来说，基层医院治疗效果欠佳，需要到大医院求医。因此，对于一些贫困家庭来说，支付报销以外的医药费也常常是捉襟见肘甚至是无能为力。

3. 商业医疗保险价格高，不具有普遍性，保障程度低。

因此在我国社会医疗保险制度尚不完善、大病医保刚刚起步的情况下，建立个人医保信贷系统不但与十八大提出的“健全全民医保体系，建立重特大疾病保障和救助机制”相契合，更是解决广大人民群众看病难的重要举措。

在此之前，早在1999年末就有上海浦东发展银行陆家嘴支行、交通银行天津分行开展过医疗消费贷款，但最终因为门槛过高而不了了之。但这些尝试提示我们，国内医疗贷款服务尚是一片有待开发的处女地。只是，因为医疗贷款的高风险性使得这项业务未能很好地开展。

考虑到医疗贷款的高风险性，结合我国国情，建议采取以银行联合保险模式为主、以银行联合医院模式为辅的方式建立个人医保信贷系统，以更好地化解看病贵的问题。具体模式如下：

1. 银行联合保险模式。

医疗贷款具有不可控性，银行面临着巨大的还款信用风险，将保险机制引入金融机构，让保险行业分摊医疗贷款的风险。具体做法是：患者以固定资产或担保人的担保向保险公司投保，保险公司对投保人进行评估后给投保人开具保单，投保者以其保单为抵押向银行申请医疗贷款。在这一过程中，投保人在把风险转嫁给保险公司的同时获得了信用提升，为贷款增加了信用凭证；银行减轻了不良贷款的风险，能获得贷款利息；保险公司收取了保险费，获得了业务收入；投保者在缴纳保费后能够在短时间内获得资助，有利于得到及时救助。

2. 银行联合医院模式。

对于可以治愈的众多疾病可以采取银行联合医院的模式：医院界定出可以进行分期付款的病种和所需费用，患者或其家属向医院提出分期付款的申请，医院审核后开具证明，银行则根据医院开具的证明向患者或其家属提供分期付款服务。

在建立个人信贷系统过程中，需要政府的扶持。医疗贷款具有一定的公益性，任何公益性活动都离不开政府的扶持。建议政府对于积极开展个人医保信贷服务的银行提供支持，对于银行实施个人医疗信用贷款获得的收益减税甚至是免税，这无疑有助于提高银行参与个人医疗信用贷款的积极性。

在建立个人信贷系统过程中，需要社会各方面的积极配合，尤其是贷款者要真正意识到自己消费者的身份，转变消费观念，珍惜个人信用。只有如此，银行才会逐步降低个人医疗信贷门槛，使更多的人从中得到实惠。

总之，个人医保信贷是与银行相结合的大病应急系统，这一系统建立后，有了个人医疗贷款的帮助，患者可以在第一时间内得到及时治疗；银行贷款种类增加，可以创造新的业绩增长点，扩大市场占有率；医保与信用贷款政策相结合，形成一种看病前贷款，看病后报销，花明天的钱治今天的病的新模式，可以弥补我国目前医保制度的不足，吸引银行和保险机构更好地投入到个人医疗消费贷款市场，减轻财政压力，优化国家医疗经费的使用，促进我国医疗保障的多元化。

2015年

关于互联网+医疗助力精准扶贫的建议

调查显示，我国农村地区贫困户中，因病致贫率高达37.8%，因病致贫成为农村地区贫困的主要原因之一。针对因病致贫、因病返贫的现状，医疗机构要在精准扶贫工作中，利用互联网大数据，做好预防、保健、治疗工作，医疗机构与政府共同建立城县乡贫困患者健康数据档案库，精准掌握患者健康、经济信息，以及患者所在地区的经济及医疗状况。为精准扶贫提供数据支撑，加大预防保健工作，使精准治疗更为有效。建议政府调研，推广互联网+医疗可有效助力精准扶贫的模式。

习近平总书记在2013年11月考察湖南湘西时，首次提出了“精准扶贫”：扶贫要实事求是，因地制宜。“精准扶贫”强调在扶贫工作中更加注重“靶向性”，对目标人群直接加以扶贫干预并适时进行扶贫措施的动态调整。精准扶贫就是要明确致贫原因并有针对性地制订脱贫方案。

“病来如山倒”，这句话既包含了疾病对人体的破坏力，也形象地表述了疾病对家庭的破坏力。在我国，因病致贫、因病返贫是贫困人口形成的重要因素之一。

“没啥别没钱，有啥别有病”，这是百姓最朴素的生活经验。根据世界卫生组织的定义，一个家庭在扣除基本生活费后，医疗支出超过剩余收入的40%，就属于“家庭灾难性医疗支出”。根据测算，我国的“家庭灾难性医疗支出”，大体上相当于城镇居民年人均可支配收入、农民年人均纯收入的水平。目前，我国已经建立起世界最大的全民医疗保障体系，但就保障质量而言，仍处于较低水平。特别是农村人口，抵御大病风险的能力还很弱，一场大病可能拖垮一个家庭。通过医疗救助精准扶贫，就是帮助部分群体缓解医疗压力，杜绝因病致贫、增加贫困人口，同时防止因病返贫、扶贫工作出现倒退。

“互联网+医疗”就是互联网与医疗行业的结合，但并不是互联网与传统医疗的简单相加，而是利用信息通信技术以及互联网平台，让互联网与传统医疗进行深度融合，是基于互联网的卫生医疗服务。未来，互联网+医疗在治理因病致贫、因病返贫方面必将发挥重要的推手作用。

首先，利用互联网+医疗在保障贫困群众“病有所医”方面突出精准识别。运用互联网大数据技术，医疗机构可以建立患者资料库，精准掌握患者健康状况和经济状况，以及患者所在地区的经济及医疗状况，帮助相关部门精准锁定扶贫对象。

其次，利用互联网+医疗在保障贫困群众“少得病”方面突出精准干预。受经济条件的影响，贫困群众看病就医“错时”情况严重，常常是小病拖、大病扛，发展到最后，不是身体器质性损害就是恶性疾病晚期。利用互联网大数据技术，我们能够有效地针对贫困人口建立电子健康档案并启动疾病风险评估和预警机制，做到疾病早预防、早发现、早治疗。

再次，利用互联网+医疗在保障贫困群众“看得好病”方面突出精准帮扶。目前，我国医疗资源存在着明显的分配不均衡现象，优质医疗资源往往集中于大城市大医院、县乡医院，特别是贫困地区医疗条件落后、医生诊疗能力亟待提升。运用互联网技术可以在市县乡村之间搭建远程教育平台，改变名医驻村援助、乡村医生入城进修的传统帮扶模式，更加方便、快捷、有效地远程培训乡村医生，提升县乡医疗水平，缩小城乡卫生差距。

最后，利用互联网+医疗在保障贫困群众“就近看病”方面突出精准建设。我国的贫困人口往往居住在僻远地区，当遇到重症或疑难疾病时，外出看病需要付出较经济发达地区更多的时间成本和金钱成本，既加重了贫困家庭的负担又影响了疾病诊疗的时效性。运用互联网技术在市县乡村之间搭建的远程教育平台在实现远程教育的同时还可以发挥远程医疗的作用，从而实现重大疾病及时诊断、就近治疗。同时，这样的远程医疗也有利于县乡医生增加临床经验，提高医疗水平。

总之，互联网+医疗在治理因病致贫、因病返贫方面可以帮助我们实现“扶贫对象精准、措施到户精准、脱贫成效精准”，建议政府部分深入调研、积极推广，使互联网+医疗有效助力精准扶贫。

2016年

关于加强养老护理从业者培养的提案

伴随着全球老龄化社会到来，中国60岁以上老年人数量已超过2个亿，占总人口的14.9%。这一比例明显高于10%的联合国传统老龄社会标准。高龄、失能、失独、空巢老年人数量大幅增加，无论是传统的家庭养老、养老院养老，还是新型的社区养老、远程智能养老，都需要数量充足、素质优良、技能精湛的养老护理服务人员。

一、现状及存在问题

从现状上看，一方面我国养老护理从业者数量严重供应不足，另一方面则是现有的养老护理行业还存在诸多问题。

1. 从业者素质普遍不高。

目前我国养老护理从业者多来自城市下岗职工和农村进城务工人员，年龄普遍较大、文化水平普遍较低。有些经过短暂的岗前培训就上岗了，一般都是边做边学，理论上的培训很少，而且也以初级职业资格人员居多，中级的很少，高级的几乎没有；有些甚至没有受过专业的日常生活和医疗护理技能培训。有些从业者的职业道德和素质修养不高，工作得过且过，对老人的态度粗暴、麻木，漠视老人需要，不负责的态度造成了部分护理人员对老人的态度恶劣，甚至发生虐待老人事件。

2. 从业者专业知识欠缺。

养老护理是一项专业性、技术性较强的工作，不仅仅是简单的日常照料，还包括老年人的生理、心理及康复等方面的内容，需要专业的知识和技能。大部分老人只能享受到养老护理人员一般的生活照料，享受不到精神慰藉、康复保健等深层次的专业服务。养老护理从业者对素质与行为规范、心理护理知识、一般护理知识、营养与饮食、患者的基本生命体征观察、常见症状、老年病护理等知识掌握肤浅，就不能全方位应对各种老年人的整体护理，还可能带来一定风险。

3. 养老护理培训与考核混乱。

尽管我国在2002年就发布了《养老护理员国家职业标准》，把护理人员的等级进行分级，但由于宣传贯彻力度不够，加上与之配套的职业准入制度缺乏及供需矛盾突出，造成了没有职业资格证的人也可以上岗。目前从事养老护理员培训的，主要是部分省市的职业学校，培训层次为初级养老护理人员，还有一些学校及社会培训组织，不具备资质也在招生培训，甚至有违规组织考核现象。

二、建议

1. 加强高校及职业学校养老护理专业建设。

政府应积极鼓励高等院校开设养老护理相关专业，如老年护理、养老管理与服务、老年社会学和老年心理学等专业，为发展养老产业和养老机构培养有知识、懂技术、会管理的专业人才。在学习过程中，突出学生实践技能的培养，培养应用型、技能型养老护理服务人才，包括掌握老年人的一般疾病护理常规，突发疾病的急救；注重老年人的康复护理及慢性病的保健护理；熟悉解决一般心理问题的方法等。并培养其指导管理养老护理员对老年人的护理服务工作。在已开设养老护理专业的高校及职业学校，也要适应社会发展和市场需求进行科学的专业设置，扩大招生，特别是男性生源。让高校和职业学校成为输送专业化、正规化的养老护理人才的基地，提高养老护理服务队伍的整体水平，建立多层次老年人才培养体系。

2. 推进养老护理从业者岗前培训工作。

依托有条件的高校和高职院校，借助高校师资力量，对想要从事养老护理工作的社会人员开展岗前专业教育与培训工作。坚持“实训为主，理论为辅”的原则，重点围绕着老年人照护的基本知识、老年人生活照护的内容及方法、老年人常见病的照护、失能失智老人的照护、老年人常用器具的介绍等，开展对养老服务从业人员的专业培训。成立实习实训基地，提供实习岗位。坚持理论通俗化、实训实用化、操作严格化。政府出台统一的从业评价考核标准，建立一个科学的绩效评价体系。

3. 加大在职养老护理从业者的培训力度。

要普遍实行养老护理员持证上岗制度，分批对在职护理人员进行培训，到有关院校或培训机构学习老年服务知识和技能。相关部门可以联合人事、教育等部门与医学类高校及职业学校共同开展养老护理专业化培训，让在岗的养老护理从业者在培训中增强业务技能知识。从业人员必须获得职业资格证书，单位应开展经常性的在岗职业培训，按照《养老护理员国家职业标准》的要求加强护理人员的职业道德教育和岗位技能培训，不断提高他们的政治业务素质和服务水平、服务技能。

4. 重视对养老护理从业者职业道德及心理素质的培养。

在岗前培训时就要强调从业者职业道德及心理素质的重要性，提高从业人员职业道德、服务意识和业务技术水准。职业道德及心理素质要作为专门的课程讲授，使从业者能够认真对待自己的工作岗位，热爱自己的工作，树立职业的责任感和荣誉感，转变大家鄙视看不起这项工作的思想，树立正确的人生观和价值观。

2015年

关于加大培训来提升村医服务能力的提案

作为农村最基层的医疗卫生人员——乡村医生，是卫生技术人员的重要组成部分，为我国医疗卫生事业作出很大贡献。对于保障农村居民身体健康，实现分级诊疗具有重大贡献。村医能力的高低关系到广大农村居民的切身利益，关系到农村基层医疗服务网络功能的发挥，关系到国家卫生惠民政策的落实。近年来，随着国家一系列惠民、利民卫生政策的实施，农村卫生工作得到了长足的发展，但因为农村医疗卫生工作基础差、底子薄，乡村医生队伍建设仍然是农村卫生工作的一个薄弱环节。加强乡村医生队伍建设，提升村医医疗技能水平，对于促进基础公共卫生服务体系完善，让农村居民获得更加便捷、价廉、安全的基本医疗服务，都具有重要意义。

一、村级医疗机构卫生技术人员存在的问题

1. 学历总体偏低，医疗技术能力弱。

目前我国的乡村医生总体学历水平低下，大部分村医只有中专及以下学历，获得执业资格人员的比例极低，学历水平的低下和专业基础的薄弱直接制约着乡村医生医疗技术服务水平和抵御医疗风险能力的提高。许多村医平时只是会看感冒发烧等常见病，行医工具主要就是体温计、听诊器、血压器，很多医生不会使用新型医疗工具，甚至都没有见过，影响了农村地区医疗卫生服务水平。

2. 年龄结构老化，没有建立补充和引进机制。

乡村医生队伍年龄结构老化，乡村医生队伍中缺乏年轻人，这也不利于医学知识的更新和卫生人员的再教育。各级部门因没有有效制定乡村医生的补

充和引进机制，导致不少行政村出现“后继无人”的尴尬情形。

3. 缺乏完善的培训体系，进修困难。

1991年卫生部颁发的《1991—2000年全国乡村医生教育规划》就已经提出在我国对乡村医生实施系统化、正规化中等医学教育。但由于乡村医生教育工作仍存在着地区间发展不平衡、具有正规学历人员比例偏低、乡村医生参加培训的积极性不高、培训与使用结合不紧密、乡村医生培训机构职责不明确、缺乏相关配套政策等问题。有些想要进修的村医，也因为各种原因难以成行。

为此，我建议：

1. 开展全方位教育和培训，切实提高乡村医生队伍整体水平。

实行“培训—实训”相结合的教育和培训模式，开展以学习基本理论、基本技术和方法为主要内容的综合培训；有计划地选派村医在县、市级医疗机构，进行规范化临床实践培训。同时进行乡村医生专业能力系统化培训项目、适宜技术推广项目等继续教育，实施基层免费医学本、专科学历教育培养计划，推广远程和定期面对面辅导的网络教育及在岗培训，改善我国乡村医生的学历结构、专业知识覆盖面，切实提高全国乡村医生专业能力和服务水平。

2. 进一步对村医的专业素质提出更高的要求，加快实现村医职业化。

整合农村基层卫生资源，将村级医疗机构列入国家正式医疗卫生机构队伍中，通过提供免费培训的方式，鼓励乡村医生参加国家执业医师资格考试。将具有执业资格的村医转制为国家正式卫生工作者，列入编制，享受国家规定同等学力、工龄档次的工资和福利待遇，消除“半农半医”，有效促进“赤脚医生”的积极性，稳定农村医疗队伍，提高农村地区的医疗服务能力。

3. 充实后备力量，优化人才结构。

针对乡村医生队伍年龄结构老化的问题，可采取“村来村去”的定向培养方式，委托医学院校，每年招收一定数量的高中毕业生进行免费培养，毕业后经考试合格，按规定程序上岗行医；也可以结合实际，制定医学专业大学生到村卫生室工作的优惠政策，吸引专科以上医学生扎根基层，为乡村医生队伍注入新鲜血液，增添队伍新的活力。

2015年

关于搭建村医远程医疗平台，提高基层预防能力的建议

目前，我国乡村医生从业人数超过140万，分布在全国约3.7万个乡镇卫生院和约65万个乡卫生室。村医肩负着我国约6.7亿农村居民的基本公共卫生服务以及常见病、多发病的初级诊治等基本医疗服务，是发展农村医疗卫生事业、保障农村居民健康的重要力量。近年来，随着我国深化医药卫生体制改革，乡村医生的发展问题也受到了关注，乡村医生的发展中主要存在如下突出问题：一是学历偏低，专业技术不过硬。约63%的乡村医生文化程度为中专学历，大专及以上学历的乡村医生约占总数的13.3%，这就使得乡村医生的专业技术水平和综合职业素质普遍偏低。二是执业资格方面，只有12.8%的乡村医生具有执业（助理）医师资格证书，大部分的乡村医生不具备执业医师资格，这是历史原因造成的，在农村大部分成立的是一支不脱产的村级卫生人员队伍，绝大多数人仅仅经过短期的医学培训就上岗，也有一定数量的人员没有经过任何的培训，属于“半农半医”。三是政策和制度的不健全，现在的乡村医生没有正式医生的编制，大部分是没有国家的固定工资和养老退休保障，因此，这些乡村医生平时兼顾农业生产，没有太多时间专研医学知识。

为了提高乡村医生的专业技术水平和综合素质，保障农民有病能得到及时科学地诊断和医治，现提出如下建议：

1. 建立远程培训模式，搭建村医远程医疗平台。以现有网络条件为基础，利用信息技术搭建在线医疗培训平台，提高乡村医生专业知识和医疗水平。利用信息技术搭建供乡村医生在线学习的医疗平台，组织中心城市重点医院、重点专科、重点医学院校的教学医疗力量按医学学科分门别类为平台提供教程，供乡村医生在线查找学习。对于在乡村应用较多的重点医疗知识内容可

设置必修加在线考试方式，督促乡村医生巩固专业知识。

2. 搭建在线医疗共享平台，实现病历分析、医疗方案共享，丰富乡村医生医疗经验与提高诊断能力。依托互联网、大数据等先进信息技术搭建在线医疗共享平台，对中心城市重点医院已形成的电子病历进行收集整理，尤其是对重点专科病例科学分类，可按照临床表现或其他病程情况进行在线查询，充分利用高级医疗机构已有的临床经验为乡村医生提供诊断、治疗帮助。

3. 设立农民电子健康档案平台和视频远程诊断平台。乡村医生对农民的身体状况进行电子备案，掌握广大农民身体健康状况的第一手资料和基本信息，通过远程视频平台，上级指导单位给予分析和指导，根据对数据的挖掘、数据的统计、数据分析服务，以村卫生室的检查设备为基础，结合前端医疗检测设备，利用可视通信网络，实现对乡村医生的远程帮助。对于需要大型诊疗设备，乡村医院确实无法诊治的，可以利用平台为病人预约挂号指定医院，同时将医疗档案传输给收治单位，方便其前往就诊及减轻因重复检查等带来的经济压力。

4. 卫生部要尽快开设单独的乡村医生职业资格考试认证体系，以改变目前多数乡村医生无证行医的状况，同时严格规定其执业地点和范围。并对乡村医生进行执业注册，所有的乡村医生都需要经过资格审查注册后方能上岗，并将执业注册纳入平台管理范围。

2016年

关于加强农村环境保护的建议

十八大报告将“大力推进生态文明建设”作为社会主义建设事业“五位一体”总体布局的重要内容，与经济建设、政治建设、文化建设、社会建设摆在同一高度来论述。报告指出，“建设生态文明，是关系人民福祉、关乎民族未来的长远大计。面对资源约束趋紧、环境污染严重、生态系统退化的严峻形势，必须树立尊重自然、顺应自然、保护自然的生态文明理念，把生态文明建设放在突出地位，融入经济建设、政治建设、文化建设、社会建设各方面和全过程，努力建设美丽中国，实现中华民族永续发展”。

我国是一个农业大国，80%以上的人口集中在农村。要在21世纪实现强国梦，首先必须实现农村经济的充分发展。然而，在农村经济发展的同时，由于人口多、经济活动量大、科技水平低等原因，我国农村环境保护是个十分薄弱的环节。在人口不断增加和经济大规模展开的双重压力下，我国农村环境保护的总体形势非常严峻。农村环境污染整体上可以归纳为以下几个主要因素：

1. 种植业生产污染。按常规理解，种植业不会产生污染，但在科技进步环境之下，农村最大的污染源来自于种植业。农用化学制剂和其他非种植业代谢物（包括农膜等农用辅助消耗品）参与农业生产为环境带来了巨大的危害。我国2011年化肥使用量已经超过5460万吨，而这些释放在环境中的化肥，通常真正被植物吸收、能发挥作用的不超过30%，其余的约3000万吨都会滞留在土壤和空气环境中；我国农业每年的农药使用量超过120万吨，单位面积农药使用量超过世界平均水平2倍以上，除大约10%会吸附在植物体表以外，绝大部分都进入土壤参与到水体的循环过程中；而农用膜作为一种参与农业生产的主要耗材，更是无法在使用后实现有效降解，直接给环境带来白色污染。

2. 农副业生产污染。农副业生产污染相对于种植业生产污染比较直观，主要集中在禽畜养殖业产生的粪便废物方面。养殖所产生的大量废物单纯交由自然环境处理，其降解速度远不能满足预期。这些农副业污染物很容易对水体和空气产生影响，更严重的是会直接滋生细菌，进一步危害群众健康。

3. 生活垃圾以及工业污染。农村垃圾日渐向“毒害化”发展。随着农民生活水平的提高，农民的生活垃圾已由过去的一些易腐烂的菜叶瓜皮，成了现在的塑料袋、农药瓶、废电池、橡胶、玻璃等，这些垃圾通常直接丢弃暴露于环境之中，极易造成对土壤以及水体的二次污染。此外，城市的溢出效应不仅使越来越多的城市垃圾向农村转移，而且很多工矿企业建厂或迁移也瞄准农村，这虽然给农村经济发展带来一定的推进作用，但也直接给农村环境带来不同程度的污染，加之农村地处偏远、监管手段不力等因素影响，这种污染呈现出更为直接的环境破坏性。

为此，我建议：

1. 加大经济投入。

政府在安排国民经济预算时，要加大对农村环境保护的投资力度，并采取一定的倾斜政策和灵活措施，在资金上支持农村生态环境保护的有关管理、监测、科研机构建设；通过对污染大户缴纳税金、罚款，社会捐助，民间集资，企业投资等进行多元化筹资，并且要确保这些环保资金专款专用，确保环保资金足额到位。同时，疏通渠道，提高农村环保资金的利用效率。

2. 落实农村环境政策制度。

中央财政从2008年起设立农村环境保护专项资金，财政部、环境保护部印发《中央农村环境保护专项资金管理暂行办法》和《中央农村环境保护专项资金环境综合整治项目管理暂行办法》，借以保障农村环境保护资金来源，并且也有诸如《生活垃圾处理技术指导》、《畜禽养殖业污染防治技术政策》、《农村生活污染防治技术政策》等相应条文法规出台，仍难阻止农村环境的恶化。说明相关的政策制度需要进一步落实到位，而无论是对于资金政策还是技术或者直接的管理政策，想要落实到位都需要自上而下所有牵涉的部门统一采取行动，并且注意在深入农村的过程中采取农民及农村工作者能够理解的方式展开落实行动。

3. 加强宣传工作。

宣传是改善农村环境至关重要的一个环节。必须重视两点：一是对现行技术正确使用的宣传。目前农业生产过程中涉及的科技成分增加，让很多农民在实际操作过程中难以透彻理解。例如我国农药使用量超过世界平均用量这一问题，就是我国农民没有能够准确理解农药的使用方法，从而造成农药的浪费和环境污染双重问题。二是必须要让广大农民了解到环境保护的意义和责任，只有如此，才会调动每一个人的积极性去维护环境，才能在农村环境保护工作上取得理想的效果。

2014年

关于进一步加强生态文明建设的建议

生态文明是人与自然和谐共生的社会文明状态。早在1992年，联合国环境与发展大会通过的《21世纪议程》中便提出“可持续发展”，即“既满足当代人的需要，又对后代人满足其需要的能力不构成危害的发展”的环境理念。在我国，党的十七大报告中将“建设生态文明”作为全面建设小康社会的新要求，将“建设生态文明”上升为新时期我国国家建设的重要治国理念和治国战略。在党的十八大报告中，则将生态文明建设放在了突出的位置，把生态文明建设纳入“五位一体”的总体布局。

在加强生态文明建设方面，我国已经取得了长足的发展。仅以节能减排为例，“十一五”期间各项工程和措施实际完成化学需氧量（简称COD）削减694万吨，二氧化硫削减1044万吨。但是，在建设美丽中国的道路上，还有重重障碍亟待我们去克服。为此，我建议：

1. 实现社会普遍生活价值理念的生态化，树立生态世界观和生态整体主义思想。价值观是指导人类实践行为的中枢神经，改变人类对待自然的实践方式和长期形成的传统生活方式，必须从价值观念着手，将人类个体主义价值观转变为生态整体主义价值观，使“可持续发展”真正深入人心。各级政府应当利用电视、广播、报纸等多种媒介在公众中，特别是在各级领导干部中开展生态文明建设的宣传和教育活动，力争达到认识到位，促使规划到位、行动到位。

2. 加强生态文明建设法制化、制度化。首先，完善法律体系，依法促进生态文明。目前，我国已相继颁布了《环保法》、《森林法》、《水土保持法》等一系列规范性法律。随着社会发展，我们可以审时度势地清理和修订不符合生态文明建设的政策法规，强化环境保护与生态建设的法制监督，对严重违反环境保护、自然资源和生态文明建设的人和事，依法进行严肃处理，实现依法保护生态环境。其次，深化环境保护政策，实现生态文明建设制度化。加强生态文明建设必须依靠国家制度的有力保障。各级政府应当加强生态文明建设的政策引导，将生态文明重大工程和重点项目优先列入发展目标，把资源消耗、环境损害、生态效益纳入经济社会发展评价体系，建立体现生态文明要求的目标体系、考核办法、奖惩机制。最后，加大资金投入，充分保障环境保护项目建设。“十一五”期间，中央财政环保累计投入超过1666.53亿元，是“十五”投资的近3倍，全社会环保投资超过两万亿元。政府的大力支持和资金投入为完成“十一五”期间节能减排目标奠定了扎实的基础。未来，应继续加大环保资金投入，保证环保项目建设。

3. 实现休闲娱乐方式的生态化，打造一种既满足自身需要又不损害生存环境的当代绿色生态休闲模式。随着经济的不断发展，人类在获取物质财富的同时也渴望在精神方面得到满足。在实现精神享受的众多实践活动中，旅游已经成为当今社会重要的休闲娱乐活动之一。为了获得巨大的旅游市场，很多地方都不遗余力地开发旅游资源发展旅游产业。在人们对自然景观游览的追捧下，一些拥有丰富生态旅游资源的地区以消耗不可再生的生态环境为代价换取旅游收入，殊不知这一代价将是惨重的。旅游设施的过度建设占用了大量的土地资源，游客的大规模涌入带来了大量的生活垃圾，超出环境承受能力的旅游使昔日的生态系统遭受了致命的打击。各地政府应及时出台相关政策措施，以求进一步优化旅游发展方式和开发模式。控制开发强度，调整空间结构，以高效集约的方式利用自然资源，为自然留下更多修复空间，才能真正实现亲近自然、回归自然。

4. 实现消费方式的生态化，倡导“绿色消费”和“适度消费”。消费品是人类消费活动中的消费对象，消费产品是否是“绿色产品”是判断消费行为是否是“绿色消费”的首要条件。目前被大量消费的能源、金属、一次性物品和包装、高脂饮食以及商品的过度包装都只有付出巨大的环境代价才能被供给。坚持发展循环经济，促进生产、流通、消费过程的减量化、再利用、资源化才是保持自然永续发展的明智之选。这更需要加强生态文明宣传教育，出台相应鼓励政策，增强全民节约意识、环保意识、生态意识，形成合理消费的社会风尚，营造爱护生态环境的良好风气。

5. 实现生产方式的生态化，将保护生态环境的理念融入工作选择与劳动方式之中。抛弃高消耗、高污染的生产方式，减少对工具的过分依赖，适度地使用机器都是生产方式生态化的具体呈现。调整产业结构，提高产业集中度，实现产业结构与工业减污增效互动格局将为生态文明建设探索出新的发展方向。

2015年

“努力建设美丽中国”

——关于加速推进城市生活垃圾分类的建议

十八大报告提出“坚持走中国特色新型城镇化道路”和“建设生态文明，是关系人民福祉、关乎民族未来的长远大计。努力建设美丽中国，实现中华民族永续发展”的总要求。近10年来，我国城镇化进程明显加快，城镇化率约以每年1%的速度提高，2011年已超过50%，专家预计，2020年将超过60%。我国现有城市数量800多个，小城镇2万余个，2010年第六次全国人口普查数据城镇人口比重为49.68%，2011年末城镇居民的比例已超过农村居民。而目前我国城市垃圾人均年产量达到440公斤，全国城市生活垃圾年产量近4亿吨，居世界第一，而且每年以8%至10%的速度增长，垃圾的历年堆存量达到60多亿吨，全国有200多座城市陷入垃圾的包围之中，垃圾堆存侵占的土地面积多达75万亩。

而分类收集是城市生活垃圾处理体系中的一个关键环节，是城市生活垃圾处理发展过程中的一个重要步骤，可有效实现废弃物的重新利用和最大程度的废品回收，为卫生填埋、堆肥、焚烧发电、资源综合利用等先进的垃圾处理方式的应用奠定基础，为垃圾处理实现减量化、资源化、无害化目标创造良好条件。但目前我国除了上海、南京、厦门等8个实施生活垃圾分类收集（且尚处于实验阶段）的试点城市外，其他城市的生活垃圾收集方式为混合收集，大量有害物质，如干电池、废油漆、废日用化学品等未经分类直接进入城市的垃圾，增大了垃圾无害化处理的难度，造成了严重的环境污染。

目前我国城市生活垃圾分类存在的问题：

1. 领导重视不够。

各级领导往往只注重经济的发展，忽视环境保护，忽视生活垃圾的污染问题，导致垃圾处理设施建设严重滞后，城市生活垃圾无害化处理水平与城市经济发展水平严重不协调。

2. 公众参与不够。

虽然部分城市居民对分类收集的意义有所了解，但由于长期以来人们养成垃圾混装的习惯，仅靠配置一些垃圾桶、垃圾袋，或是简单的宣传教育是远远不够的。即便目前实施垃圾分类回收的试点城市，也普遍存在居民积极性不高的现象。

3. 体制和法律法规不够健全。

目前我国与垃圾处理有关的法律法规很多，如《环境保护法》、《固体废弃物污染环境防治法》、《垃圾处理产业化意见》以及《城市生活垃圾处理管理条例》、《城市生活垃圾处理收费制度》、《市容市貌管理条例》、《公共环境卫生工作条例》等。但是这些法律法规的立法原则、思想相对滞后，框框多，实质性、可操作性的内容少。相对于其他发达国家而言，我们的法律体系缺乏相应的"子法"与实施细则，使依法管理有一定困难，执行力度不够。

4. 资金不够。

用于市容环境卫生的固定资产投资在城市市政设施总投资中所占比例普遍偏低，一般为1.5%—4.5%。一般认为垃圾处理固定资产投资应占市容环境卫生固定资产投资的20%—40%。若以30%计算，则垃圾处理固定资产投资占城市市政设施总投资的0.4%—1.2%。而垃圾治理一直视为公益事业，其经费来源于政府，虽然国家财政投入逐年增长，但随着垃圾产量的增加和环保要求的提高，需政府投入越来越多的资金，这给政府财政造成的资金缺口和压力也越来越大。而公众和企业等垃圾产生者不承担任何费用。

由此，我建议：

1. 加大对城市居民垃圾分类的宣传力度。

与欧美一些国家在几十年前就开始进行垃圾分类，垃圾分类的模式在老百姓的头脑中已根深蒂固相比，我国城镇居民对垃圾分类的意识还比较淡薄，这也是阻碍垃圾分类进展的"瓶颈"。应从电视和报纸重点出击，加强各种媒体的宣传作用，利用市政府信息、广告、电视节目和网络等进行启发式宣传，设置专门栏目，让居民熟悉分类方法，同时应设置热线电话，及时为群众答疑解难，对于居民反映强烈的垃圾分类收集实施步骤及方法、环保意义做重点宣传，引导市民养成文明、健康的卫生习惯，让居民在头脑中喜欢进行垃圾分类，乐于进行垃圾分类，切实提高城市生活垃圾分类的知晓率、参与率和分类效率。

2. 严格制定垃圾分类的相关制度及法律。

除进行大力的宣传外，还应逐步建立法律条文进行实施，尽快出台《城市生活垃圾分类收集管理办法》、《城市生活垃圾分类收集实施方案》等规章制度，立法中应明确规定国家、地方、企业和个人在城市生活垃圾分类中应负的责任和应尽的义务，使分类收集工作有法可依有章可循，对违反垃圾分类制度的行为，应该有相应的惩罚措施。

3. 逐步推行垃圾收费政策。

目前我国每吨垃圾所需的处理费用约为80元，如上海市每天用于垃圾处理的费用近百万元，如此巨额的费用单靠国家和政府的投入是不够的。应逐步推出居民垃圾处理收费政策，对于垃圾清运收费及居民卫生费做出收费标准，制定收费制度。国外许多国家早已实行不同方式的城市生活垃圾处理收费制度，如美国加州1924年就开始实行城市生活垃圾处理收费制度；英国从1995年开始征收城市生活垃圾填埋税；德国规定一个四口之家平均每年缴生活垃圾处理费600—700马克，平均约占家庭收入的0.5%；新加坡居民每户每月缴纳生活垃圾处理费5—10新加坡元。制定适合我国国情的收费标准和收费制度一方面可以提高全社会对环境卫生的参与意识和责任意识，另一方面可以有力补充政府财政对于环卫资金投入的缺口。

4. 环卫部门与物资回收部门联营，争取有关部门支持。

垃圾资源化利用，不仅是环境卫生行政主管部门的事，它对物资回收部门工作的促进，对社会治安的影响，对工农业生产的发展，对环境保护的影响都是很明显的。能否取得有关部门的支持和协助，是分类收集工作能否实施和坚持下去的关键。成立多个废品回收公司模式的流动废品回收站，深入各小区，作为居民生活垃圾分类收集的补充。如能与历来从事废旧物资经营的物质回收部门联手，经营垃圾中再生资源的回收、销售和再利用等事宜，必对垃圾的分类收集、再生资源利用有很大的促进。

5. 政府应给予更多的优惠政策。

分类收集是垃圾处理系统工程中的一个重要环节。随着分类收集制度的实施、垃圾处理量的减少，应加快有机垃圾处理厂及无机垃圾分选中心的建设，保证生活垃圾分类后分别收集、运输和处理。并尽快解决可回收利用垃圾的出路问题。政府应将垃圾资源化工程中出现的废品交易及其他一切从事垃圾资源化的生产都视为社会公益项目，在用地、税收及价格等方面给予长期的优惠政策。

2015年

关于有效推进城市楼顶绿化改善空气质量的提案

楼房绿化主要为屋顶绿化，所谓屋顶绿化，就是以屋顶、墙体等建筑物外立面为依托的立体绿化，具有调节温度、吸附大气浮尘、消减城市噪音等功能。 屋顶绿化是一种脱离地气的种植技术，包括屋顶、露台、天台、阳台、墙体、地下车库顶部、立交桥等一切不与地面自然土壤相连接的各类建筑物和构筑物的三维空间屋顶绿化。屋顶绿化既能为城市增添绿意，又能够缓解城市热岛效应，降低噪音。有研究表明，屋顶绿化可以吸收空气中的污染物，减少大气浮尘，另有隔热保温的作用。

全球建筑能耗占到终端能耗的30%—40%，我国建筑相关能耗占全社会能耗的46.7%，其中，建筑能耗约为30%、建材生产过程中的能耗约为16.7%，已成为世界第二大能源消耗国，环境污染日益严重。因此，屋顶绿化越来越受到人们的青睐。建筑的屋顶绿化可以有效吸收温室气体，治理雾霾，保护防水层不受气候、紫外线以及其他损害，延长了建筑物屋顶的使用寿命，是建筑和城市实现低能耗、低污染、低排放、可持续发展的必然选择，生态效益、经济效益和社会效益显著。美国、加拿大、瑞典、韩国等经立法将屋顶绿化纳入市政建设。比如，对于屋顶绿化项目，德国政府给予50%至80%的工程款补贴，还提供无息或低息贷款；日本规定，凡是新建建筑物占地面积超过1000平方米者，屋顶必须有20%为绿色植物覆盖，如今其新建建筑的屋顶绿化率达到100%。

国内不少省市也已倡导绿化，但效果一般。经分析后，我认为要有效推进楼房屋顶绿化的建议如下：

1. 设立屋顶绿化主管部门，制定屋顶绿化的技术规范和工作规则。

屋顶绿化相关技术包括屋顶绿化建筑承重、防水和排蓄水系统、基质材料、植物种类选择、灌溉系统、植物固定技术和绿化养护管理技术等。对于屋顶绿化，很多市民对楼顶承重能力、防水问题、建设屋顶绿化的费用、日常维护等表示担忧。建议政府设立楼房绿化主管部门，制定屋顶绿化的技术规范和工作规则。标准规范的制定和实施，会促使我国屋顶绿化建设迈入一个规范化、科学化的轨道，推动屋顶绿化健康发展。

楼房绿化主管部门对新建筑的设计、施工、验收要同时审查屋顶绿化设计，验收屋顶绿化效果。对需要进行屋顶绿化的老旧建筑物，根据所处的环境及具体使用要求计算出所需要的承重，根据实际情况具体实施。监督街道社区管理屋顶绿化建设资金及其后期管理和养护投入。

2. 加大对屋顶绿化的财政投入。

屋顶绿化不但可以净化空气，还具有防暴雨和防洪管理等其他方面的作用。加大对楼房绿化的财政投入，可以带来不容小觑的生态效益、经济效益和社会效益。德国斯图加特市雨污水处理能力严重不足，而屋顶绿化可以截留部分雨水，并增加城市湿度，降低城市热岛效应，有效降低行洪压力。因此在20世纪80年代，推行了一项发展屋顶绿化而不是扩建排水系统的措施。斯图加特市1986年首次提供补贴20年来，虽然提供高达100多万欧元的费用，但达到了57703平方米私人建筑和12万平方米公共建筑的屋顶绿化；虽然开销也不低，但与投资扩建排水系统相比，所需代价要划算得多。

3. 学习并推广屋顶绿化新技术。

学习并推广国内国际新技术，2010年5月中国上海世博——世界屋顶绿化大会亚洲首次世界屋顶绿化大会，研讨了城市让生活更美好的议题，学习交流世博园区场馆立体绿化、新能源应用、节能减排的新理念、新技术。2012年10月，杭州举行的2012世界屋顶绿化大会，会议邀请300多位境外嘉宾与国内专家共同展开课题研讨，集世界各国经验，制定综合治理PM2.5的系列措施，为政府和市民提供切实可行的方案。

过去屋顶绿化阻根层、隔水层所用的材料大多从国外进口，价格昂贵，目前关键技术取得突破，只要设计得当、合理施工，屋顶绿化在技术上并不存在问题。屋顶绿化新技术已让植物可以在屋面随意摆放、移动、组合，不需要在屋顶生长；每平方米草坪的价格最低只有200多元；另外还有小型、耐旱型植物可供选择配以适当的营养基质，使后期管理更加方便。

4. 加大楼房、屋顶绿化的宣传力度，鼓励个人、单位参与城市绿化。

屋顶绿化侧重公益性，目前我国居民环保意识尚低，更多是担心屋顶绿化成本和受益分配不均的问题，需要加大对居民的环保宣传力度。应鼓励单位和个人以投资、捐资、认养等形式，参与城市、楼房、屋顶绿化的建设和养护。通过社会力量绿化城市，巩固绿化成果，培养市民的立体绿化意识，增强社会公德意识。

5. 政府部门制定屋顶绿化的法律法规并有效推进其执行，避免私自加盖违法建筑。

某些省份已经陆续出台屋顶绿化技术规范，加强政府监管下的法律法规执行是实施此项工作的有力保证。

2015年

关于将幼儿园纳入义务教育范畴的建议

问题：幼儿园变“忧儿园”

1. 民办幼儿园学费过高。

孩子幼儿园学费1300元，加上伙食费、管理费，一月将近2000元……夫妻二人都是普通上班族，这样的高额学费让人吃不消。还有个别天价幼儿园，一年学费2万多元，比上大学还贵。近年来，幼儿入园的费用不断超出老百姓的心理承受能力。出现天价幼儿园的根本原因是供需矛盾突出，幼儿园的数量、质量远远不能满足幼儿的上学需求，导致出现诸多乱象。孩子是国家的未来，学前教育的问题不容忽视。家长望子成龙，都不希望孩子输在起跑线上，但高额的学费成为家长不能承受之重，解决幼儿教育问题已刻不容缓。

2. 公办幼儿园数量少。

事实上，我国已经开始扶持发展一批公办幼儿园，以减轻市民的负担。就读公办幼儿园，每月仅需缴纳400—600元，就可以让孩子入园。不过公办幼儿园数量有限，家长拿不到公办幼儿园的位子，只能接受高价民办幼儿园或选择低价但教育质量让人忧心的幼儿园。

建议：

1. 短期解决方式：对民办幼儿园加强管理并加大投入。

目前，多数幼儿园属民办性质，其建园投入、教师工资等全部都要靠收费维持，否则根本无法运转。要改变这一状况，必须政府承担责任，在加大公办幼儿园建设的同时，逐步建立针对民办幼儿园的考评准入机制，加大投入，提高其办学条件和水平。对公立幼儿园和民办幼儿园应一视同仁，在园所等级认定、教师培训、职称评定、教育科研、表彰奖励等方面与公办幼儿园享有同等待遇。通过大力发展民办幼儿园，缓解财政投入缺口，解决“入园难、入园贵”的问题。政府的职责是确保幼儿园的教育质量，无论是公办还是民办，都应确保其办学条件、质量、水平要达标，基本满足就近入学需求。在此基础上，家长愿意多出钱上“天价幼儿园”，那就是买卖双方自愿的市场行为，而不是没得选择的结果。

2. 根本解决方式：将幼儿园纳入义务教育范畴。

幼儿园教育是儿童教育的重要组成部分。提高幼儿园教育质量，对提高一代青少年乃至全民的文化思想素质，具有极其重要的作用。现在只在城镇里有幼儿园，大多数农村幼儿没有进幼儿园的条件，而且各幼儿园的质量参差不齐，收费混乱。因此我认为应该修改义务教育法，正式将幼儿园纳入义务教育范畴。将幼儿园纳入义务教育范畴既符合执政为民、全民共享改革开放成果，提高全民文化素质的方针，也符合“实现富强、民主、文明、和谐国家”的精神。

显然，要全面实现幼儿园义务教育尚需时日。我们可以在有条件的东部地区和经济发达地区先行，后逐步推广。在经费上和师资条件上应大力向中西部地区和贫穷农村地区倾斜。逐渐实现全国义务幼儿园教育。什么时候全国农民和贫穷地区人民的孩子都能进入公办幼儿园，才算真正解决了幼儿园的问题和我国的教育问题。

2013年

关于加强农村公共文化服务体系建设的建议

农村文化建设是精神文明建设的重要组成部分，也是实现、维护和发展农民基本权利的内容之一。近些年来，各级党委、政府高度重视农村公共文化设施的建设，不断探索，积极实践，努力破解瓶颈制约，农村文化建设取得了显著成效。这对于提高农民综合素质、维护农村稳定有着重大的现实意义和深远的历史意义。但与城市公共文化服务体系相比，农村文化体系建设还存在很多问题，主要有：

1. 资金短缺。我国文化事业费占国家财政总支出的比重，多年来在0.3%—0.4%之间徘徊，而在这些资金中对农村文化投入仅占全国文化事业费的25.5%左右。其次，地方政府投资太少，农业税费改革以后，农业税取消，乡镇政府的财政收入留存有所减少，而支出责任并未相应递减。资金的困难就难以保证农村文化建设方面的资金拨付。以2008年为例，直接为7.28亿农民提供文化服务的乡镇文化站财政投入只有18.47亿元，按乡村人口计算，人均2.54元。

2. 管理混乱。在以经济建设为中心的时代下，相当多的人认为文化工作是软任务，是花钱多效益少的社会公益事业，可搞可不搞。因而农村基本上不重视文化建设。另外在文化事业管理体制上还存在多头管理、条块分割的问题，多个部门各自为政。

3. 人才匮乏。基层文化队伍整体素质也明显偏低，没有准入门槛，文化服务难以适应文化工作的需要。另外，县镇二级文化单位队伍不稳定，人才流失比较严重，很多单位需要的人才进不来，但不需要的人员又出不去，阻碍农村文化建设发展。村一级农村文化人才严重缺失，很少见到受过大学教育的专业人才。

这些问题的存在严重影响着农村公共文化服务体系的建设，更使得农村精神文明缺失，部分农村地区的赌博、地下彩票、封建迷信活动等歪风邪气抬头，严重影响了地方的治安和社会的稳定。

为此，我建议：

1. 思想上高度重视。通过电视、报纸、广播等手段宣传农村文化建设的重要性，尤其是要让基层领导重视农村的文化建设，应该将农村文化建设纳入领导干部政绩考核当中去。并且定期检查文化建设发展规划，逐步形成“政府引导群众主体，社会参与”的村级文化建设新格局。

2. 加大资金投入。政府可设立农村公共文化服务体系建设专项资金，用于购买农村公共文化产品，扶持农村精品艺术生产，培养基层文化艺术人才等。同时建议投资主体多元化，村集体、个人和民营企业等都可作为投资主体，拓宽融资渠道。政府积极支持和鼓励社会各界参与农村公共文化服务体系建设。

3. 切实解决管理问题。在大力加强公共文化服务体系建设的同时，还要不断地推进公共文化服务单位的体制机制创新，调动工作人员的积极性，学习和运用各种科学管理手段，提高各种设施的利用率和完好率，增强管理水平和服务能力，争取以小投入取得大的社会效益。

4. 加强村级文化设施建设。各地文化部门要高度重视村文化活动室建设和管理，将村文化活动室建设纳入县乡经济社会发展总规划和公共文化服务体系建设规化。建议利用村里闲置校舍和办公用房等创办“农家书屋”，让广大农民有一个理想的阅读环境。

5. 建立援助机制。推动公共文化资源配置向农村倾斜，建立城市对农村的援助机制，让城市反哺农村，进一步落实国家有关优惠政策，按中办发［2005］27号文件的规定，确保社会力量通过依法成立的非营利公益性组织和国家机关向农村文化事业的捐赠，纳入公益性捐赠范围，按税法的有关规定税前扣除。可以倡导城市向农村图书馆捐赠书籍等文化产品，让农村文化场所内容更丰富。同时也可以建立社会捐建机制，支持村级文化建设。推广政府购买、服务外包、集中配送、联网服务等新做法。

6. 开展丰富的群众文化活动。充分利用农闲时间，组织广大农民开展形式多样的花会、灯会、赛歌会、文艺会演、技能比赛等活动，丰富群众的文化生活。其次，还可以组织观看露天电影，并且定期请文化学者深入农村进行座谈，开讲座，让群众更多了解文化科普知识，免于过闲在家中打麻将、赌牌等。

7. 保护农村非物质文化遗产。很多自然村历史悠久，具有丰富的非物质文化遗产。比如在地方有秧歌、民歌等，因而要加强对农村优秀民族民间文化的系统开发和整理，着力发展农村特色文化 。

总之，加强农村公共文化服务体系建设任重而道远，同时又是一个复杂、艰难的过程，不可一蹴而就。因此，除了政府部门的支持外还需要全社会广泛参与、探讨和支持。

2013年

关于切实加强大学生礼仪教育的建议

改革开放以来，我国社会主义市场经济不断发展，社会制度不断完善，公民的素质不断提高。但现如今，高校大学生群体中存在着一些礼仪道德失范的现象。学校文明礼仪基本状况调查问卷显示（100份问卷，回收并有效的调查问卷有92份），超过38%的受访者在日常生活中经常遇到不符合文明礼仪的现象，还有超过57%的受访者在日常生活中偶尔会遇到不文明现象。而根据我们在校园内各个地方的观察也发现，我们校园内的确存在少数的不文明行为。这一高学历低素质的现象严重影响了大学生的全面发展要求及和谐社会的建设。经调研发现这一部分大学生之所以有这样无礼的表现，在礼仪方面均存在如下问题：

一是礼仪知识匮乏。学校文明礼仪基本状况调查问卷显示，有60%的人对礼仪知识不是很了解。从大学生校园行为上看，存在着不尊重师长、穿着过于异类者、语言不文明等现象；从大学生在公共场所的表现上看，社会公德意识较弱，言行举止较随意。

二是礼仪意识淡薄。如今的大学生就业压力日趋加大，高校在办学的过程中，着重培养大学生的外显技能，如计算机、外语水平，忽视了对学生的道德礼仪教育，使得一部分学生的礼仪只满足于符合校规上。

三是知行不一。理论与实践相脱节，被内化的礼仪知识很少，知之甚少何谈践行。在中国学校组织礼仪知识的学习，大多都是理论知识的讲授，并以学分考核的形式来反映教学效果。久而久之，学生们接受的礼仪知识还没来得及被内化就淡忘了。

当然，大学生中注重加强自身礼仪修养的学生还是主流。只要我们善于引导、正确施教，在礼仪道德修养和教育方面加以强化，就能够使大学生的礼仪教育进一步提高。

为此，我建议：

1. 开拓高校礼仪教育的教育模式和发展机制。（1）尊重大学生的身心特点和规律，开展有效的课程设置。要增强礼仪教育的实效性，高校就必须在开展礼仪教育之前明确教育对象的身心及思维的发展特点和规律，并根据这一特点和规律有针对性地进行循序渐进的礼仪意识灌输。（2）有针对性地拟定或选取礼仪教育的内容，并积极开拓礼仪教育实践基地。灵活运用教学手段，创新礼仪教育方法，以突出礼仪教育的实践性，提高教学的实效性。

2. 营造良好的家庭礼仪氛围。（1）弘扬家庭美德，营造和谐的家庭氛围。大学生礼仪教育要以学校教育为主，但家庭作为大学生生活的主要场所之一，也必须营造良好的礼仪氛围，使礼仪学习不间断。以时时有礼仪、处处有礼仪的氛围感染大学生的生活，以形成良好的礼仪习惯。（2）在家庭生活中培养大学生良好的道德品质和生活习惯。素质，是一种习惯，家庭中的礼仪行为会成为一种习惯意识，久而久之就会固化，成为印刻在人脑中的潜意识或行为习惯。因此，要在家庭礼仪氛围中，使大学生养成良好的礼仪道德品质和生活习惯。

3. 创造有利于大学生良好道德品质形成的社会环境。（1）充分发挥社会隐性教育功能，推动大学生礼仪修养的持续提高。社会应充分营造“有‘礼’走遍天下，无‘礼’寸步难行”的良好氛围，充分发挥社会隐性教育功能将礼仪渗透到人们的日常社会生活中。社会的活动主体如企业要主动承担社会责任，在礼仪规范的基础上建立企业文化，在招聘时把是否具有良好的礼仪修养作为入聘员工重要的标准，组织刚入职的大学毕业生进行礼仪培训等等。（2）把社会实践纳入大学生礼仪教育体系，推动礼仪教育的社会化。高校礼仪教育的规划不应仅仅体现在课堂上，而是应该落实到大学生的社会行动上，可以通过课外活动、社会实践活动等形式进行礼仪渗透和个体礼仪行为考察，并建立相应的信息统计库，查漏补缺以完善高校礼仪教育的途径，推动礼仪教育的社会化。

4. 以网络为载体，推进礼仪教育发展。网络作为一种文化传播渠道，它所覆盖的范围是广泛的。因此，如果将网络作为基本道德规范普及的阵地，其潜力是巨大的。要充分发挥网络对大学生礼仪修养的正向引导。

2013年

关于切实加强高校思想政治教育中的隐性教育的建议

自1999年以来，普通高等学校扩大招生规模，使高校全日制学生人数急剧增加。根据教育部数据显示，截至2010年底，我国普通本、专科在校生人数高达2867万人，研究生在校人数153万人。对于正在不断变化的国情和教育对象，单纯的“灌输式”教学方法已经很难满足当前的思想政治教育要求，发掘思想政治教育的新方法、新途径和新载体，以此提高高等学校思想政治教育的实效性，已经成为无法回避的现实课题。

隐性教育是指教育者按照一定的社会目的和要求，通过潜藏的教育性因素间接地对教育对象的思想和个性进行渗透性塑造。在充分肯定主流的前提下，可以发现目前隐性教育存在许多问题。具体分为以下三个方面：

1. 认识不足。目前对于隐性教育的认识停留在概念认知的层面，没有摆脱传统的教育方式，还是习惯于通过课堂教育来灌输思想政治教育知识，通过批评和禁止等手段来规范学生的行为。

2. 载体不多。很多高校的校园环境建设没有从总体上把握好，多局限于物质环境设施建设等方面，对隐性教育载体建设得少，没有突出思想政治教育性。

3. 部分教育者素养不高。目前，极少数的思想政治教育工作者思想理论素养低，缺乏职业意识和专业意识，对隐性教育缺乏研究，缺乏具体工作中的有效运用，不善于形成积极的舆论、文化氛围来对学生进行熏陶，以及不善于从学生的角度进行心理分析。

通过对部分高校隐性教育的现状进行调查分析后发现，60%左右的学生认为改善课堂学习存在的问题要提供优雅的学习环境，营造良好的校园文化氛围；半数以上的学生会受到教师的人格魅力与严谨态度的影响等。

针对目前我国高校思想政治教育中的隐性教育的现状，我建议：

1. 课程教育的渗透。课程教育，是学校教育中一种最基本最重要的形式。教师作为课堂的引导者，应充分拓展课程特有的育人功能，在传授知识的过程中加强对学生的思想政治教育，把思想政治教育内容渗透到课程教学之中，传递渗透在课程教育中符合社会要求的价值观念、社会规范、生活态度和思想信仰等，使课程教育的渗透成为隐性教育的有效途径之一。

2. 校园环境的建设。首先，要在进行校园规划的过程中综合考虑整体布局，既体现学校特色，又具有时代气息。在学生身处其中的时候，既受到优美环境的熏陶，又受到形象生动的教育。不仅把校园的物质环境作为一种具体规划，还要作为学校课程的有机组成部分来进行开发。其次，要大力加强学生文化素质的教育，开展多种积极向上的文化活动；还要加强对学生社团的指导和监督；学校同时要结合传统节庆日、重大事件等，开展特色鲜明、吸引力强的主题教育活动，形成优良的校风、教风和学风。

3. 网络文化的熏陶。高等学校应把校园网络文化建设纳入总体规划，在网上为大学生提供学习、生活、就业、心理咨询等服务。思想政治工作者应该以重大节日或重要事件为契机，在网上展开专题讨论，可以针对重大热点、难点问题进行有计划、有目的的网上引导。此外，还可以建立和应用辅导员博客，辅导员参与其中可以直接了解学生的真实想法，准确把握学生的心理状况并及时给以正确的引导。更要制定必要的网络规范，提高技术监控手段。

总之，隐性教育应结合大学生的实际需要来调动、调节和激励，将思想政治教育的要求化为大学生自己的基本素质需要，使他们产生一种对更高层次的思想政治教育目标的追求，从而由他律升华为自律，将思想政治教育内化为一种行为自觉。

2013年

关于切实加强大学生思想道德建设的建议

目前，随着科学技术的迅猛发展和经济全球化浪潮的影响，一些大学生在各种消极因素的影响和冲击下，观念上、道德上产生了错位和倾斜，大学生的道德文明出现了一系列的问题，人们不得不承受着在一定范围内“大学生道德滑坡”所引发的各种不良后果，使我们的道德建设事业面临着严峻的挑战。

一是心理素质不高。近年来，大量的研究和调查表明，当前我国大学生的心理健康状况令人担忧。华南师范大学采用大学生心理素质量表作为测量工具，在全国范围内对随机抽取的在校 5000名本科大学生进行调查，结果表明，总体而言，大学生心理素质整体状况只处于中等偏上的水平。这些情况表明，大学生确实存在一定程度的心理健康问题。因大学生的心理问题而引发的恶性事件数量也呈上升趋势，如马加爵事件、浙江金华事件等。

二是一味追求功利目标。选课不为兴趣，只为拿到高GPA；当志愿者不是出于爱心，而是想要在综合测评上多加几分；担任学生干部先看看对求职有没帮助……当前大学生功利心态愈演愈烈，《北京青年报》的一项调查显示，在回答“你最初参加社团的想法是什么”时，43.75%的大学生选择了“为了加分和各种考评”，并认为活动的精髓在于“实用价值”。而在“为什么担任学生干部”中，有53.6%的学生选择“为求职加码和加分”。这种功利主义的心态也会影响到学生的未来，使他们变得短视，流于平庸，不能保持对所在领域的强烈兴趣，也就失去了在未来担当起重要责任的能力。

三是忽视人格修养。当代大学生的道德人格状况主流是健康、乐观、积极向上的。但由于社会正处于转型时期，传统的观念受到新形势的强烈冲击，由此，大学生道德人格呈现出一系列的危机，如基本社会公德水平较低、重时尚轻传统、重个人轻社会的道德价值取向、道德认知与行为脱节等。

虽然大学生的思想道德状况主流是好的，但不可否认，在社会转型期，我国的社会价值观念、个体的自我价值选择都在相应地发生变化，这些都不可避免地影响到大学生，同时这种变化也对目前大学生的道德建设提出了新的挑战。为此，我建议：

1. 要加强大学生的社会主义荣辱观教育。学生是我们祖国的未来、民族的希望，也是国家未来的建设者和接班人。帮助他们树立正确的人生观和价值观，是加强高校道德建设的一项重要内容。学校要开展社会主义荣辱观教育，目的是使大学生的道德品格得到全面提高。

2. 要加强师德建设。大学生道德建设的发展必须依靠高校教师努力从事教育活动，因此，加强大学生的道德建设，必须以加强师德建设为龙头，确立崇高师德和树立正确的人生观与价值观，以推动高校的物质文明建设和精神文明建设的全面发展。

3. 要重视以人为本，促进大学生的全面发展。大学生道德建设是构建社会主义和谐社会的重要内容。在构建和谐社会的进程中，要求大学生道德建设要体现以人为本的科学发展；要求大学生道德建设内容体现多元化的整体发展，以促进大学生的全面发展。

4. 要营造良好的校园环境。校园环境对大学生的发展具有重要的影响。校园环境长期影响着学生的发展方向，特别是影响学生的世界观、人生观、价值观。要加强大学生的道德教育，必须充分发挥校园环境的作用，营造良好的受教育环境，坚持以人为本，引导大学生树立正确的世界观、人生观、价值观，为大学生的生活、学习创造和谐的校园环境。

2013年

关于提请关注大学生诚信教育问题的建议

党的十八大报告强调要“努力办好人民满意的教育”，“全面实施素质教育，深化教育领域综合改革，着力提高教育质量，培养学生社会责任感、创新精神、实践能力”。

诚信是一个社会赖以存在的道德基础，是做人的基本原则，也是人在活动中相互联系的道义凭借。作为高素质人才的大学生，如果这最起码的社会责任都不具备，那么就是教育的失败！这将导致道德天平严重失衡，在诚信体系基础上的社会将会变得残缺，也将由此引发更深层次的社会危机。当代大学生群体中绝大多数学生能够坚守诚信道德，把诚实守信当作人生的第一要义。但也出现了一些不容忽视的问题，大学生诚信缺失的主要表现：

1. 考试舞弊。作弊是大学生诚信危机的最简单最直接的表现。虽然高校对作弊学生的处分程度越来越严厉、考试管理办法也越来越严密，但学生作弊队伍却呈不断壮大的趋势，作弊者的心态越来越坦然，作弊工具越来越现代化，作弊方法层出不穷，涉及的考试也越来越多。去年，某高校为了解大学生作弊情况进行问卷调查，有52.4%的学生认为作弊很普遍，37.2%的学生认为作弊是取得好成绩的捷径。这在一定程度上反映了高校大学生考试作弊现象的严重性。

2. 学术研究中的诚信危机。（1）毕业论文抄袭剽窃。大多数学生撰写毕业论文时在刊物上摘抄几段或是上网下载几段搞“大拼盘”是家常事，甚至整篇文章“摘抄”也不足为奇。（2）代发论文。为了奖学金、毕业、保送等，公开发表的论文有一定优势。然而通过“版面费”发表的论文不仅对于学术水平的提高毫无裨益，还将产生学术腐败的恶性循环。

3. 经济信用问题。（1）恶意拖欠学费。一些学生故意拖欠应缴纳的各类费用，并把他们的学费用于购买高档消费品、吃喝玩乐、赌博及恋爱支出。（2）不履行助学贷款承诺。助学贷款本是由政府给予全额贴息的个人信用贷款，但是部分学生诚信缺失，不能按期还贷、还息，甚至恶意欠贷、欠息的现象屡次发生。其结果不仅影响自身信用、学校声誉，而且将直接影响其他人的贷款工作，使学校和银行处于两难的尴尬境地。

4. 求职信用缺失。（1）虚假求职。在严峻的就业形势下，部分毕业生为了获得面试机会，伪造就业材料。如伪造学习成绩、各种等级证书，虚编在校期间任职情况和社会经历等。（2）频繁违约。近些年来，由于大学生与用人单位的双向就业要求，大学生签订工作协议后的违约情况开始浮出水面，无视用人单位利益的违约现象频频发生。

5. 社会生活的信用危机。在生活中有些学生出于惰性、自私、虚荣等原因，以种种假理由欺骗父母、教师和同学。如编造理由迟到、请假、逃课；在发生矛盾、犯了错误时，编织谎话、隐瞒事实；在同学交往中不诚实，骗取别人信任，捞取好处等。在公共事务方面，如网络道德缺失，部分学生在网上充当“黑客”，发布虚假信息、编造虚假新闻、制造传播病毒，严重影响正常的网络秩序。

大学生诚信危机的原因有家庭不良教育的潜移默化影响、学校教育失衡的影响，也有社会环境的负面影响，这些负面因素不同程度地侵蚀着学生的心灵，从而导致诚信的失范。高校作为大学生的直接培养和教育机构，对诚信教育负有不可推卸的责任。

我建议：

1. 加强大学生诚信教育，帮助学生树立“人无信不立”的信用道德观念。

首先，以两课为主渠道，增加和渗透诚信教育的新内容。结合两课教育改革，一方面，要使大学生认识到，树立较高的诚信意识，这不仅是当代大学生必须具备的道德素质，也是走上社会后“以德立身”的基本要求。另一方面，也要让大学生懂得，诚信既是中华民族的传统美德，又是经济社会的道德底线。在法制社会里，诚信既是道德问题，又是法律问题，法律是一种最低的道德准则。

其次，丰富校园诚信文化活动。丰富多彩的校园文化和社会实践活动是开展诚信教育的重要载体，可将诚信教育的深刻性寓于各项活动的丰富性和新颖性之中，潜移默化地将诚信观念融入学生内心深处。如定期召开诚信评议会、讨论会，举办诚信专题讲座，进行无人监考活动，开展诚信征文或演讲赛、“个人求职不掺水”签名、“远离作弊”考风考纪教育、“诚信校园”文化节等活动。通过诚信教育实践活动，使学生逐步树立起诚信。

最后，建立诚信教育网站。利用网络媒体的力量，在校园内部建立诚信教育网站，让学生通过无记名对不诚信行为进行举报。充分利用学生勇于在网上发表自己见解和看法的特点，及时掌握学生的思想动态，有针对性地开展工作。

2. 建立健全大学生诚信档案。对大学生的诚信教育不能只停留在道德教化的教育层次上，还应当在实施教育的动态过程中，适时把握学生的诚信状态，并根据大学生的信用情况建立起大学生个人信用档案，也就是形成并完善一个有效的记录机制。内容应包括：大学生本人承诺书、学生的个人基本情况、品行说明、学习成绩、健康状况、经济状况、信用记录等。学生在拿到档案的第一时间，就要在诚信大学生承诺书上签字，树立起诚信的观念。

3. 建立切实可行的诚信评价体系。基于诚信档案，对学生诚信状况按级别科学分类，定出可操作的量化考核标准，建立诚信测评体系。在高校成立相应的大学生诚信度的评估部门，构建大学生诚信度测评体系。首先，确定诚信度测评的要素，可以把诚实、信用、正直、友善等道德品质列为测评的主要要素。其次，确定诚信度测评体系各级指标，即每一项指标定出不同级别的标准，以便参照定位。最后，选用诚信度测评的途径，可通过学生自评、同学互评、老师评议三种方式。通过运用诚信度测评体系可以考核学生过去、现在的诚信状况，并将结果记入学生个人诚信档案。

4. 完善的诚信监督和惩罚机制。高校的纪检部门建立科学完备的监督制约机制，用制度约束学生的行为，促使他们形成良好的诚信品质。每年定期检查、核实相关职能部门对学生诚信品德的评价状况，收集师生反映的情况汇报。把教育和处罚结合起来，要建立健全失信惩罚机制，针对违反信用以及欺骗、制假造假的行为，学校要制定和完善相关的条例和管理规定，要加大制度的执行力度，让那些失信的学生及时品尝失信的苦果从而遵守诚信做人的道德底线，以免将来给国家、社会、他人和自己造成更大的损失。

总之，大学生的诚信教育是一项长期、艰巨而又紧迫的任务，需要全民参与。全社会要形成统一的道德风尚，柔性的道德要与刚性的法律相结合，维护公共道德秩序，约束非诚信的行为，为学生创造良好的教育环境，形成良性教育循环的格局。

2013年

关于提请进一步加强中小学生生存教育的建议

党的十八大报告指出“加强社会建设，必须以保障和改善民生为重点”。而目前，我国每年有近2万名大中小学生非正常死亡。其中中小学生因火灾、交通、溺水、拥挤踩踏、食物中毒等安全事故死亡的，平均每天有40多人，每年还有40万—50万的孩子受到中毒、触电等意外伤害。安全事故已经成为我国学生的第一位主要死因，其比率显著高于经济发达的国家，如美国、日本。而这其中约有80%的非正常死亡和意外伤害本可以通过预防措施和应急处理避免。

可以说，这些事实与我国在对未成年人生命与安全教育上的缺失有很大关系。近年的一项学术调查显示：在我国未成年人中，仅有不到5%接受过安全自护方面的教育。新浪网上的一个调查更令人震惊：在答“是否会正确使用灭火器”题中，“会”的不到50%；问其“灾难逃生知识从什么渠道获得”，18%的人称“没有渠道”。对生死相关的知识，竟如此无知，岂不令人痛心？所以大多数人一遇到灾难便恐慌、失措，最后做出错误选择。

造成以上状况的原因，分析如下：

1. 学校方面：由于传统教育认识的偏差，我国学校教育的价值取向往往偏重于认知教育，而忽略对生命个体存在价值的关注。生存教育工作只停留在消极的保护状态：一是生存教育比较滞后，实施中往往上级部门、学校领导提一提、抓一抓，比较被动，或是亡羊补牢。而积极的防患于未然的教育偏少，针对不断出现的新问题的教育也较少。二是生存教育有效性不够，教育中往往对实践层面的操作不够重视，表现为说教较多，讲大道理较多，进行正确行为的强化练习较少，一旦事情发生，中小学生不知道如何去做。

2. 家庭方面：很多家长对孩子的生存安全教育存在着误区，虽然很关注孩子的安全，但只是告诉孩子 “听老师话”、“不要和同学打架”之类，最多是告诫孩子远离危险，至于遇到突发事件时如何提高警惕，关键时刻如何自护、自救和求救，几乎是一片空白。比如，家长往往只会教孩了不玩火，预防火灾，从不教孩子发生火灾后该如何应急、避险，而这些知识才是对生命安全最为重要的。

3. 社会方面：长期以来，我国社会对全民的生存教育存在一定程度的缺失，特别是各类媒体没有充分发挥宣传遇险自救互救知识的作用，而邻国日本的经验值得我们借鉴。为纪念关东大地震，每年9月1日被定为为“防灾日”这天，各地都要组织防灾训练，各消防单位在购物中心的广场或公园空地带领市民体验灾害来临时的情景，电视、报纸、广播、网络等媒体也经常宣传各类自救互救知识。近年来地震、洪水、台风等自然灾害在我国频繁发生，在我们为逝去的生命感到惋惜的同时，更应意识到在民众中普及生存知识已刻不容缓。

综上可见，进一步加强对我国青少年的生存教育已势在必行。而生存教育是一项整体性强、关联度高的系统工程。应以家庭教育为基础，学校教育为主干，社会教育为保障。因此，我建议：

1. 学校方面：生存教育应去形式化。联合国教科文组织已将青少年学会生存列为教育的首要目标，学校中进行自救互救培训在欧美、日韩国家都得到了积极的推行。日本是亚洲急救逃生知识普及率最高的国家，通过课堂普及是日本的成功经验之一。由于应急自救教育是青少年生存的需要，应尽早将其纳入学校的教学内容，要积极培训和引进专门的师资人才，并组织有关专家撰写专门的培训教材，从小学一年级开始贯穿整个学校教育阶段。在小学阶段进行逃生教育，在中学阶段开展自救互救教育，通过规范的授课普及急救知识和技能，使受训学生牢固掌握最起码的自救互救知识，从而提高学生在突发灾害、意外事故和危重病发生时的应急能力和应变能力，进而最大限度地降低青少年由于灾害、安全事故和急病引起的伤残率和死亡率。

2. 家庭方面：生存教育应是家庭教育的火车头。家长要摒弃谈灾晦气的旧观念旧思想，打开防灾、生存知识进入家庭的所有通道。要带头学习生存知识，明确依法教育和保护未成年孩子的责任，认清失责行为在亲情、道义和法律等方面的后果，从而自觉主动地把防灾与生存知识引入家庭，把家庭防灾措施落到实处，时时注意给孩子宣传自主自救的典型事例。

3. 社会方面：生存教育应是全民普及教育。社会要加大对急救知识的宣传。电视、广播、报纸、学校黑板报、互联网等宣传媒体是青少年用于学习科学知识、文化技术、开展娱乐活动的重要工具。如果利用电视台、电台每天几分钟时间，插播一些有故事情节的各类事故灾害的自救常识，每一个家庭的每一个人既能得到娱乐的享受，又能学到急救的常识。又如学校黑板报、墙报之类宣传媒体，学生都可能接触到，由于这些媒体布局简单、明了、醒目，容易引起学生课间观赏、学习。每隔一段时间更换一次灾害的自救常识，不经意间，这些知识就潜移默化注入学生的心田，变成了他们的一种潜能。一旦遇到灾难，就会本能地释放出来应对危害。同时，社区除了以举办讲座、宣传栏等多种形式做好急救知识的宣传外，还应该利用寒暑假把本社区的青少年甚至他们的家长组织起来，邀请老师对他们进行有关止血、包扎、伤员搬运、人工呼吸等急救技能方面的实地演练和知识教育。市区的青少年宫也可以经常性地组织生存常识培训班和生存技能知识竞赛。

2013年

关于进一步落实民办非营利性高校与公立高校平等政策的提案

改革开放以来，我国民办高等教育取得长足发展，逐渐成为中国高等教育改革与创新的引领者和践行者。中共十八届三中全会特别提出要“健全政府补贴、政府购买服务、助学贷款、基金奖励、捐资激励等制度，鼓励社会力量兴办教育”，充分表明了国家坚定不移地发展民办教育的改革决心。据2012年教育事业统计，我国现有普通民办高校706所，占全国普通高校总数的29%；在校生533万人，占全国普通高校本专科在校生总数的22%。民办高校作为非公共财政性经费举办的高等教育组织，有效地拉动了区域教育和经济社会发展，丰富了社会教育资产，扩大了教育资源供给，增加了教育选择机会，满足了人民群众多样化、特色化、选择性的教育需求，为我国高等教育快速发展做出了积极的贡献。

但是，民办高校与公立高校尚在不公平的高等教育竞争环境中共生，民办高校在法人属性、税费优惠、财政扶持、产权归属、教师保障等方面依然面临着政策和法律障碍，不同程度地束缚了民办高校持续健康发展的教育活力。尤其在民办高校教师流失问题上，由于民办高校教职工不能享受与公立高校教职工同等的社保、职称晋升、培训学习等待遇，导致民办高校成为国家行政机关、公立高校的“培训中心”，严重制约着民办高校健康持续发展。

为此，建议：

1. 建立民办教育联席会议制度，统筹推进民办教育综合改革。各级政府应建立由教育行政部门牵头，会同人力资源与社会保障、编制、发展改革、民政、财政、税务、工商等部门的民办教育联席会议制度，加强统筹协调，形成工作合力，注重顶层设计，强调系统治理，制度设计要具有综合性，政策实施要注重配套性，推进民办教育综合改革纵深化发展，共同支持民办教育发展。

2. 进一步推进民办高校分类管理制度，明晰民办非营利性高校的产权关系。推进实施民办非营利性高校和民办营利性高校的分类管理制度。应取消民办非营利性高校的民办非企业单位分类制度，赋予民办非营利性高校的公益服务事业单位法人属性，民办非营利性高校产权归属社会公益基金组织，进一步强化民办非营利性高校的社会公益性。

3. 建立民办高校和公办高校公平竞争机制。切实落实法律所规定的各项“扶持与奖励”政策。对办学绩效显著、办学特色突出、服务区域产业贡献突出的民办非营利性高校予以激励政策支持，消除一切阻碍民办高校健康发展的歧视政策，切实鼓励民间资本为繁荣我国高等教育事业做出积极贡献。

4. 加大对民办高校教师队伍建设的支持力度。各级政府加强对民办高校人才引进政策、民办高校教职工社保政策等政策支持。省级教育行政部门应对所辖民办高校的专业技术职称评定结果进行备案审核，并予以承认。

5. 加大对民办高校学科与专业建设支持力度。基于国家战略需求，在现有5家民办高校基础上，继续支持一批拥有产学研特色学科的民办高校获批专业硕士学位授权权，进一步提升我国民办高校办学层次。省级重点（特色）学科建设项目资金应对与区域战略性新兴产业方向密切相关的民办高校产学研特色学科予以重点支持。各级高等教育质量工程建设项目资金同样应该支持能够输出区域战略性新兴产业急需人才的民办高校。加大对国际“幕课”网络教学优质资源引进力度和国家视频公开课教学资源平台建设力度，尽快研究出台网络课程学习成果认证政策。

6. 优化民办高校融资制度环境。国家进一步建立健全相关法律法规，在强调加大遗产税征收力度和税额的基础上允许捐赠冠名，对任何人或组织向民办高校捐赠都可抵所得税，鼓励私人和企事业单位投资民办高校，积极引导社会捐赠资金支持民办高校发展建设。允许民办高校利用证券市场发行教育债券，并对购买民办高校发行的教育债券免税。承认并允许民办高校适度获取回报。建立健全民办高校负债融资信息披露机制和借贷信用监督机制。

2014年

关于加强和改进大学生品格教育的提案

良好品格是良好行为的前提。大学生是社会发展的希望，其品格状况直接关系到中华民族的整体素质、构建和谐社会的进程和中华民族伟大复兴等重要问题。加强大学生品格教育势在必行。随着我国经济社会不断深化转型，"复旦大学投毒案"、"药家鑫杀人案"以及学术不端行为屡见不鲜，引起国人对大学品格教育的强烈关注。

一、大学生品格教育的突出问题

1. 价值观念的偏差与社会责任品格的淡薄。据某高校调查资料显示：有12.7%的大学生认为"金钱的多少是判断人生价值的尺度"，30.6%的大学生认为"有钱是人生最大的幸福"，甚至有4.4%的学生认为"为了金钱宁可失去人的尊严"。

2. 法治观念的缺失与公德品格的下降。据一项针对11所高校1000名非法律专业大学生法律意识调查显示，只有19.77%的学生能正确理解"依法治国"的"法"，29.81%的学生能正确理解"法律至上"的含义，52.35%的学生能正确理解"法律面前人人平等"是宪法规定公民的法律地位。

3. 荣辱观的错位与诚信品格的滑坡。各类考试作弊、作业论文抄袭、学历简历造假、恶意拖欠学费、工作后助学贷款仍不返还等现象屡屡发生。

4. 道德知行观的脱节与竞争品格的畸形。道德的知行合一是评判大学生道德知行观正确与否的唯一标准。而现今部分大学生的道德知行脱节，当面对利益诱惑或前途问题时，往往背离自身的道德标准和要求，做出违背道德的行为。

二、大学生品格教育问题的主要原因

1. 品格教育的主体——大学生思想迷茫。教育畸形发展造成大学生价值观的偏离；对能力本位的错误认知导致大学生自身能力建设的缺失。

2. 品格教育的实施——学校、家庭、社会缺少合作。家庭教育不能配合学校教育；社会教育呈现无力状态；学校教育孤立无援。

三、改进大学生品格教育的建议

1. 以高校为依托，实施品格教育。

第一，高校应加强对学生的尊重和关爱。高校教师应给予学生更多的尊重和关爱，当然这种关爱不是干涉，更不是控制，而是一种理性的疏导，合理的促进。

第二，树立典型，发挥榜样力量。榜样的力量是无穷的，高校应通过树立和表彰道德楷模，让学生明白，做个道德高尚的人，和学习成绩好一样值得他人学习。值得一提的是，高校教师在课堂教学或是生活中，也应规范自身言行，努力成为学生的道德榜样。

第三，给予学生更多的话语权。高校品格教育应突破单向教育的传统模式，给予大学生更多的话语权。大学阶段是思想逐渐走向成熟的时期，过度的束缚和教化只会引起学生的反感，甚至是抗拒。在品格教育中给予学生更多的话语权，调动其主观能动性，体现其作为高校品格教育主体的意志，将更有利于品格教育的推行。

第四，积极开展道德问题的探讨。高校教师在教学中积极关注道德问题，让学生建立明确的善恶标准。高校可定期开展关于道德热点问题的座谈会、辩论赛、征文比赛等活动，进行道德问题的探讨。

2. 形成家庭、学校、社会“三位一体”品格教育合力。

第一，做好学校教育与家庭教育的结合。建立详细的学生档案；注重与家长沟通与互动；设立家长开放日；通过网络信息加强沟通和交流。

第二，做好学校教育和社会教育的结合。建立学生德育实践基地；聘请社会上不同领域的优秀者给学生做报告，开展交流；让学生走出校园，以积极的态度融入社会；利用重大节日，组织学生开展社会公益活动。

2014年

关于实行高校教师职称分类评定的提案

我国自1986年开始恢复高校教师职称评定工作至今已有20多年。这期间，教师职称论文在教师职称评定条件中，一直以绝对的硬性条件存在，其论文数量的硬性要求也有上升趋势。但目前存在的问题是育人成才的大学指导方针与现实的教师职称评定体系相背离，高校绩效评估普遍存在“重科研、轻教学”之风，在科研指标上，用垄断性的学术资源及其标准来量化所有的教师科研业绩，高校教师的职称评价体系完全采用研究院里“研究员”的学术研究评价标准，以论文的数量辅之以发表刊物的人为级别为标准，而完全与高校培养人才这一社会职能没有任何关系。当高校教师的职称评定与教书育人的使命完全无关时，必将使教师们陷于极为尴尬的两难困境：不能全身心投入教学，势必误人子弟；而全身心地投入教学，势必影响科研论文的数量和发表刊物的级别，其结果就是自己的职称永远不得提升，自己的收入和生活状况根本无法得到改善。

因此，建议实行高校教师职称分类评定，可以在高校推行职称分类评审，把教师分为教学为主、科研为主、教学科研并重三种类型，教师按照自身条件进行申报。

1. 教学为主的教师职称评定标准，应该是调查评议式的，采用专家听课，检查教案、课件，听取学生评价意见，同时考查教师的师风师德。

2. 科研为主的教师职称评定标准，应采取答辩方式，将科研成果汇总进行汇报，由相关专家进行评审。

3. 教学科研并重的教师职称评定可结合前两点综合评审，但应注意评价指标体系要适当宽松。

2016年

关于将艺术和礼仪课纳入中小学必修课的提案

教育部在《关于推进学校艺术教育发展的若干意见》（教体艺〔2014〕1号）中，明确了“确保艺术课程课时总量不低于国家课程方案规定占总课时9%的下限，鼓励有条件的学校按总课时的11%开设艺术课程，初中阶段艺术课程课时不低于教育阶段艺术总课时的20%……”然而，虽然1号文件明确了艺术课应该占据所有课程的百分比，折合下来相当于每周有二三节课，但是部分学校由于师资和观念等原因未能落实，艺术教育依然是学校教育中的薄弱环节，存在诸多困难和问题，艺术课程开课率不足、艺术师资短缺的状况没有得到根本改善，农村学校缺乏基本的艺术教育，这些问题制约了艺术教育育人功能的充分发挥；礼仪教育也存在类似情况，教学内容仅鲜少体现在思想品德课程的部分章节，教学内容不成体系、评价制度尚未建立。因此，中小学对美育及德育教育的重视程度亟待提高。

针对上述问题和原因，我建议将艺术及礼仪课纳入中小学必修课，具体建议如下：

1. 中小学应将艺术课纳入学生必修课中，小班教学，增加艺术课程课时，积极调动学生对艺术课的兴趣。

学校艺术教育是实施美育的最主要的途径和内容，能够培养学生感受美、表现美、鉴赏美、创造美的能力。应坚持以人为本，因材施教，尊重学生情志、完善学生人格的内核，要求中小学艺术课以尊重生命发展的主旨进行小班教学，将艺术课时增至1周2节以上，在必修的基础上，有条件的学校可增设兴趣班，发展学生的特长，以使学生具有美的理想、美的情操、美的品格和美的素养。引领学生树立正确的审美观念，陶冶高尚的道德情操，培养深厚的民族情感，激发想象力和创新意识，促进学生的全面发展和健康成长。

2. 教育部门组织编写并在学校设置《礼仪修养》课程，纳入学生必修课中，以提高全社会对礼仪教育的重视。

礼仪是继承和发扬中华民族文化传统的基础课，同时礼仪教育是德育的基础，是实施素质教育的重要内容，是社会精神文明教育体系不可或缺的课程。教育部门应把礼仪教育设置为一项重要的教育课程，根据各年龄段的具体情况，组织教育专家编写制定切实可行的适合各阶段学校教育专用教材，整合教师资源择优进行具体的礼仪教育再培训，在学校开设礼仪必修课程，以提高全社会对礼仪教育的重视。

3. 规范艺术及礼仪课程的考核评价方式，纳入素质教育评价考核范围。

艺术及礼仪课程的考核评价方式应与素质教育考核评价方式保持一致，即评价内容、评价方法及评价主体多元化。学业成绩、考试分数是学生评价的一个指标，但不是全部指标，学生的学习态度、方法、策略、能力、品质、心理、身体素质、道德品行都是重要的评价指标，不能单纯以分数成绩论高低、评优劣，而要采取多种方法，通过各方面指标的综合性评价进行客观公正的评价，同时，评价主体可由传统的教师评价改为由学生自评互评和家长、社会评价相结合的评价主体多元方式，并从小学开始就为学生建立起荣誉档案，奠定良好的素质教育基础，以推动人自由全面的发展，并成为升学、就业、诚信的一项素质标准。

4. 师范院校增设礼仪学科教育，培养师资队伍。

礼仪教育成为中小学必修课后，切实促进培养一批专业的礼仪教育人才成为了一项不可或缺的基础工作。专业礼仪教师资源的解决应重点依托高等学校，特别是师范院校。高校应增设礼仪学科教育，培养合格的中小学礼仪教师，及时为中小学补充专职礼仪教师，同时应重点补充农村、边远、贫困和民族地区镇（乡）中心小学等学校的礼仪教师。

5. 农村及偏远山区学校可重点开发利用网络教学来完善。

农村及偏远山区学校由于地域原因造成的教育资源不平衡及对艺术教育的认识不足，是其开展艺术及礼仪必修课的瓶颈。针对这一问题可由政府拨款进行资源补充，由教育部门督促开设网络教学，或组织东西部、城市与农村网络间校校信息及教师资源的交流与帮助，以弥补这一不足。逐步建立起一种艺术教育自觉，以推动农村及偏远山区学校艺术教育的健康发展。

2015年

关于优化高校创新平台的建议

高校创新创业平台是培养学生创新精神和实践能力的重要途径，对于促进地方经济和高校自身发展都具有重要意义。目前，我国高校毕业生面临着巨大的就业压力，大学生创业更是存在着创业率低、成功率低和技术含量低的“三低”现象。构建大学生创新创业实践平台是高校、社会、政府三方面的共同责任，应该共同优化大学生创新创业实践平台的建设。

一、现状及存在问题

1. 高校创新创业平台建设定位不科学。

有些高校的创新创业平台建设组织领导的机制不完善，政策措施支持不到位，在如何开展创业教育上还处于无机构、无场地、无资金、无规范、无制度、无办法可循的状态。还有些高校把创新创业平台建设当成是企业家速成的教育平台，开展大学生创业教育活动就是成立大大小小的“学生创业公司”，培养“学生老板”。显然，这些做法使创新创业平台建设受益面受到极大限制，无法满足我国经济发展对高素质人才的需要。

2. 对高校创新创业平台的系统性、整体性认识不足。

一是缺乏整合校外有效资源的眼界和能力，对区域内同学科、同专业的创新创业成功者熟视无睹，找不到校政企共赢的结合点和合作的路径；二是缺乏对创新创业平台建设规律的把握，往往重硬件建设轻软件提升、重数据统计轻培育过程、重视领导评价忽视市场检验。因目标不明，只是蜻蜓点水，图面上的热热闹闹，而使创新创业缺乏针对性、实用性和可持续性。

3. 对创新创业平台建设的服务滞后。

目前绝大多数的高校创新创业平台能提供的服务内容少，除了教育引导外，主要是一定时期的免费创新创业场所的提供，以及金额不一的创新创业支持基金；服务对象上局限于在校学生，甚至对刚毕业学生的刚刚有起色的创新创业项目也规定时间驱除出学校的创业园，无暇对其跟踪、关注和扶持，更不会把校外的小创新创业对象纳入平台帮扶、整合的范畴。这样，参与创新创业实践的师生举步维艰的多、收效甚微的多、半途而废的多，能修成正果的少之又少。

所以，必须在提高认识的基础上，调动各方积极性，优化创新激励机制和投融资体制，使创新创业平台建设真正成为高校可持续发展的动力源。

二、建议

1. 优化制度，营造创新创业环境。

一是优化创新激励机制。通过降低创业准入门槛，简化行政管理程序，提供创业融资和税收优惠等政策扶持；通过舆论阵地交流创新创业的思想，宣传创新创业的成果来树典型、引风气；奖励创新成果，引导创新企业建立起人力资本的产权制度，以激发创新热情。二是营造创新创业氛围。高校要主动找政府、找企业、找市场，统筹协调各方关系。建立鼓励师生创新创业政策体系，抓政策落实，在政、产、学、研合作路径上，积极探索区域与高校合作的新机制，督促建立高校与地方的会商机制、共建机制，探索高校“政、产、学、研、商”合作新模式。

2. 成立高校创新创业平台建设发展战略联盟。

此举旨在打造一个共同平台，凝聚高校和社会各界力量共同研讨和引领中国的创新创业教育，充分发挥高校的人才和智力优势，为全社会提供优质创新创业教育资源。探索我国创新创业平台建设的发展的新模式与方法，规范创新创业教育质量保障，改革创新创业人才培养体系，协同共享教育资源和创新创业支持性资源，多形式、多渠道开展有特色和富有成效的创新创业教育活动，推动促进创新创业教育发展的国际交流，推进品格塑造、能力培养、实践创新“三位一体”的培养模式，推进高层次创意、创新、创业的融合，激发和培养学生的首创精神、企业家精神和创新创业能力。

3. 构建高校创新创业平台与区域科技创新系统的有效协作机制。

高校要依据国家和区域经济社会的发展方向、产业政策，将自己高尖精的人才、技术和设备优势，主动融入区域科技创新系统，把现实生活中存在的社会管理、生产经营中的困难和问题转换为创新项目，投入资金，组建专兼职教师及学生组成的研发团队，进行课题攻关，做出创新成果。在促进高校学科发展以及相关企事业单位应用推广的创新创业中，实现高校和区域发展的共赢。

4. 充分发挥政府统筹协调的功能。

要按照“校政企通力合作、产学研紧密结合”的总体思路，组建“高校创新创业平台”协调机构，督促有关部门各司其职。将区域内大学生创业活动指数、创业活动对就业的贡献率等指标纳入政府政绩考核体系；要统筹建立教育培训、项目推荐、融资服务、孵化扶持、开业指导、跟踪评估、经营诊断、咨询辅导等“一条龙”的创新创业服务平台；要为高校创新创业平台的师资队伍、课程体系、组织机构和评估体系等提供配套支持和保障。

2016年

关于建设社区融合型大学的建议

2016年2月21日，中央公布了一份重磅文件：《关于进一步加强城市规划建设管理工作的若干意见》。《意见》提出，要加强街区的规划和建设，原则上不再建设封闭住宅小区，已建成的住宅小区和单位大院要逐步打开，实现内部道路公共化，解决交通路网布局问题，促进土地节约利用。为了解决“城市病”，国家不再允许建设封闭小区，拆除围墙。近年来，高校改革深入发展，2010年国家提出《国家中长期教育改革和发展规划纲要（2010—2020）》，明确指出要增强学校的社会服务功能，建设开放式的高校。“相比国外高校，国内高校有两道墙，一道是有形的围墙，一道是无形的墙，将学校与社会隔离了开来。”所以，高校要勇于“破墙”，拆掉横亘在大学与社会之间的藩篱。

一、分析

1. 大学的本质发展规律决定大学不应该有围墙。

现实层面，现代化大学要求自由开放，文化交流与共享，大学的发展要求其与社会高度结合，围墙通过界定包围隔离形成封闭空间，木被围成困，人被围成囚，围墙不利于大学与社会结合。理念上，围墙在中国历史上代表限制、锁闭、画地为牢、孤芳自赏的教育理念，与现代开放交流融合的时代精神格格不入。

2. 时代发展，围墙原有功能正在弱化，负面功能正在增加。

围墙保护功能未必强大，国家城市没有围墙，不能说国家城市不安全。围墙不是变形金刚，开发多少芯片，能识别好人和坏人，另外坏人是警察来抓而不是围墙去抓，校园围墙的安全，更多的是心理上的安全，而这种安全反而会使得校园疏于防护，造成更多的治安死角。因此，大学安全宁静的环境，学术研究的畅通，有序的秩序，不单单是通过围墙来实现，更多是需要大学规章制度、需要法律来确保。

3. 大学精神，通过文化来守护，而不是围墙。

斯坦福大学、耶鲁大学都没有围墙，却有着其独特的大学精神，可见，大学精神不是温室里的花朵，并不需要围墙来保护，大学精神可以独善其身兼济天下。

4. 围墙会禁锢人的思想。

美国心理学家卡特里实验表明：在现有基础上，围墙每增加5公分，学生心理抑郁程度增加8%，安全预期下降4.3%。这一研究说明围墙对人的心理有极大的束缚作用。但这个实验的围墙只是砖瓦水泥之墙，心理束缚并不能完全等同于思想的束缚。对于思想的束缚，我们更需要打破，这样才能更好地培养人的创新意识与创造力。为了更好地打破学生的心理束缚、思想束缚，请先从拆除高校的有形围墙开始。

5. 融入社会、实现资源共享的需要。

大学开放不仅是安全问题、管理问题，更是观念问题。尽管大学不是公园，但是纳税人投资建设、维护的大学并非校方的私有财产，大学校园不只是师生的大学，而是一种公共教育资源，它不仅是培养在校学生的场所，也是熏陶社会公众的地方。大学不仅要为在校师生提供教育资源，也要为社会服务。大学拆除围墙、开放校园设施，实际上也是对学校管理水平提出更高要求，在开放中，宣传自己的教育理念，提升自身形象。而大学封闭会失去很多，有损开放的大学精神，遭致民众反感，也会造成公共资源闲置浪费。大学的功能退化，大学精神窄化。

北京大学教授陈平原先生说：“理想中的大学，应该没有围墙。任何一个公民，只要有时间、有精力，听得懂相关课程，大学就应该向他们开放。这些校外生对于大学的感激之情，很可能远在正规生之上。尽管大学纪念册上没有他们的姓名，但他们在传播大学精神方面，起了很大作用。”所以，内地大学应该从谏如流，放弃唯我独尊的旧思想，拆除大学围墙，开放大学校园，留住开放的大学精神，积极融入社会，实现资源共享。

二、对策

1. 拆除有形的围墙，更好地融入社会，实现资源共享，让学生与社会上的其他人员都从中受益，达到双赢。

围墙让大学和社会脱节：围墙内外，不仅是大学和外界的隔阂，还是高校与“地方”的界标，一定程度上阻断了其他人员与高校间的有效交流，让科研成果失去了与社会更好接触的机会。学生在“围墙”内接受教育，难以更好地了解社会，不能全面了解这个时代，甚至有心理束缚、思想束缚，眼界不够开阔，实践能力、沟通能力和危机意识相对不足，独立思考能力与创新意识不强，心理成熟度低，不利于以后的发展，最终必然是影响中华民族伟大复兴的进程。同时，围墙让社会无法共享大学资源，不利于大学精神的传播，不利于文化的传播，自然也不利于全民素质的提高。

“拆除大学围墙，一‘进’一‘出’之间，对社会、对学校、对学生都有好处。”“拆墙”后市民进校，学校的资源可以得到充分利用，学生可以更好地融入社会，可以在与社会的更多接触中更好地成长。这样带来的自然是全民素质的提高，有助于社会的发展，有助于民族的复兴。

总之，拆除大学围墙的益处很多，也符合我国教育体制改革中长期规划中提出的增强学校的社会服务功能、建设开放式的高校的需要。

2. 借助多种手段保障校园安全。

许多高校把不能“拆墙”的原因归结于安全问题，从国内外众多高校的实践来看，安全问题是不难解决的。

首先，校园安全完全可以通过核心区域门禁系统、视频监控等科技手段来解决。大学拆墙后，可以采取全面开放、局部保护的方式，即绿地、停车场、图书馆、体育馆、大课教室等公共区域，面向社会开放，而宿舍、实验室、小课教室等核心区域，采用密码、学生卡等方式进行保护，可以在门口设专人看守询问。

其次，大学可聘请社会保安公司，加强校园的安全巡逻；早已广泛应用的天眼监控网络，也可以在校园里增设，加强安全监控等。

3. 拆除无形的围墙，实现教育公平。

中国的大学绝大多数都有围墙，外国的大学一般都没有围墙。拆除的围墙并不单单是拆除一个物理上的围墙、砖头的围墙。对于大学来说，更大的围墙是在课堂上，在思想上，是在于好的老师、优质的教育，在只有在好学校里的学生才能享受到的那些，这是最大的围墙。

这个传播的围墙、思想的围墙的桎梏、封锁远远比物理上的围墙大得多。在互联网时代，在在线教育快速发展的今天，在有慕课的今天，这个围墙应该拆掉，只有这样才能够把优质的教育资源向更广泛的人、学校、学生分享，真正实现教育公平。

大学之大，在于其大学精神。大学的管理态度代表着其思想态度与办学理念。大学不仅要拆除围墙，更要回应纳税人的期待，充分实现资源共享，传承大学精神。当然，我们更期待在拆除有形之墙的基础上，人的思想上的无形围墙能够更好地拆除。

2016年

关于加强我国青少年劳动教育的提案

近年来，由于种种原因，特别是在应试教育的影响下，社会、学校和家庭忽视劳动教育的现象十分普遍。一些教师和家长甚至把劳动作为一种惩戒的手段，“不听话就罚你劳动”，错误地把劳动教育当作“劳动改造”，使学生鄙视劳动，厌恶劳动。辽宁某大学近年对录取的新生调查：有60%以上的人不会自己挂蚊帐，许多大学生入学前没有亲手洗过一件衣服；某县妇联对一所重点中学高一学生调查：从没洗过衣服的占79%，不会或不敢使用电饭锅、液化气炉的占67%；某市教育学会对某小学一个班的调查：家长每天给整理书包的占59%，家长给穿衣服的占38%。由此可见，我国青少年劳动教育缺失带来的社会问题，已到了令人担忧的地步。

《国家中长期教育改革与发展规划纲要》明确指出，要“把坚持以人为本，全面实施素质教育作为新时期教育改革发展的战略主题”，并专门提出了要“加强劳动教育，培养学生热爱劳动、热爱劳动人民的情感”。

在推行素质教育的今天，劳动教育作为人全面发展的一个不可分割的部分其重要性显而易见。学校、家庭和社会教育要从为民族振兴培养合格人才的战略高度重视青少年的劳动教育，共同携手，构建学校、家庭、社会“三位一体”的劳动教育大环境，促进青少年的全面发展。为此建议如下：

1. 更新观念，走出家庭劳动教育误区。

家长是家庭教育的施教者，开展家庭劳动教育关键是家长要走出认识上的误区，树立家教新理念。要打破“以分数论英雄”、把分数作为评价孩子唯一标准的教育观，树立以孩子全面发展为本的新教育观，借鉴西方发达国家的家庭劳动教育（西方发达国家，中学生打工是普遍现象，而且都得到家长支持；在美国即使富有的家庭也让孩子分担家务或外出打杂，如替人推割草机、帮人扫落叶、铲雪等）从小培养孩子独立生活的能力，重视家庭劳动教育，努力把孩子培养成有知识、有道德、有劳动观念和劳动技能、有社会责任感的合格公民。

2. 积极探索，提高学校劳动教育水平。

应多措并举，切实提高学校劳动教育的质量和水平。一是要明确劳动教育的实施要求，可将劳动教育与研究性学习、社区服务与社会实践活动等学习领域有机整合。二是要建立一支数量够、素质高的专兼职教师队伍。三是要建立学生劳动计分考评体系：根据学生不同年龄特点，规定应参加的家务劳动和社区公益劳动的时间和应掌握的基本劳动技能，制定评分标准，由家长、学校和社区共同考核，并把其作为学校评三好学生、保送升学的条件之一。四是各级教育部门要加大对学校劳动教育经费和制度方面的支持力度，同时也要加强对学校劳动教育的专项督导，使劳动教育走上"常态化"实施的轨道。五是要重视教育科研，趋乐避苦是人的生物本能，劳动实践活动有腰酸背痛之苦，怎样让学生获得积极而非消极的体验，是必须探究解决的问题。

3. 多方努力，健全社会劳动教育载体。

一是要进一步建设青少年校外实践教育基地，积极组织开展校外劳动实践活动。20世纪90年代起，为推进素质教育，不少地方陆续建立了劳动教育中心、素质教育基地、实践教育基地等机构。这种利用社会资源或单独设置的实践基地，可有效解决困扰学校组织校外活动的场地、师资、经费和安全问题，创设了在学校、家庭所没有的各种劳动实践机会，受到了学生及家长的欢迎和肯定。二是要深化镇（街道）、村（社区）与学校的合作，增强校外实践活动的实效。建立镇（街道）、教育部门和学校、村（社区）相应的协调组织，加强合作与配合。教育部门和学校负责假期活动方案的策划设计，委派教师具体指导，镇（街道）、村（社区）负责经费筹措和活动的具体实施，辖区内的企事业单位有义务为活动提供方便和经费帮助。

4. 加强宣传，营造良好的社会舆论氛围。

加强劳动教育，需要政府、教育等有关部门及学校、家庭和社会各界做出各自的努力。其中，各类媒体在传播现代教育理念、宣传成功经验和做法、表彰先进学校和优秀教师、激励社会各界为青少年教育做好事办实事等方面有着不可替代的作用。特别是在劳动教育开展过程中，面对同一件事情，常常会有不同观念的碰撞，在探索尝试新的做法时，更难免有不完善甚至失误之处。对此，媒体如能站高望远，以理性的态度不失时机地予以引导，或者以宽容的态度予以包容，其产生的作用是其他方面无法比拟的。

2015年

关于调整税收政策促进中国慈善事业发展的提案

随着我国经济社会的持续协调发展、综合国力显著增强、社会管理体制改革逐步深入、人民生活水平及精神文明建设逐步提高，发展慈善事业已经具备了重要的经济、物质、文化和社会基础，我国慈善事业正处于一个关键发展时期。

通过中国慈善事业20年的实践表明，税收是影响社会捐赠的外在因素之一，通过改善社会外在环境和引导个人内在动机等途径，进一步激励慈善捐赠行为。在国际上，运用税收政策引导企业和个人激励慈善捐赠行为是多数国家的普遍做法。为了鼓励社会捐赠，世界各国都设计专门的优惠的税收政策，并因此获得了丰厚的回报。

目前，我国现行慈善法规体系包含了6部法律、15部行政法规以及55项部门规范性文件。《企业所得税法》及其实施条例、《个人所得税法》等都有专门条款规定公益捐赠的税收减免幅度，股权捐赠从禁止走向允许，个人捐赠抵扣程序逐步简化。这一系列的措施，对国内日常捐赠行为的普遍化、大额化产生了积极的推动作用。

但是当前我国慈善税收优惠制度上存在不足，诸如以股权为代表的非现金捐赠形式无法享受税收优惠；慈善组织无论以何种形式进行经营活动，其经营性收入都无法免税。上述制度的不足，影响了我国公益捐赠总额度的进一步提升，使公益组织的规模无法充分扩大。

为此，建议：

1. 以非货币捐赠优惠为突破健全慈善税收优惠体系。

第一，股票等非货币捐赠不再视同销售。

第二，减免股权捐赠过程中的流转税和手续费。

第三，减免自产商品捐赠过程中的流转税。

2. 对慈善组织经营性收入选择性免税。

结合我国目前的发展现状，全面禁止和全面免税都不利于慈善组织的发展，应该采取与非营利组织目的无关的经营性收入征税方法，明确界定非营利组织的目的及与其相关的经营性活动。或采取对非营利组织参与经营性活动的收入给予降低企业所得税税率的优惠，并严格限制其营利性收入不得用于利润分红等。

第一，明确区分慈善组织的经营性活动类型。

对慈善组织的收入进行选择性免税，首先要明确定义非营利组织的免税收入和非免税收入，并且将两者的区别准确无误地用法律加以规制，才能防止利用非营利组织逃避税务的行为，也会为税收征管部门的管理带来便捷。我国慈善组织管理及征税办法，也应参考外国经验，从活动的宗旨与目的、活动的形式与类型等角度，明确区分慈善组织的经营性活动范围。这样才能有所区分，更加公平、合理地对慈善组织征税。

第二，对非营利组织商业所得资金使用的限制。

为保证非营利组织的商业收入尽量用于公共目的，许多国家除了对非营利组织的收入来源加以规范，还通过立法限定组织每年最低慈善支出的比例，保证资金尽可能地用于与其宗旨相关的活动。一般来说，只有当非营利组织的商业行为基于组织的公益宗旨并将大部分利润最终用于非营利活动，其收入才可享受减免税待遇。毕竟立法允许非营利组织从事经营性活动是为了使其具备为社会提供更多福利的能力，而不是使其财源丰厚，甚至利用减免税的特权进行投资经营，使个人受益。

2014年

关于推进三保合一改革的提案

城镇职工医保、城镇居民医保及新农合“三保合一”备受社会关注。此项利国利民举措从全国范围来看，制度并轨进展仍然缓慢，亟须政府大力主导和推动。

2013年4月国务院《关于实施国务院机构改革和职能转变方案任务分工的通知》曾要求，当年6月底前完成整合三项保险的职责。两年过去了，整合进展较慢。我国基本医保制度覆盖的人口已扩展至全民，目前面临的整合难题主要是制度的相容与衔接：三大保险既有交叉又有断裂，管理部门的分散也带来了财政的重复投入和管理上的相互掣肘，存在着重复建设、信息不兼容等问题。即便同一险种各地政策、保障水平也有不同。

为此，建议各地从以下几方面予以借鉴：

1. 加快城乡统筹。

实现整合必须正视城乡间的差距，不能操之过急。城镇职工医保筹资额度较大、保障能力最强，而新农合和城镇居民医保在筹资水平、资金来源和政策待遇方面具有高度的相似性。依据现实需要，可先将此两项制度加以整合，探索城乡居民医保制度，时机成熟时再与职工医保整合为全民医保制度。目前已有多地在试点城乡整合，既利于提升效率、节约管理成本，又利于群众自主就医，提高财政资金效益。

2. 分档管理。

建立多档缴费机制，分别对应不同收入人群的经济能力。低档与新农合现行缴费水平相一致，不增加农民负担；中档与城镇居民成年人缴费水平相一致；高档个人缴费较高，参照灵活就业职工医保标准。参保人员可根据自身经济能力选择适合自己的医疗保险，在政府不增加过多投入的情况下可以给民众更多自主选择权。

对于民众而言，最希望看病就医的费用能得到合理分担，诊治方案的效果得到制度保障。“三保合一”得以推进，将实现统一管理、统一经办、机构垂直、资源共享的高效运行局面。这需要党和政府自上而下的重视与主导，尽快确定“一个部门承担”。对于先行一步的试点地区积极调研，优秀典型大力推广，早日实现全国一盘棋，早日“破冰”。相信“三保合一”这项利国利民的举措将使医保基金发挥出更大的健康保障效益，造福国家和百姓。

2015年

关于提升国家品格的提案

近年来，我国经济迅速发展，综合国力明显提高。但在国民生活质量大幅改善的同时，国民品格的培养却没有跟上经济增长的步伐。一个国家的国民品格的提升，不仅仅是道德素质的提升，也在于文化修养的提升。

现状：

1. 国民社会责任感的淡薄，社会公德意识的缺失。

当前，国民的社会责任感淡薄，社会公德意识欠缺，大到引发广泛社会反响的彭宇案、小悦悦事件、泰国白庙旅游事件，小到生活中将诚实守信、拾金不昧等行为看作是“傻帽儿”之举，将金钱崇拜、阿谀奉承看作是理所应当。凡此种种，都反映出我国公民社会公德意识的缺失。

2. 国民文化修养与社会的发展进步不相称。

中国的社会飞速发展，然而我国文化落后的状况还没有从根本上改变，尤其是我国文化对民族的凝聚力、对外的影响力还不够强，国人的文化修养也有待提高。

提升国家品格是一个伟大的工程，为此，我建议：

1. 发挥政府的主导作用，营造品格教育大环境。

提升国民品格是一项长期而紧迫的任务，必须发挥政府的主导作用。建立健全国民品格教育体系，提高公民素质，政府有关部门应该整合各类社会资源，针对社会不同的阶层建立和完善有针对性的国民品格教育实施方案和计划；组织相关研究机构不断改进和创新国民品格教育的内容、形式和方法。

2. 充分利用教育系统的优势，打好品格教育的基石。

全民品格教育的主阵地应该是学校，要充分发挥学校在全民品格教育中的主体地位，从幼儿园一直到大学，包括各类职业教育及培训学校都应该安排品格教育课程，分阶段、分年龄开设公民国民品格教育专门课程或讲座。

3. 把品格教育同法律、法规相结合，形成合力。

可以参照他国的优秀经验，制定必要的法律法规及处罚手段和措施，对不遵守社会公德的现象要进行严厉的处罚。我们还要建立和完善教育和处罚并进的长效机制，加大执法的力度，等到广大公民都适应了这种执法后、理解这种执法后，公民的思想道德素质自然而然地就会提高。

4. 树立典型，利用媒体，引导公众正确的价值观。

发挥道德风尚的引领作用，加大典范的宣传，营造舆论氛围。利用电台、电视台、报刊、网络等传媒，通过开展对各行各业爱岗敬业的典型人物的评选，媒体多制作多播出公益性质的广告，在全社会形成一种健康向上的环境。

5. 增强国民文化归属感。

利用电视、广播、网络等媒介加大传统节日（元宵节、端午节、中秋节等）和历史纪念日（烈士纪念日、国家宪法日、国家公祭日等）的宣传力度，激发人民爱国热情；加强中国传统文化的宣传力度，增强国民的文化归属感和自豪感；加强对中国文化的对外宣传，使更多人了解中国的文化。

6. 提升国民个人文化修养。

大力开展读书日、读书月活动，让阅读成为国人的生活习惯；各地免费向公众开放博物馆、美术馆、艺术馆及名人故居等文化场所，并提供免费讲解；针对不同年龄、不同文化层次举办免费文化讲堂；开展文化入社区、文化进校园等活动。

2015年

关于促进企业与公益机构在精准扶贫工作中发挥作用的提案

《中共中央国务院关于打赢脱贫攻坚战的决定》提出，确保到2020年农村贫困人口实现脱贫，是全面建成小康社会最艰巨的任务。习近平总书记精准扶贫思想是中国政府当前和今后一个时期关于贫困治理的指导性思想。

一、现状及存在的问题

1. 现行的扶贫制度设计存在缺陷，不少扶贫项目粗放“漫灌”，针对性不强，更多的是在“扶农”而不是“扶贫”。长期以来贫困居民底数不清、情况不明、针对性不强、扶贫资金和项目指向不准的问题较为突出。扶贫必须要有“精准度”，专项扶贫更要瞄准贫困居民，特别是财政专项扶贫资金务必重点用在贫困居民身上，用在正确的方向上。

2. 现在大多数地区的扶贫采取的是单向度扶贫的办法，自上而下的扶贫依托行政压力型体制，采用减贫目标责任考核的方式，扶贫的重点就是考核指标的区别性对待、软指标的选择性落实等等。这样导致部分政府部门意志社会化，政府扶贫活力不够，人治色彩浓厚，产生傲慢、偏见，甚至贪污、挪用等异化的扶贫。

3. 目前社会扶贫工作主要还是以政府发动，或者是以政府或部门为主体，真正的社会扶贫还没有充分地动员起来，还存在着动员组织不够、政策支持不足、体制机制不完善等问题。

二、建议

1. 广泛组织和动员社会力量积极参与扶贫济困。特别是整合企业、公益机构，包括民营公益机构，充分发挥社会各界力量。企业和公益机构是政府与扶贫对象之间的桥梁，能够快速集聚社会资源，实现资源链接，提升扶贫效能。

2. 充分利用企业及公益机构的社会资源。通过在贫困地区引入创业培训课程、创业导师团、创业扶持基金、商品集采联盟、电商帮扶联盟、扶贫创客学员等服务，有效地帮助贫困地区引入人才、技术、产品、资金；积极为贫困地区开展培训服务、技术服务、咨询服务、信息服务，帮助贫困地区百姓增产增收；积极推动贫困地区人力资源与市场需求的对接，帮助贫困地区通过劳务输出、劳动力转移，实现百姓的脱贫致富。可以为当地经济的发展和百姓的脱贫致富做出贡献。

3. 扶贫应重视企业和公益机构的作用。政府可与扶贫的企业及公益组织签订合作指南与工作备忘录，共建“扶贫合作中心”；保证扶贫企业及公益机构向各级政府扶贫办征询扶贫的权利，各级政府部门召开的扶贫工作会议，有其代表参加出席；在建立畅通的信息披露平台的同时，强化公众、新闻媒体的对通气会的舆论监督。

2016年

关于对创新型民营企业“精准扶持”的建议

民营经济是中国经济发展中的一个新亮点，是我国经济改革与发展的活力源。民营经济作为市域经济的支撑点和增长点，在经济发展中有着举足轻重的作用。近年来，民营企业的发展出现了制约瓶颈，为切实解决民营企业发展的困难，国家积极筹备，对民营企业在各个方面采取了相应的扶持措施。如在财政方面，缓解企业“融资难”问题：实施对小微企业贷款和担保风险补偿，支持区域性股权交易市场服务中小微企业，支持区域性股权交易市场服务中小微企业。在税收减负方面，为了让民营企业轻装上阵增强活力，一再免去民营企业的部分税收，同时简化行政审批流程，降低民营企业的政府支出等等。但是，政府在对民营企业发展的扶持过程中也存在一些客观问题，主要有以下几点：一是扶持中采取“一刀切”的方式，其扶贫政策面向所有的民营企业，平等分配资源，没有考虑民营企业的具体条件和民营企业类型，没有做到按民营企业类型分门别类地采取有针对性的扶持措施。二是民营企业在获得优惠扶持基金和财政支持时需要层层申报，操作繁杂且门槛较高，在与国营企业竞争国家优惠政策支持方面不具优势。三是传统观念较重，对民营企业的创新能力不信任，对创新型民营企业的财力、人力投入倾斜不足。

为此，提出如下建议：对民营企业的扶持，不应该平均分配资源，不搞传统的申报制度，像与民生、国防、战略性科技、现代服务业等密切相关的项目，国家应加大支持力度，其他的则去走市场，由社会资金去扶持。特别是对于战略性科技创新型民营企业，政府应该给予政策上的护航。具体措施如下：

1. 政府需要转变观念，对于民营企业的扶持不能简单地采取“一刀切”的措施，应优化资源配置，向涉及民生、国防、战略性高科技产业以及现代服务业和公益性民营企业倾斜资源配置。政府应优先向上述民营企业实现资金的支持。而对于其他领域的民营企业鼓励其自源性融资，企业自食其力，在迫切时再考虑借外债，还可以考虑社会融资，实现民间资本投入，通过市场自身的调节实现多元融资渠道。另外，在税收方面，政府对创新型企业特别是具有创新创业型和涉及民生型的民营企业的税收减幅力度应比普通的民营企业幅度要大，促进企业持续深化发展。

2. 创新型企业，特别是战略性科技创新型民营企业在申报国家专项扶持时，取消传统申报制度，简化申报手续。针对现有的民营企业，各级地方政府应认真调研，建立民营企业数据库，对民营企业的类型、融资渠道、发展状况等信息在数据库内录入信息并且实时跟踪，对于创新型民营企业国家应给予定位指导，跟踪企业的运行规模和速度，通过远程数据对企业员工进行培训，必要时针对企业发展的“疑难杂症”派专家组进入现场指导，实现“一对一”的精准帮扶。

3. 在政府系列较高权限和层次上成立或指定创新型民营企业专管机构，协调中央银行、国务院科技部等相关部委、地方政府对口部门的创新型企业扶持政策业务，创建创新型企业财政基金、政策性银行和信用担保机构，选出技术指导、技术审核机构、相关研究机构和创新型企业评价机构，支持民间建立创新型企业发展基金和创新型中小企业协会，形成并完善支持创新型企业政策的主体系统。

4. 建立创新型民营企业信誉评级档案制度，建立全国集中统一的金融信用信息基础数据库，积极推进创新型民营企业信誉评级档案系统建设。民营企业推动信用信息公开，开展行业信用评价，实施信用分类监管；探索建立综合性信用信息共享平台，促进创新型民营企业信用信息整合应用。信誉档案是企业信用状况的积累，信誉好，经营状况就好，经济效益就好。建立信誉档案，政府通过信誉档案平台清晰了解创新型民营企业的具体状况，为有效的“精准扶持”提供可靠的参考支持。

5. 对创新型民营企业实施国家高层次人才特殊支持计划，通过面向国内遴选自然科学、工程技术和哲学社会科学领域的杰出人才、领军人才和青年拔尖人才，给予创性型企业特殊人才支持。费用由政府和企业共同承担，切实解决创新型民营企业高尖端人才短缺的短板问题。

2016年

媒体报道

政协委员何伟建议加速发展老龄化产业

徐志强

随着我国社会经济迅速发展，人民生活水平普遍提高，医疗条件明显改善，生育率和死亡率迅速下降，使我国人口年龄结构发生了急剧的变化。老年人口在总人口中比例不断上升，人口迅速走向老龄化。

据2000年我国第五次人口普查的结果显示，65岁及以上人口为8811万人，占总人口的6.96%，60岁及以上人口数量已达1.3亿，约占总人口的10%，这标志着我国在新世纪一开始，就已进入了老龄化社会，成为老年型国家。

随着我国老龄人口的迅速膨胀以及社会化和市场化的不断发展，老年人的消费需求也在不断增长，2005年我国老年人的消费需求总量约6000亿元，2010年（今年）可达1万亿元以上。另有资料显示，50年内，我国老龄市场将达到5万亿元。这预示着我国老龄人口需求，无论是在规模、结构方面，还是在数量、质量方面，都会为我国老龄产业提供极其广阔的发展空间。

大力发展老龄产业不仅有利于老龄问题的妥善解决，更有利于经济发展和社会稳定。因此，全国政协委员沈阳何氏眼科医院院长何伟提出如下建议：

1. 政府应尽快制定和完善扶持老龄产业发展的法律法规和优惠政策 。

从国际经验看，老龄产业的兴起和发展，无论是发展中国家还是发达国家，政府都起着扶持、指导、催化作用。政府有关部门应尽快制定相关的法律文件，为集体、个人以及港、澳、台地区和国外组织及个人在我国国内兴办养老服务机构提供政策依据，也使负责这项工作的老龄或民政部门有章可循，便于操作。同时，政府有必要在老龄产业发展初期，根据老年人需求的成熟状况和老龄产业领域的发展特点，将老龄产业的发展加以正确定位，分阶段适时出台促进老龄产业发展的优惠政策，充分利用现有的社会资源，多层次、多渠道筹集发展老龄产业的资金，努力提高资金利用率，鼓励更多的企业参与市场竞争，充分调动民营资本投向老龄产业的积极性，使得老年人的大部分需求尽可能通过市场机制加以解决。

2. 完善养老保障制度，提高老龄人口的购买力 。

提高老年人购买力水平的一个根本举措就是要加快老年社会保障体系建设的进程，保证并提高老年人收入保障水平，推行社会养老保险；加大对老年医疗保障制度的改革，发展商业医疗保险，把商业医疗保险定位为对基本医疗保险的一种重要补充，多元化运作医疗保险基金，发展基层社区医疗机构；加快经济发展，协调好代际之间的分配关系，促进尊老敬老的精神文明建设，保证老年人尤其是农村老年人得到合理的经济赡养，解除老年人消费的后顾之忧。

3. 老龄产业和老年服务机构要提供合适产品和专业化服务 。

老年人是一个特殊的社会群体，由于受老年身体条件、心理状态的影响和制约，他们在观念、起居、衣着、旅游、医疗保健、文化娱乐等方面都有自身的特点。老年用品生产企业应认真搞好市场调查，摸清老年人口规模、老年人口结构、老年人口的收入水平、老年人口的特殊消费需求对市场结构的影响，以及老年人的消费心理和消费特征，增强预见性，使老年产品的开发符合老年人的实际需要。同时大力发展老年服务产业，尤其是老年护理产业，满足高龄老人对医疗保健需要和服务性消费的需求。

4. 引导老年人转变消费观念，树立新的消费观 。

老年人消费观念更新与否，也关系到老龄产业是否能够持续发展。要促进老年人消费观念转变，必须让老年人意识到改善生活质量、提高生活水平、适度消费是必要的。不仅要通过各种媒体扩大老龄产品和服务的宣传范围，更要加大宣传力度，加强消费教育，使老年人敢于消费、善于消费、乐于消费。第一，加强基础教育。提高老年人自身文化水平，如开办老年大学等。第二，加强法制宣传教育。帮助老年人明确《中华人民共和国老年人权益保障法》、

《消费者权益保护法》等法律规定的权利与义务，增强维权意识，保障老年人在消费过程中自身权益不受侵犯。第三，通过多种形式，向老年人普及消费知识，帮助老年人科学消费。

（原载于中广网2010年03月09日）

医疗投入要从治大病转向防病

李子平

建议医改要加大预防和教育投入

记　者：基层医疗改革当前重点需要做些什么？

何　伟：是精准扶贫工作中很重要的一环——医疗扶贫。

医改改什么？我觉得核心就是弄清楚医疗为什么人服务的问题。当前最大的问题之一就是贫困地区、贫困人群尤其是边远地区的医疗问题。这些人群人口数量庞大，缺医少药，医疗知识匮乏，基本做不到没病防病、有病早治。

比如白内障是很易发现的病，如果早期发现早期治疗的话，并不需要花太多费用，但越是落后地区的百姓越缺乏眼科知识，往往错过了最佳治疗期，等眼病很重了，又发现治疗费很高，又治不起了。

在某地有个年近70岁的老人得白内障多年，因为眼睛不好不能下地干活儿了，去年又摔伤了腿，一下子加重了家里的负担。去年在何氏眼科接受了免费白内障手术后，视力恢复了，今年初，老两口养了几头牛。

医疗问题的解决，是扶贫成功的基础之一，医改如果不能解决农村贫困人口和城市低收入群体的就医问题，是不可能成功的。

记　者：那该如何解决这个问题？

何　伟：解决贫困人口医疗问题最关键的是什么，我认为首先要解决患者自身的问题，那就是没病要防病，做到不得病或者得轻微病；其次就是早发现早治疗，这对于保证患者生活质量、提高就业能力、减少医疗费用支出都是有好处的。所以对于公众的医疗教育问题是急需解决的，也是成本最低的！

第二个就是有病早发现的问题。比如我们对新农合进行大数据分析和观察，钱都花在哪里了值得关注和思考——有多少钱用于预防知识普及，用于早期检查和治疗？

现在低收入患者的就医习惯，是没病不防，小病挺着，结果最后病情恶化，钱都花在最后的治大病上，这是不科学的，也是迫切需要解决的。

根据世界卫生组织的定义，一个家庭在扣除基本生活费后，医疗支出超过剩余收入的40%，就属于“家庭灾难性医疗支出”。根据测算，我国的“家庭灾难性医疗支出”，大体上相当于城镇居民年人均可支配收入、农民年人均纯收入的水平。

所以我建议，国家对于新农合资金的使用要有导向性的安排。资金中的20%，应该前移，用于公众教育与早期预防、筛查。这些东西最容易，做个血糖没几个钱，量个血压没几个钱，还比如乳腺癌的筛查，很简单就可以做出来。但我们往往忽视，没有去做这些东西。

记　者：那么谁来做这些事情呢？

何　伟：这就是下一个我要说的乡医村医问题。对于他们的培训认证急需要做，这些人是保证早发现早治疗的根本。

根据我们做的调查，现在乡医村医绝大多数是没有工资保障的，有时还要下乡务农，这怎么保证医疗质量？

这就是为什么何氏眼科20年来一直坚持做三件事：一是预防为目的的公益筛查，二是免费医疗，三是免费培训村医。就是要通过筛查，让患者早发现早治疗，减少就医成本；通过培训村医，为农村留下一支不走的筛查队，提高乡村医院的预防能力；通过免费医疗让看不起病的患者也能获得光明，以帮助他们通过自己的劳动脱贫。

建议将眼保健纳入公共卫生体系

本次两会，何伟还提出“创建视觉中国”的建议。何伟提供的最新统计数据是，目前我国视疲劳人数达1.5亿之多。可以说，视力低下已经成为影响我国国民身体素质的一大健康杀手。

由此，何伟建议，尽快组织专家制定面向全民的眼保健标准，并尽快推广，将眼保健纳入公共卫生体系。

建议优化高校创新平台

何伟表示，高校创新创业平台是培养学生创新精神和实践能力的重要途径，对于促进地方经济和高校自身发展都具有重要意义。

对此何伟建议：

1. 优化制度，营造创新创业环境。
2. 成立高校创新创业平台建设发展战略联盟。
3. 构建高校创新创业平台与区域科技创新系统的有效协作机制。
4. 充分发挥政府统筹协调的功能。

（原载于《华商晨报》2016年3月7日）

建立个人医保信贷系统

关艳玲　赵　静

“看病前贷款，看病后报销，花明天的钱治今天的病的新模式，可以弥补我国目前医保制度的不足。”在全国政协十二届三次会议期间，在辽全国政协委员何伟提出，应建立以银行联合保险模式为主、银行联合医院模式为辅的个人医保信贷系统。

“看病难、看病贵”问题一直是我国突出的民生问题。近几年，政府财政投入及医保资金不断增加解决了部分医疗费用，但社会医疗统筹基金对参加医保人员的保障是“保而不包”，住院费用和大病医疗的自付比例和金额仍相对比较高。尤其是重大疾病的高医疗费用，迫切需要依靠贷款来解决。

“一方面个人医疗资金需求强烈，社会医疗保险不能完全满足居民看病花费；另一方面个人医疗消费贷款开办举步维艰，无法提供个人医疗资金供给。”何伟建议结合我国国情，采取以银行联合保险模式为主、以银行联合医院模式为辅的方式，建立个人医保信贷系统。

何伟介绍，银行联合保险模式是将保险机制引入金融机构，让保险行业分摊医疗贷款的风险。患者以固定资产或担保人的担保向保险公司投保，保险公司对投保人进行评估后给投保人开具保单，投保者以其保单为抵押向银行申请医疗贷款。银行联合医院模式是医院界定出可以进行分期付款的病种和所需费用，患者或其家属向医院提出分期付款的申请，医院审核后开具证明，银行则根据医院开具的证明向患者或其家属提供分期付款服务。这两种模式应相辅相成。

“建立个人医保信贷系统，还需要政府的扶持。”何伟认为，政府对于积极开展个人医保信贷服务的银行应提供支持，对于银行实施个人医疗信用贷款获得的收益减税甚至免税。

（原载于《辽宁日报》2015年03月10日）

“互联网+医疗”助力精准扶贫

主持人：各位网友大家好！欢迎收看新华网2016全国两会特别访谈。这一时段邀请到的嘉宾是十二届全国政协委员、中组部“千人计划”专家、辽宁何氏医学院院长、何氏眼科医院的院长何伟。您好，何教授。

何　伟：主持人好。

主持人：听说您的提案是《关于互联网+医疗助力精准扶贫的建议》，互联网医疗对精准扶贫有何意义？互联网+医疗如何具体帮助精准扶贫？

何　伟：互联网正在飞速进入各个发展领域，医疗也不例外，我们把互联网用在了精准医疗扶贫领域。中国的贫困人口中，有很多是因病致贫或者因病返贫。互联网对于解决医疗贫困问题会起到非常重要的作用。从精准扶贫的角度来说，利用互联网可以最准确地找到真正需要帮助的医疗救助人群。因为它可以把患者所在的城市、社区、家庭，以及家庭人口、平均收入、疾病种类、看病所需花费、疗效，如果采用互联网技术可以把成本降低不少，这些数据全部结合在一起。这对于广大农村患者显得更有意义。

除了当地缺医少药以外，他们到城市来的交通、住宿、吃饭等费用都需要额外支出，还没看病之前就有这么多成本。精准医疗将来可以延伸到身体恢复以后如何重新走上致富的道路，这些都能做到心中有数。

辽宁省委、省政府负责的贫困区县目前开展了大数据指导的精准扶贫项目，在辽宁西部最贫困的建昌县开展了以眼科治盲、恢复光明为特色的精准扶贫试点项目。正像刚刚所说，通过与基层医院的乡医、村医联动的方式，把失明患者的情况全部输入大数据库。在去当地检查疾病以前，已经知道他是失明患者，知道他的家庭情况、生活状况、是否属于贫困范围，可以预知治疗以后视力恢复到什么程度、恢复视力以后是否还可以从事农业劳动，重新走上致富之路。

我记得上个月在建昌县看望了两位老人。老爷爷因为看不见摔倒在地上，腿摔坏了，拄着双拐，他的老伴也看不见。去年我们给他们做了手术，两位老人都恢复了视力，也恢复了劳动力。我问他们，你们现在能看见了，现在想做点什么。他们说县委有一个措施，让他们养牛，他们从今年开始养牛，可以开始致富了。

互联网医疗可以给政府、患者和原来传统的就医模式带来巨大的改变。从患者的角度来说，应用互联网，对患者进行公共卫生教育、预防教育。用互联网发现早期疾病，及时劝诱病人进行治疗。大城市的医生不用到村里、乡里，就可以将病人的情况传输到移动终端，了解病情，设计治疗方案。比如常见的糖尿病，早期是不需要到城市里治疗的，通过验血糖就可以很快发现。通过互联网传递信息后，就可以告诉这个患者怎么治疗。原来患者必须到省城才能看到更专业的医生，现在乡医、村医把他的症状传输到互联网上，进行远程诊断。尤其是眼睛，提供眼底照片，就可以了解这个人的疾病。

用大数据和人工智能，政府可以了解一个县有多少贫困人口，其中有多少是由于医疗费用过高而返贫、致贫。有了大数据的帮助，特别是医改不断深入，基本的病症直接在当地治疗，可以节省多少成本。所有的事情就变成思想库，变成大数据库，可以评估医改进程发生变化所带来的好处。除了从服务的角度评估，还应该从社会经济学、医疗经济学的角度进行评估。通过几个县的数据，可以分析医疗服务的现状、改革的方向、百姓的需求，也可以管理预算情况。用互联网进行精准医疗，是非常经济有效、可追踪、可评估，最后产生思想的方法。我对用大数据的手段进行精准扶贫充满了信心，也是非常支持的。

主持人：您刚刚谈到“互联网+医疗”改变了就医模式，比如现在的网上挂号、远程医疗。您认为“互联网+医疗”的发展重点在哪儿？医疗的哪个领域跟互联网相结合会发展得更好？

何　伟：互联网进入医疗领域，并且不断深入，这是一个大趋势，没有什么可以阻碍。互联网最大的空间还是对慢病、生活习惯病的防治。利用互联网和大数据可以知道这些生活习惯病发生的原因，比如糖尿病。以前没有这么多的糖尿病，什么原因得的糖尿病？糖尿病有遗传因素。现在精准医疗可以进行基因诊断，未来基因组测序的成本也将大大降低。在生活层面，饮食、运动、睡眠、精神压力等状况都是可以量化的。

这种生活习惯和环境改变的因素与基因和遗传数据结合在一起，就会产生新的数据。这些新的数据再结合其他的疾病，比如有没有脂肪肝、有没有感染性疾病、有没有免疫性疾病等，把这些综合在一起，我们会发现前所未有的数据，它们生成的是知识创造的价值，是原来没有过的，这跟过去通过抽样样本推算的数据是不同的。它最大的应用价值是通过对个体的全面数据收集，最后上升到大量数据基础上的统计分析，会出现我们原来从来没有发现的事情。比如近视眼，大家觉得近视眼是遗传因素，但你会发现父母没有近视眼，儿女还是会得近视眼。

主持人：现在近视眼的比例非常高，而且两三岁的小孩子也有。

何　伟：父母都有近视眼，孩子也可能没有近视眼。通过统计结果发现，这跟孩子的户外活动时间和运动有关。坚持运动的孩子和不坚持户外运动的孩子相比，近视眼的发病率和进展程度相差5倍。这就是需要大数据分析发现的。比如糖尿病，吃同样多的脂肪，少运动的人得糖尿病的几率会提高。都有遗传因素的人，有的人由于后期干预，比如比较注意作息规律、吃很多的蔬菜水果、经常运动、没有精神压力，这样的人很可能就不得糖尿病。这样大数据和互联网精准医疗就变得有用。比如同样一个药物，对你好用，对我就没用，查基因组会发现我们的基因排序不同。随着大数据的累积和基于大数据的计算，将来这些机理会更清楚。

主持人：这就是科技改变生活，科技改变着世界。近两年，互联网医疗行业呈现爆发式增长，有大量资金涌入，还有大型互联网公司的进入，更加剧了“互联网+医疗”的热度。与此同时，一些问题也逐渐暴露，比如出现大量的同质化产品和服务、缺乏行业标准和监管，您觉得应该如何解决这些问题?

何　伟：互联网进入医疗领域的大趋势是不变的。大量社会资本进入“互联网+医疗”领域，我非常赞同，但战略不同。我非常赞同他们进入的胆识，但这需要非常重要的战略设计。战略规划错了，就全都错了。打个比方，现在所谓的同质化的挂号系统、找医生系统，大家的基本逻辑是错的。

第一，“互联网+医疗”，怎么加？当大家提出互联网公司、互联网业务的时候，“互联网+”是对的。但传统的服务业一定是“+互联网”，是“医学+互联网”。比如互联网最终的人工智能，手术机器人将取代人，这是未来发展趋势，我相信有一天在相当的程度上将会取代人。

但是，当今的互联网公司烧的这些钱，如果只做“互联网+”，而不做“+互联网”，会继续赔下去。因为互联网机器人达不到看病的程度，这就是逻辑。像我们做白内障手术，在未来5到10年，我还看不到手术机器人能够取代人的手术。

什么是理性的呢？首先是“医疗+互联网”。在传统的医疗模式上，利用互联网的手段。比如在生活习惯、环境信息、培训领域、虚拟的手术训练方面，都是靠谱的。比如原来我们做颅脑的手术，有一种病叫“癫痫”，做手术的时候往往容易损伤视神经。癫痫治好了，视神经被损坏了。这个时候用互联网有意义，用一个虚拟的大脑神经结构，在虚拟的环境里利用手术训练机器人，在三维的虚拟空间里反复练习。它有报警系统，在虚拟环境里碰到视神经，它就会报警。这是有意义的，训练一百遍、一千遍都不会伤害患者，它是虚拟的。训练好以后，再给人做手术。如果是让机器人直接在人身上做手术，这是比较困难的。我觉得这是比较理智的想法。

还有在智能虚拟诊断方面，把大量的数据收集起来以后，教机器人如何做诊断，这是比较靠谱的。如果我投资互联网医疗，肯定首先在这些领域。在此基础上，随着技术的突破，逐渐实现智能化机器人、手术机器人，可能还需要若干年的努力。这不是靠互联网能实现的，而是需要全产业链的革命。我对这个问题是这样的看法，在医疗领域不是“互联网+”，而是“+互联网”。

主持人：这样的互联网就是一个平台，一个手段，是一个途径。

何　伟：它是一个工具。

主持人：当下的看病难、看病贵问题很大程度上是由于医疗资源的稀缺和分布不均衡造成的，医改需要持久深入地进行下去。目前的医改已经进入到深水区，您认为目前的医改应该重点解决哪些问题？还有就是“互联网+”在医改推进过程中能起到哪些作用？

何　伟：这个问题非常好。我认为这不是互联网问题，而是政治问题，是社会经济学的问题。百姓看病难、看病贵是世界性的难题。不光在中国，美国也是这样，奥巴马改革方案的重点之一还是医疗保障体系建设。

在医疗改革进入深水区以后，应该关注什么？我个人认为在长期以来的医改过程中，我们忽视了一些关键性因素，就是我们为什么要进行医改？医改的终极目标是什么？要解决什么样的问题？我的答案是非常清楚的，医改要解决“为什么人的问题”。这个问题不解决，医改是不可能成功的。

医改应该为什么人呢？首先，医改是为全体中国人的。在这当中，医改的重点一定要针对广大人民群众、劳动群众，而且一定是针对那些最缺医少药的地区，针对医疗服务、医疗资源、医疗人才最薄弱的环节。在哪儿呢？农村。县医院缺少人才，乡医、村医还是过去那些“赤脚医生”的子孙，没有经过正规医学院的训练，他们甚至没有工资。我在建昌县调研的时候，跟六七个乡镇卫生院的医生座谈，我说我要反映基层医生的辛苦，希望能为你们“代言”的时候，你们希望我说什么？他们说乡里的兽医都有工资，乡村教师也有工资，可是我们的医生却没工资。他们没有一个人是大学本科毕业，得到过基本的培训吗？有人认证他们的医疗技术吗？

新型农村合作医疗已经能发到400多块钱，可是农民的就医习惯、农民的卫生知识仍然是等到病重以后才会看病。每个人的400块钱，都要到癌症晚期、高血压的并发症出现以后才去看病，这些问题都是最急需解决的。这些人的医疗保障做不好，社会会出现严重的健康问题。这不是哪一个人的问题，是一个国家、一个社会的大事。

我觉得比公立医院改革更重要的，是解决基层老百姓看病难、看病贵的问题，解决基层乡医、村医的保障问题。解决国家医保、新型农村合作医疗的钱怎么花的问题。是快要做手术的时候才花，还是把一部分钱拿出来进行公共卫生教育，让他们进行预防，从卫生习惯，到就医习惯，有病早发现、早治疗，再到中期的强化治疗，把需要重度治疗病人的比例降到最低，整个治疗链条的重心要向前倾斜。把医疗保障中的基层人员培训好、辅导好、评价好、保障好。

政府利用大数据，将医疗数据的经费、治疗过程、结果分析、投入产出比等方面的经济数据收集起来，通过对数个县城的调研，拿出一套解决全中国乡镇卫生工作的重点问题的方案，包括如何支配新农合资金、如何培养人才、如何留下一支不走的医疗队，用客观数据来评估中国下一个五年计划的医疗费用应该如何投入。比如人力资源培养，要在乡医、村医的层面培养硕士生、博士生，不仅培养周期长，培养出人才以后，谁愿意去？乡镇卫生院的乡医、村医一定是"两条腿"走路。第一条腿是现有人员的培训和保障。第二条腿是"短平快"的乡镇助理医师制度，相当于家庭医生，能看常见病就可以，早期发现那些治不了的病，及时向上级医院转院，就会缓解高端医院人满为患的问题，也解决了费用的问题。

最重要的是医疗结构会发生很大变化。比如有100块钱的医疗保障费用，原来把80%的钱花在最终疾病的治疗上，现在是先拿20%投入到公共卫生教育、乡医村医的早期筛查、早期诊断上，让人们少得病，或者是早发现病。剩下的80块钱，再花其中的40块钱，把所有的问题解决好，还剩下40块钱。这是医学经济学的问题，需要政府在新一轮的医改中，从宏观的医学经济学的角度、从国家战略上进行规划设计，这才能解决中国根本的医疗问题。

主持人：这也是大众都在提倡的"治未病"，其实就是以预防为主。您刚刚谈到互联网在医改推进过程中起到的作用，除了可以远程培训乡村医生，它还有哪些方面的作用？

何　伟：互联网进入医疗领域，现在还是从服务效率出发，比如互联网挂号、预约、交款、取药，要方便患者。还有就是专业医疗服务，人们的健康档案普及，健康数据都在一个数据里，无论是在县级医院看病，还是在三级甲等医院看病，只要输入健康保险号，所有数据都可以调取出来，内科、外科、牙科、眼科的全科数据都可以进入一个档案，这样可以实现未来的智慧型医疗。

主持人：为了打击号贩子，北京市属医院取消了现场挂号，全面采取预约制，这就是互联网和医疗结合产生的变革。现在有一种情况，方便了一些人挂号，但是对于老人、偏远地区的病人来说，他们可能更不容易挂号了。您怎么看待这个问题？

何　伟：现在采取的办法都是头痛医头、脚痛医脚。打个比方，你用互联网挂号，号贩子也是可以用互联网挂号的，可以在线上卖号，更方便。有些不习惯用互联网的老人，挂号对他们来说也不是大问题，将来会实现互联网普及。比如手机终端给老人设计一个挂号专用键，只需要按一下，就像关电源，按一下就是挂号。解决老百姓看病难的问题还得依赖于不断增加优质的医疗资源，稀释掉不能满足的医疗需求，这才是根本。

主持人：您是中组部“千人计划”的国家特聘专家，也是辽宁何氏医学院院长、何氏眼科医院院长，可以说您是非常成功的创业者。在我们的网友中有一部分是在校大学生，他们毕业时也面临着创新、创业的困惑。您对他们有什么好的建议？

何　伟：这个问题特别好，我也很愿意跟各位网友分享。辽宁何氏医学院是一种创业型的学院，由学生管理，是学生的创业学院和梦工厂。食堂、物流、卫生、安全都由学生管。我们创业学院的课程已经进入了北京大学。为什么这所学校会变成创新创业型的大学？由于自动化、智能化的发展，社会服务特别多，人们行为发生改变，缺乏实践。特别是互联网的知识碎片化，让人们缺少系统性的思维、思考，特别是深度思考的能力。所以我在大学里建立创新创业学院，由他们自己管理，会发现学生的聪明才智远远超过我们这代人对他们的期待。

我也总结了学生创新创业应该注意哪些问题，愿意在这里跟大家分享。创新创业并不像讲故事那么简单，它是有风险的。创新创业前，学生要有心理准备、知识储备。特别是创新创业项目的完善、规划，是极其重要的，创新创业不能盲目。第一，就是告诫学生创新创业是有风险的，千万不能听人家说谁都能创新创业，就去做。创新创业没那么简单。第二，就是创新创业的人员一定要找你自己最喜欢的事情，坚持十年不动摇。同时，选择你最专业、知识最丰富的领域，降低失败的风险。

一定要选择熟悉的领域，最好跟已经有创新创业经历的人搭对子，让他带着你去做。做到一定程度，你再独立出来，这是比较好的创新创业的办法。要尽量选择成本较低、进入门槛较低，通过简单的创新创业，形成很好的创新创业的思维，知道什么事情靠谱。先做小东西，跟别人一起做，做到一定程度，你觉得自己成熟了，可以自己做了。在这个过程中，选择、培养盈利空间、市场空间足够大，最可能成功的领域。可以连续做10年、20年，再选择好的创新创业伙伴。我常说一句话“如果你坚持做一项喜爱的事情，坚持做十年，你可能就是这个领域的专家”。

主持人：这个观点我很认同。今年的《政府工作报告》提到协调推进医疗、医保、医药联动改革。对照这个新的要求，您认为医疗领域还存在哪些问题？计划采取什么样的切实行动？

何 伟：我觉得这个方案是非常有着力点的。医改取得了巨大成就，但下一步的医改已经进入深水区，体现在哪里？就是我们的社会管理是多因素、多方面的，各个部门如果不能综合协调地为一个目标努力，不是以改革成功为出发点，就很难成功。比如一个患者看病，医疗管理部门是卫生主管部门，费用是财政和社会保障，税是税务部门，还有养老、康复和社会福利部门。所以至关重要的是协调，大家不是只考虑部门利益，而是为了解决百姓的医疗福利进行系统化的全社会的努力，只有这样才能做好。一个是协调，一个是创新，不创新就没有路可走，不仅是科技的创新，更是公共事业管理的创新、政府执政能力的创新。没有这个保障，其他的技术创新都是没有用的。

主持人：在节目最后，请您谈一谈科技创新企业在辽宁经济转型中的作用。

何 伟：新一轮的东北老工业基地的全面振兴战略给东北、给辽宁带来了一次机遇。辽宁省委、省政府已经开始了全面振兴辽宁老工业基地的部署，其中最重要的一条就是创新。在前一轮的社会经济发展过程中，辽宁落后了，但是，辽宁的4300万人民对振兴辽宁充满了信心、充满了期待。科技创新一定会给辽宁的创新带来新的机遇。

第一，辽宁是有资源的。辽宁有良好的老工业基地基础，有辉煌的历史，辽宁人的性格非常拼搏。在经济振兴过程中，一定能够创造辉煌的成绩。其中有两个很成功的企业，一个是东软，这是典型的大数据和智慧医疗公司，另一个是新松机器人，在全国的机器人领域也是领先的。这两个公司作为辽宁的领头企业，正在带领新的创新企业崛起。我知道它们正在着手开展深入的医疗大数据、机器人等方面的工作。通过它们这类企业的引领作用，再加上省委、省政府对创新企业的扶持和投入，这些领先的高科技企业对于引领创新驱动和创新创业会取得良好的效果。

第二是人才，如何用更好的体制和机制吸引高端人才到辽宁创新创业。第三，在体制机制等方面创造更好的创业创新氛围。有了这些条件，辽宁自身会发挥巨大的潜力。再次振兴老工业基地的梦想一定能够实现，能够切实造福东北、造福辽宁的老百姓。

主持人：谢谢何教授，谢谢您和我们广大网友共同分享您的精彩观点和经验，也感谢各位网友的关注。再见！

（原载于《新华网访谈》2016年03月05日）

建设美丽中国要从日常生活做起

于林涛

“建设美丽中国，促进生态文明建设，全社会应实现生活价值理念的生态化。”全国政协委员、中国农工民主党党员、辽宁何氏医学院院长何伟在介绍其本次政协提案中有关美丽中国和生态文明建设的内容时说。

何伟委员表示，生态文明是人与自然和谐共生的社会文明状态，是建设美丽中国的重要一环。党的十八大报告中，把生态文明建设纳入“五位一体”的总体布局，凸显了对生态文明建设的极大重视。

何伟委员介绍说，在此次政协大会上他有三个提案，涉及建设美丽中国、促进生态保护的议题，包括加强农村环境保护的建议、关于进一步加强生态文明的建议以及加速推进城市生活垃圾分类的建议。

何伟认为，我国在加强生态文明建设方面已经取得了长足的发展，但总体而言在建设美丽中国的道路上，还有重重障碍亟待克服。他建议首先要实现社会普遍生活价值理念的生态化，通过宣传教育将人类个体主义价值观转变为生态整体主义价值观，使“可持续发展”真正深入人心。在生态文明建设法制化方面，根据社会发展的实际情况审时度势地清理和修订不符合生态文明建设的政策法规，强化环境保护与生态建设的法制监督。

他同时强调，随着经济的不断发展，人类在获取物质财富的同时也渴望在精神方面得到满足，最为突出的就是旅游。而为了获得巨大的旅游市场，很多地方都不遗余力地开发旅游资源发展旅游产业。在人们对自然景观游览的追捧下，一些拥有丰富生态旅游资源的地区以消耗不可再生的生态环境为代价换取旅游收入。旅游设施的过度建设占用了大量土地资源，游客的大规模涌入带来了大量的生活垃圾，超出环境承受能力的旅游使生态系统遭受了致命的打击。各地政府应及时出台相关政策措施，以求进一步优化旅游发展方式和开发模式。

何伟表示，绿色环保的生活方式和消费方式需要进一步得到提倡。他举例说，目前被大量消费的能源、金属、一次性物品和包装、高脂饮食以及商品的过度包装都需要付出巨大的环境代价。因此应该提倡坚持发展循环经济，促进生产、流通、消费过程的减量化、再利用、资源化才是保持自然永续发展的明智之选。这更需要加强生态文明宣传教育，出台相应鼓励政策，增强全民节约意识、环保意识、生态意识，形成合理消费的社会风尚，营造爱护生态环境的良好风气。

何伟还特别提到促进城市生活垃圾分类的重要性。他说，目前我国城市垃圾人均年产量达到440公斤，全国城市生活垃圾年产量近4亿吨，居世界第一，而且每年以8%至10%的速度增长，垃圾的历年堆存量达到60多亿吨，全国有200多座城市陷入垃圾的包围之中，垃圾堆存侵占的土地面积多达75万亩。而目前我国除了上海、南京、厦门等8个实施生活垃圾分类收集（且尚处于实验阶段）的试点城市外，其他城市的生活垃圾收集方式为混合收集，增大了垃圾无害化处理的难度，造成严重的环境污染，不利于美丽中国的建设。

他指出，分类收集是城市生活垃圾处理体系中的一个关键环节，是城市生活垃圾处理发展过程中的一个重要步骤，可有效实现废弃物的重新利用和最大程度的废品回收，为卫生填埋、堆肥、焚烧发电、资源综合利用等先进的垃圾处理方式的应用奠定基础。

何伟建议，进一步加大对城市居民垃圾分类的宣传力度，严格制定垃圾分类的相关制度及法律，并且逐步推行垃圾收费政策。此外，他还建议政府要把从事垃圾资源化的生产都视为社会公益项目，在用地、税收及价格等方面给予长期的优惠政策。

（原载于中国网2013年03月12日

外文局环境与气候报道组《北京周报》）

拆除大学校园围墙，促进与社区深入融合

康　宇

“高校应该勇于‘破墙’，拆掉横亘在大学与社会之间的藩篱。建设社区融合型大学，以实现资源共享，更好地为社会服务。”

今年两会上，全国政协委员、中组部千人计划专家、何氏眼科医院院长何伟在他提交的题为《关于建设社区融合型大学的建议》的提案中提出了上述观点。

何伟向澎湃新闻记者分析称，从现实层面看，现代化大学要求自由开放、文化交流与共享，大学的发展要求其与社会高度结合，围墙通过界定包围隔离形成封闭空间，不利于大学与社会相融合。

“而且围墙保护功能未必强大。”何伟说，围墙不是变形金刚，开发多少芯片就能识别好人和坏人，“校园围墙的安全，更多是心理上的安全，而这种安全反而会使得校园疏于防护，造成更多的治安死角。大学的安全宁静有序，更多的是需要大学规章制度来保障。”

何伟建议，拆除大学校园有形的围墙，让学生与社会上的其他人员都能从中受益，达到双赢。

何伟在《关于建设社区融合型大学的建议》中提到，学生在围墙内接受教育，难以更好地了解社会，不能全面了解这个时代，甚至有心理和思想束缚，眼界也不够开阔，实践能力、沟通能力和危机意识相对不足，不利于以后的发展，最终也将影响中华民族伟大复兴的进程。另一方面，围墙也让社会无法共享大学资源，不利于大学精神的传播，也不利于全民素质的提高。

“至于许多高校把不能‘拆墙’的原因归结于安全考虑，从国内外众多

高校的实践来看，这是不难解决的。”何伟说，校园安全可以通过核心区域的门禁系统、视频监控等科技手段来解决。比如，在图书馆、体育馆、大课教室等公共区域面向社会开放，而宿舍、实验室等核心区域，采用密码、学生卡等方式进行保护。还可以聘请社会保安公司，加强校园的安全巡逻。

（原载于《澎湃新闻》2016年03月06日）

"精准扶贫"呼唤高科技　主体需要多元化

李木元

作为一名医生和民营企业家，全国政协委员、沈阳何氏眼科医院院长何伟一直高度关注我国的扶贫工作。他认为，扶贫并非政府一家之事，而是全社会都应高度关注和参与解决的时代课题。他建议在扶贫主体上要有多元化思维，重视企业与公益机构在精准扶贫中的作用，同时注意创新方式方法，让高科技手段助力精准扶贫。

精准扶贫离不开企业与公益机构

何伟认为，现在有些扶贫项目粗放"漫灌"，贫困居民底数不清、情况不明、针对性不强、扶贫资金和项目指向不准的问题较为突出，而且多数地区的扶贫是单向度的，采取的是自上而下的行政压力型体制，很重视减贫目标责任考核，这样导致部分政府部门意志社会化，政府扶贫活力不够。另外，扶贫主体主要还是以政府发动，或者是以政府或部门为主体，真正的社会扶贫还没有充分地动员起来。

何伟建议，广泛组织和动员社会力量积极参与扶贫济困，特别是整合企业、公益机构，包括民营公益机构参与进来。企业和公益机构是政府和扶贫对象之间的桥梁，能够快速集聚社会资源，实现资源链接，对于人、财、物的使用更加精打细算，从而提升扶贫效能。

在操作方式上，何伟认为，政府部门可与扶贫企业及公益组织签订合作指南与工作备忘录，共建"扶贫合作中心"；保证扶贫企业及公益机构向各级政府扶贫办征询扶贫的权利，各级政府部门召开的扶贫工作会议，由其代表参加出席等等。

在扶贫内容上，可以充分利用企业及公益机构的社会资源，比如通过在贫困地区引入创业培训课程、创业导师团、创业扶持基金、商品集采联盟等服务，有效地帮助贫困地区引入人才、技术、产品、资金；积极为贫困地区开展培训服务、技术服务、咨询服务、信息服务，帮助贫困地区百姓增产增收等，实现百姓快速脱贫致富。

“互联网+医疗”有助“三精”扶贫

“对于因病致贫、因病返贫的农村贫困户，充分利用互联网大数据，做到精准识别、精准干预和精准帮扶。”何伟呼吁。

调查显示，我国农村地区贫困户中，因病致贫率高达37.8%，因病致贫成为农村地区贫困的主要原因之一。“我国虽然已经建立起了全民医疗保障体系，但保障质量仍处于较低水平。特别是农村人口，抵御大病风险的能力还很弱，一场大病可能拖垮一个家庭。”何伟介绍，“互联网+医疗”是基于互联网的卫生医疗服务，是让互联网与传统医疗深度融合。今后，互联网+医疗在治理因病致贫、因病返贫方面将发挥重要作用。

至于原因，何伟认为，首先，“互联网+医疗”可以精准识别贫困对象。运用互联网大数据技术，医疗机构可以建立患者资料库，精准掌握患者健康状况和经济状况，以及患者所在地区的经济及医疗状况，帮助相关部门精准锁定扶贫对象。

其次，“互联网+医疗”在保障贫困群众“少得病”方面还能突出精准干预。受经济条件的影响，贫困群众经常是小病拖、大病扛，到了最后不是身体器质性损害就是恶性疾病晚期。利用互联网大数据技术，能够有效地针对贫困人口建立电子健康档案并启动疾病风险评估与预警机制，做到疾病早预防、早发现、早治疗。

更重要的是，利用“互联网+医疗”能在保障贫困群众“看得好病”方面突出精准帮扶。目前，我国优质医疗资源往往集中于大城市大医院，县乡医院，特别是贫困地区医疗条件落后、医生诊疗能力亟待提升。运用互联网技术可以在市县乡村之间搭建远程教育平台，改变名医驻村援助、乡村医生入城进修的传统帮扶模式，更加方便快捷有效地远程培训乡村医生，提升县乡医疗水平，缩小城乡卫生差距。另外，贫困人口往往居住在僻远地区，外出看病需要付出更多的时间成本和金钱成本，既加重了医疗负担，又影响了疾病诊疗的时效性。运用互联网技术可以发挥远程医疗的作用，从而实现重大疾病及时诊断、就近治疗。

“目前，呼吁‘互联网+医疗’发展更多的是基于分级诊疗构建，其实，它可以有效助力扶贫工作，实现‘扶贫对象精准、措施到户精准、脱贫成效精准’。”何伟认为，应转变思维，从更高、更长远的角度，大力发展“互联网+医疗”。而当务之急是深入调研，尽快开展试点，为积极推广“互联网+医疗”扶贫奠定基础。

（原载于中国青年网2016年03月02日）

腾讯·大辽网——深度对话

刘妍艳

何伟先生是全国政协委员、中组部“千人计划”专家、国家卫生部重点专科何氏眼科、何氏医学院创始人、国际防盲协会西亚太地区联职主席、中国眼科医师协会副会长。

1993年，何伟先生获得日本九州大学眼科医学博士学位，在日留学期间就参加了“孝夫义诊团”，每年到世界各地义诊。1995年归国创办了何氏眼科医院，不断将中国“眼产业”的发展推向崭新高度。

腾讯·大辽财经：何院长您好，欢迎做客《深度对话》。我们有一个大致的数据，自何氏眼科开展公益项目以来，共免费筛查了患者116万人次，减免了将近50%的手术费用。您是基于什么初衷成立的公益组织——爱之光防盲基金会呢？

何　伟：爱之光防盲基金会是在一种精神的支持下创立的，因为一次非常偶然的经历让我发现中国有2000多万视力障碍患者，其中80%生活在农村。他们的收入只足已维持日常生活，根本无力承担手术的费用。我记得那是1989年，我在国外留学期间回国义诊。当时一个老大爷把我从手术室里叫出来，说：“救救我的命。”我说，我只是治眼睛的。当时爷爷带了个小孙子，他抱着我的腿说：“救救我爷爷，我爷爷已经上吊3次了。”我问他为什么，小孙子说他父母5年前就已经去世了，跟着爷爷生活，可是2年之后爷爷什么都看不见了。小孙子要上学，爷爷就没人照顾，爷爷觉得自己活着是连累了孙子不能上学，所以他几次寻死。为什么？因为一个手术要花费五千、八千甚至一万元，而中国农民可支配收入，一个家庭全年也就是五千元左右，很多人是因为治病返贫，或由于失明而丧失劳动力致贫。这使得很多盲人丧失了活下去的勇气。

记得当时给这位大爷做完手术重见光明后，小孙子写给我一个小纸条：谢谢何博士救了我爷爷的命。当时我眼睛里都是泪。2000万视障病人，丧失劳动力，没法生活，难道不应该有人去帮助他们吗？而这个帮助不是一个人、一个医学博士、一个眼科医生应该做的，应该是唤起全社会的良知来帮助这种最需要帮助的弱者。有什么能比失明更痛苦？原本看见过光明，后来却失去光明，生活在黑暗之中，这种痛苦是我们常人所无法想象的。所以成立爱之光防盲基金会就是汇聚社会精英，力行光明使命，让大家都有机会、有平台、有展现自己社会责任的机会，让各自不同的社会分工凝聚起来，让这些失明的患者再见光明。我觉得这是一个具有人文精神、特别有前景的事情。我们不仅是带领人们去治疗盲人，更多倡导一种人生的价值，人生正道。

腾讯·大辽财经：从您回国创立何氏眼科至今，已经有多少年历史了呢？

何　伟：已经19年了。虽然爱之光防盲基金会是在8年前创建，但是在回国之前的8年时间里我就开始践行公益事业。当时我是跟我的老师在每年利用日本盂兰盆节的时间回来，给几十例、上百例的患者做手术。你会发现患者越做越多，因为没有钱等待你救助的患者成百上千人，你可能做掉100人，这100人当中只做一只眼睛，因为都是双目失明的人，你给做一只眼睛，那么患者就会说，何博士，你什么时候回来给我做另一只眼睛，我说明年再回来，这样我就是每年回来两次，一共回来了18次，每年都留下一批明年还等着你做另外一只眼睛的人，所以到18次以后，你会发现，回国走这条光明的路，已经不是外力所致，而是自己内心觉得这么多人需要你的帮助，你会自然地选择回国，是一种无形的力量在影响着你。

我常说，人要跟随心灵去做，跟着心灵的呼唤去走，所以回国以后，就把原来每年两次的活动变成日常的活动，所以我们医院里就做了这么一个部门，后来我们把这个部门做成了另外一家免费医院，就是越做越大。但是你会发现，随着患者需求的不断增加，和自己梦想不断扩大，你会发现两个问题，第一个治盲人这件事不能靠何氏人或者一家机构来做，从自身的角度，需要动员、倡导、组织，你根本就顾及不了，因为规模太大了。

第二，随着国家经济社会不断发展，特别是物质在快速丰富的过程当中，我们的文化、价值观，跟不上物质发展，人们心里有很多向善的愿意做好事的这种强烈愿望，但是我们缺少一个平台，所以这两个因素促使我想，也许我们可以创建一个爱之光基金会，大家把资源整合到一起，更重要的是，大家在做善事的同时，能够不断净化我们的心灵，不断地去倡导一种精神的文明和价值追求，让社会更多的人可以尽他们所能，把一件光明的事业做大，作为一种精神的标志，而不仅仅是治盲人本身，所以我们就做了这个爱之光基金会。

腾讯·大辽财经：那何院长，您刚刚谈到您的经历，我想到了就是现在社会有一个呼吁，就是企业家的公益应该从感性公益上升到一种理性公益的阶段，您也成立了以您何氏眼科命名的何氏医学院，也作为公益项目的一部分，您能跟我们详细介绍一下这个吗？

何　伟：实际上，做企业，一个企业家，把企业做成什么样，完全取决于这个企业家的自己内心的呼唤，一种价值追求以及他的文化和价值观。当我想做大学的时候，想法很简单，当一个社会从中等收入的国家向更高收入国家过渡的过程当中，人们的精神、价值和文化会发生很多混乱，这种不仅在中国，这是在很多原来那些发展中的国家都遇到的困难。大学，是当今社会除了宗教以外的一个很重要的精神的航标，我相信大学对中国社会、科学、文化、政治的进步会起到引领的作用。我相信如果大学毕业以后，还需要让父母拿二三十万去找一个稳定工作的现象是不合理的，是必须要消除的。

腾讯·大辽财经：在您的何氏医学院，它的人文关怀和科学间的设立，有没有矛盾点，您怎样把他们有机结合在一起？

何　伟：辽宁何氏医学院最大的改变在于它的大学章程。大学的宗旨是一切为了学生的未来，这个学生的未来是与国家的未来、民族的未来，是与中国梦、中华民族的振兴和崛起结合起来的。尽管这个口号说得很大，但是你去看看这个学校里，把整个五年教学中的前两年的教育，做了一些突出人文、艺术、国学教育的时候，你会发现这种潜移默化会对学生未来的人生产生巨大影响，会奠定一个非常好的思想基础，我们把这个教育叫做博雅教育。这个博雅教育的核心内容是培养人文，培养学生成为一个完整的人，而不是一个只会读书的机器。

腾讯·大辽财经：那您认为这是对中国现有的教育制度的改进吗？

何伟：我认为这是一个挑战。因为现在中国的大学，说句不好听的话，也许是一个局部的现象，但这局部现象足以证明我们在教育方面的退化，大学的人文精神的退化，大学对一个独立思考和完整人格的教育的功能的退化，对传承中华民族和世界文明的退化——你可以看到个别院士在骗取国家科研经费，博士生导师在做一些道德伦理上根本没法接受的事情，你会看到大学校长和书记打仗，互相动刀子、使用暴力。这样的现象在教育的文明史上是罕见的。我们应该警醒，中国的大学到了不改不行的程度，问题是怎么改。辽宁何氏医学院愿意做这个改革的实验室，愿意让这个大学里的学生能够接受更多人文、艺术方面的熏陶，在他们健全的人格方面，能够接触到一些与传统的教育不同的方面，希望他们可以有改变。

腾讯·大辽财经：所以就是您觉得以这个教育制度培养出来的就是在医学方面有专长的学生，对今后中国的医疗改革还是有帮助的，您觉得是有这样一个长远的影响，是吗？

何　伟：辽宁何氏医学院建院时间不长，只有十年多的历史。但是我们的学生，毕业以后在社会受欢迎的程度是非常显著的。用人单位经常说一句话就是，你们大学的就业率是多少？我们告诉他就业率，他说你们的就业率比传统的国立一本著名大学的就业率还高，为什么？我说你告诉我是为什么，因为你是用人单位。他说，我们觉得这个学校毕业的学生和传统学校毕业的学生完全不一样。这些学生非常有礼貌，见到用人单位的人都会主动打招呼，他们很阳光，情商非常高，同时他们还说这些学生很有眼力见，比如见到地上的杂物，他会主动捡起来清理好；每天早晨上班，如果没人清理卫生，他来了他会做打扫；谁有困难，他们也会乐于帮助，和患者的沟通，就显得非常体贴。

我们回过来去回忆大学里经历的是什么，这里的学生在入学前，接到录取通知书的时候，还接到一封信，说，在你的社区里，找到一个病人，去了解他的疾苦，带着他的病历来到学校，放假的时候回去，感恩母校，去了解你的老师，在医疗和健康方面有什么需求，而他面临的困境在哪里，这些都是责任。然后，这个学校里面，他的食堂，他的清洁，他的保卫都是在创新创业学院里面的课程。我曾经问过学生，我说，扫厕所这样的事情你们愿意干吗，他们说开始不愿意干，但是现在我们愿意干，因为我们七千多学生，一年轮下来扫一次厕所，可是这次扫厕所让我们知道，扫厕所也不容易，我们可能更容易关注别人的不容易，不会再破坏环境，不再乱扔纸，对自己的人生、自己的修养有帮助。

在食堂打工的人说，再也不乱花钱了，因为我们学校的食堂是不外包的，都是由我们学生自己来管理的，因为我们担心食品卫生和安全，他们经历了从买菜，进货，到做，到卖掉，到财务的整理，到成本核算的全部过程，他们说挣一分钱真是不容易，所以我们学生家长流着泪说，这所学校，我的孩子才来了三个月，发生最大的变化回家就干活，原来不怎么听家里大人的话，现在主动跟家里去沟通，然后不乱花钱，这些微小的变化可能对这个孩子的未来的人生产生很大的影响，这是潜移默化的。难道这样的教育，社会不欢迎吗，用人单位不欢迎吗，家长不高兴吗？所以我们要做的就是这样点点滴滴。我们也没有说辽宁何氏医学院能够改变现在教育的现状，但是我相信对教育改革也许会提供一些意见。

腾讯·大辽财经：那何院长，您从医者本身的角度，您也培养了大批的、受社会欢迎的医生，那您觉得现在中国比较被人诟病的医疗制度是什么原因引起的，你从医者的角度能给我分析一下吗？

何　伟：所有人的行为都来自他的心理活动，他的行为表现他的内心，而他的内心，什么才影响人们的行为——价值观，我们都忘记在我们经济飞速发展的同时，我们的钱包越来越鼓的时候，人们的灵魂价值在不断地丢失，这是，整个医疗行业内医疗的腐败，红包、回扣、灰色收入的根本，这是个全社会的现象，不仅对医疗。但作为医疗本身我们是希望一个学医的医学生，应该从入学开始增加人文艺术价值观，还有沟通方面的，患者也是需要沟通需要管理的。就是你光把手术学好是不可以成为一个好医生的，可能你更多的是关爱，还有和患者的沟通，这些很重要。这是为什么我觉得我在海外回来，我非常深刻地感觉到，在国外做医生和在国内做医生，最大的差距现在已没在技术设备层面，更多是人文精神方面的差异。

在国外，就是我在日本那个时候执业，日本医生也会收患者的礼，只要不是国立大学，私立和国立是分开的。国立大学是不能够收患者礼物，也不能收厂商的贿赂。在私立大学里面，当然商业贿赂是肯定不行的，就患者给医生一些表示是完全可以的，不会受到法律方面的影响。那他是怎么送礼的，他是接受了医疗服务，他觉得这个医生非常好，对医疗效果很满意，他在一个口袋里面装上两万日元，送上来说："感谢您对我的照顾，辛苦了！"但是这两万日元是他整个收入当中的二十分之一，对生活没影响，而且是治疗以后的。而我们的红包是提前送的，就是医患之间的信赖已经出现了危机。他们担心，不送的话会出问题。这与医生的理解又不一样，医生不会因为不送红包而把手术做坏，所以我说，根本不是医疗技术出问题，也不是经济、法律的问题，是人之间的信用出了问题，是沟通上出了问题。所以把它归结为人文方向。这是为什么辽宁何氏医学院加了很多人文的内容在这里。现在医生当中也有一些坏人，他们已经失去了对人文精神的敬畏，钱财作为他们唯一的需求。这部分人是很少数的。但是全社会都应该去倡导，不光是医生的执业文明，全社会各个执业都需要有精神文明。患者也需要精神文明，也需要沟通和交流。

腾讯·大辽财经：刚刚您也提到19年前，您从日本回到国内实际上是一个创业的状态，当时您在日本已经是一位有名望的医生了，那您为什么选择回国，创立何氏眼科呢？

何　伟：如果你在国外期间每年都回来两次，去给这些没有钱无助的患者医治，你每次都会去想，我也可能是这个盲人，我的亲属我的亲人也可能是这个盲人。他们真的是无助，连续18次的这样的经历，我可能别无选择，你会觉得有一双无形的手在推你。回国创业已经不是我的专业问题，真的是一种心灵的需求。看着那些渴望的眼光，用那双长满老茧的手抓着自己的手说："何博士，什么时候给我做下一只眼睛？"我很痛苦，我连续听了18次，难道会不回来吗？

腾讯·大辽财经：那您的初衷， 其实与当时的爱国企业家一样，支持国内的发展，把国外先进的技术带回来？

何　伟：没错。我明白我治不了这么多人，但我知道我的这种力量会感染更多的人。比如说，有的企业家不会做手术，但是他会把他的余富拿出来去帮助人。他会说："何博士，我把钱给你，你帮我去做。"这样的人会越来越多，因为每个人都有向善的力量。我相信我们的作为会影响更多的人。

腾讯·大辽财经：您刚刚提到以企业家本身的力量去影响整个社会群体来向善。那我们就想到近期比较火热的陈光标这么一个事件，他以极大的噱头来做慈善，那您觉得作为一个企业家应该以哪一种力量是像您这样低调的去行事？还是比较高调的来号召社会呢？

何　伟：我觉得刚才您谈到一个非常好的概念叫做理性慈善。理性慈善会把慈善引导上一条正确的轨道，能走向一条更为规范、透明与公信力的道路，能用正向的力量引导更多的人主动愿意去参加。这就需要对慈善的行为产生一种选择。太内敛了别人不知道做什么，太张扬了会引起一些异议，我们要做的事是做一件人间正道，我觉得用合适的方式适应中国现实的慈善的方式可能是更好的选择。

腾讯·大辽财经：其实在现实的中国慈善的方式，例如红十字会这么大的慈善机构和基金会也在受到公众的质疑，一片舆论的声音都是在增负面的情绪。处于这么一个时代，您是如何去做的呢？

何　伟：我跟国际上很多慈善机构社会组织合作。我觉得最重要的是公信力的建立。公信力的建立在于公正、透明、公开，利用法律的手段来保障公益慈善组织发展。这是非常重要的。

腾讯·大辽财经：您能给我们举一个例子吗？

何　伟：比如说，大家关注公益慈善组织更多的是从资金如何使用方面。那你这种国家对于社会组织的管理是有非常规范的章程的、有规定的，这方面的立法虽然还有很多不健全的地方，但是自律是非常重要的。作为公益慈善的本人和他组织自身的自律是非常重要的。所以公信力的建设是建立在财务透明的基础上的。财务必须透明，必须接受捐款人社会的、传媒的以及法律的监督，这是根本。没有这个做不好透明、做不到公信力，所以你的名声不好也很正常。

腾讯·大辽财经：之前我们在何氏医学院参观的时候看到了您对中国传统的中药有一个新的发明和改造，我们也知道您之前也提倡过对中国传统医药要改善它在世界上的地位，对此您有哪些见解？

何　伟：对于中医中药也像中国的四大发明传统文化一样，中国人正在逐渐丧失对它的文化自信，我觉得这是最危险的。我作为一个临床医学的背景的人同时我做了大量的基础研究，我是做分子病理学的，我深刻地知道，在中国创新的路上最有可能的就是中医药，因为在人类文明史上，没有一个天然植物药在人类人体身上做了几千年的临床实验证明有效证明相对安全。我们不能走回到西方规定的药物研发途径上，而应该走一条中国自己的路。比如中药的红参，红参健体、强身、延长寿命的功能已经在人体上实验几千年了，西方不承认也没有用。因为现代西方的基础医学的研究方式，它的体系是成熟的，我们要改变一个方式就是把红参里面的有效单体成分在西方公认的一个药理实验的体系里面得到证实。

比如说在延长DNA我们叫端粒酶，端粒酶是人长寿的一个基因，这个基因随着年龄的提升，端粒酶越来越短，最后丧失了复制蛋白质的能力。那么我们有两个中药已经证实它能延长端粒酶的活性，能让端粒酶的链加长，这就是个很好的例证，你没有必要从头去怀疑红参的治疗作用，更重要的是告诉他有效已经是承认的了，已经在人体做了（试验），西方都没有做这么长时间。你要做的是拿一个公认的体系来证实，让他接受就可以了。没有必要去否认中药，然后拿着红参从头开始去做，这事非常愚蠢的。由于受到西方的这种攻击，由于对自己文化、信念的自信心丧失，这种文化自信的丢失，之后把一个传统的中医药、一个大的产业，甚至影响世界的产业拱手让给西方。现在德国、日本的中医、汉方学研究以及它的成果在国际上的市场比中国还大，而西方这边还大量宣传中医不科学、有毒，包括有些院士都在说中医不科学。他没有弄明白，这是我们中华民族的宝库，是我们将来真正的走向世界的根本，我们把它正在丢失，这是非常危险的。

腾讯·大辽财经：那何院长您本人作为一个西医代表的学者，您对中医这方面的关注是不是也代表着中医和西医两者其实是可以有机的结合？

何　伟：您说得非常对。世界大同了，整个我们的趋势是一种融合，这种融合使东方和西方、使传统与现代、使基础与应用更好地结合，甚至与资本的结合、与市场的结合、与人文艺术创意的结合，它是一个融合大同的时代，而不再是分得很细，你是你我是我的时代。所以我觉得这是个大趋势，大家应该抓住这个趋势向前走。

腾讯·大辽财经：何院长您能和我们谈一下中国的这个医疗产业和国际

化事业的前景吗?

何　伟：我认为，中国的生物医药产业及健康产业可能会成为继互联网、IT或更大的产业，日本做了一个统计，2020年前后日本的医药产业会超过IT，包括数字内容、游戏都在内的产业。为什么?因为当人们满足了基本的衣食住行以后，第一个关注的就是健康，中国更是如此。因为中国已经进入了老龄社会，所以我相信中国的生物医药产业会随着社会的需求，特别是中国大量的投入的原始创新的动力，这些改变会出现井喷式的成长。以眼睛为例，我在20年前提出来一个产业，他们所有人都笑我，说有IT产业、有第三产业、有第二产业，没有你说的产业。我说的是eye industry，眼睛的产业，我叫眼产业，那时候没有一个人会认同，当时许多经济学家我们在日本组建了一个中国21世纪研讨会，我说有眼产业，没有一个人相信。20年以后的今天，你看看我们移动终端已经使我们的眼睛发生多大的变化，现在中学生80%、大学生90%以上的人有近视眼，光眼镜这一个项目已经足够做一家千亿的上市公司了。用移动终端的人眼睛都会干，干眼这一个药物可能十至几百个亿，难道眼产业不是现实马上分分钟到来的吗?

所以我觉得互联网移动终端使人们生活方式发生了很大的改变，使人们用眼环境发生了很大的改变，将来不仅是功能，将来眼睛的形状会变成不是圆的，而是变成长的，但是我们人体健康就像腿会越来越小、越来越短、越来越细，但是我们的大脑——尤其是眼与脑的连接、认知这些科学的发展会带出新的产业。所以最近我们和欧洲做了“眼脑研究中心”，是专门研究认知的，人们是如何阅读、理解、记忆，然后使用知识。会在这些科学领域的范围下游萌生出什么样的产业，前景是无法想象的。比如说现在孩子读书都需要有高效率，所以读书的方法、文字纸张的颜色、屏幕的颜色，什么能够让人不疲劳，这些本身就是一个很大的产业，有无数的产业在眼产业里。譬如说有一种病叫做视网膜色素变性，常发生在女性身上：20多岁开始视力逐渐下降，之后就接近全盲。我们发现用干细胞的方法是可以治疗这个疾病的，能够挽救一个人的视力是多么伟大的创新，它背后的产业又会有多大呢?

腾讯·大辽财经：作为医者和管理者的角色，您的企业在未来5年有什么样的规划呢?

何　伟：我们最大的规划就是创造一家made in China high-tech eye industry company（中国制造的高科技眼产业公司），我相信这家公司一定是有几百个亿市值的公司——这句话不是我说的，是一位叫做汪潮涌的风险投资专家对我们进行评估后的评价。他说何氏未来5年会有这个市值。我们有上市的预期，一切正在进行当中。相信未来我们一定是资本市场里的一匹黑马，市场在这里，我们的科技在这里，何氏团队都是这个领域里的领军人物——都是科学家出身，有工商管理经验，行业经验20年以上，而且我们掌握着核心技术。我相信，未来的何氏，是所有人都愿意投资的一家公司。

记者后记

初见何伟先生是在其创办的辽宁何氏医学院，
时值深秋，枫林尽染点缀着校园的建筑群，美得令人感动。
不时有年轻的学生走过身边，
何院长也笑嘻嘻地打招呼，和同学开玩笑“你的眼镜好酷”。
访谈中，
讲到救助失明老人的往事也几度眼里泛出泪光。
一位有浓厚人文情怀的医者，一位热爱文化事业的企业家，
一位将“博雅”融入办学的教育先锋。
做好事很简单，谈理想也不难。
只是将公益做成事业，
历经几十年来唤起社会良知，集众人之力来力行光明使命的人并不多；
在“眼科”这个狭隘的医疗类别看到空前庞大产业，
并身体力行投入其中的医者，纵观中国似乎也只有何伟一人。

何氏密码

韩小惠

题　记

2015 年，金秋 9 月。全中国的银杏树叶自北向南，陆续开始镶上金边，一派醉呆了的美景。全中国的上万所高校，正忙活着拉横幅、贴标语，热火朝天地迎接新生。

在沈阳东陵区辽宁何氏医学院。这一天，2015 级新生开学典礼刚刚开始。当主持人宣布:“下面，请何伟院长致词——”话音未及落地，只见主席台前面的博雅湖面上，突然划来一只小船，高高大大的何院长站在小船上，翩然而至——这么挖空心思，也是够拼的。他给那些多少有些缺乏人生信心的新生们鼓劲说:“上大学就好比登上火车，清华北大的学子坐的是一等车厢，重点大学的学生们坐的是二等车厢，我们虽然坐的是硬座，但最终，大家都会同时到达的!”

尖叫！跺脚！雷鸣！那些正睁着好奇的眼睛，打量着人生新风景的小男生小女生们，顿时都疯了……

1

2015年的冬天是突然提前降临的，一场多年来都属罕见的大暴雪，一夜之间就把北京拉进了严冬的凛冽中。

我踩着这场皑皑白雪的脚步，踏上了前往更加寒冷的沈阳、采访何氏眼科医院何伟院长的行程。迈出家门的那一刻，心情有点儿那个：一是从做文学副刊一脚踏进何氏眼科医院，这跨度是不是有点儿太大了？尽管“线人”向我保证，何伟“太值得写了，你一定会被感动得稀哩哗啦的”，但这毕竟有点儿缥缈；况且我们《光明日报》是很少宣传医生的，这其中的堂奥你懂的。二是这回的采访对象何氏眼科集团，是从日本回来的“海归”，虽然大博士何伟、二博士何向东兄弟俩已经回国创业20年了；虽然他们已经做出了有如东北大平原一般阔大的业绩，可是，“海归”这个词，近年来在中国似乎已悄然有了质变，人们似乎越来越爱用怀疑的目光打量他们，甚至公然流行着“这些人是在国外混不下去才回来……”之类，总之流言蜚语是有的。

当然，大的背景是巍巍泰山，信心满满地挺直着我的胸膛——这就是国家在大力扶持高科技产业和民营企业，呼唤海外高端人才回国创业，以提升“中国制造”的含金量，为加快完成中国的产业升级换代布局、铺路、搭桥。这是中国经济发展的又一个关键时点，我特别愿意到第一线去亲眼看一看。

2

第一眼，看到我的采访对象的一组数字，一下子就把我“镇”在那里了：

880万，180.2万，1.97亿，48%，80%……

这些数字，就像一片片生动的田野，眼见着各种茁壮成长的庄稼舒畅，地享受着各种土肥水美，“咔咔咔”地往上拔着节。具体请看：

何氏成立20年来，服务总人数880万人次；免费培训基层医生的费用为180.2万元；共为百姓减免了1.97亿人民币的医疗费用；总手术量中48%是公益免费手术；为辽宁省近80%的眼病患者送去了光明。

在这组数据中，有直接为患者减免的费用，还有为培训乡镇等基层医生减免的培训费。何伟院长说：“对于偏远地区，只有为当地培训更多的医生，才能真正解决老百姓看病难的问题，授人予鱼不如授人予渔。”

现在，何氏集团已经从20年前的白手起家，发展为拥有8家眼科医院，60所眼视光门店，1座医学院，1个眼产业科研基地，1600多名医护和教学人员的大型眼科集团。

……

必须再一次提请注意的是：这可是一家仅由两位眼科医生创办的、没拿国家一分钱的、不折不扣的民营企业啊！

3

我就急急风地去看何氏眼科医院。在黄河大街它的本部，从外貌上看，只是一座类似于20世纪80年代初机关办公楼的朴素建筑，有些老旧、有些疲惫、有些黑粗，绝对无法堪比大玻璃幕墙的北京许多大医院那崭新的后现代大厦。但以我亲身的细细考察，何氏眼科医院有着与北京协和医院、同仁医院一样的各种医疗设备和检查设备，甚至还有那两家医院没看到的设备——这对于我这个从小只知协和、同仁的铁杆粉丝，是极为震惊和不可想象的。至于何氏的“软件”，当我走到眼压测试区时，听到护士正在叫患者的名字，一律是“某某某大爷”、“某某某阿姨”——在患者名字后面加上令人感到亲切的指称敬词，这在全国的医院里也是第一次听到，令我在那之后好久好久的一段时间里，还在心里反反复复地品咂着这稀缺的温暖。

对此，后来何院长跟我说：“小事一桩。在我们医院里，到处都能看到大夫、护士给患者买饭……我们医院提倡体贴服务，给予患者尊重是基本要求。”

更让我久久激动的是，在何氏医院大楼的后面，还有一间小楼，没挂牌子，但也是一家医院——何氏平民眼科医院。来这里就医的患者，都是通过街道等政府基层组织遴选、介绍来的贫困百姓，何氏对他们实行免费治疗。我仔细观察了检查室、上药室、手术室等，没有前面大楼里面的“豪华”，但大夫和护士们的级别是同样的，工作态度也同样一丝不苟。

人，是世间最宝贵的珍宝；

眼睛，是人最宝贵的珍宝；

在何氏眼科医院，患者平等，人人都得到了应有的尊重。

真好！真的是好啊！点赞！

4

我想象过何伟院长的样子，却没想到，他竟然出现得如此——普通。

到达沈阳的当晚，我与几位文学界新闻界朋友正在聊天。这时，一位个子差不多有一米八，身着中式布衫的男士，安静地走到我们面前。有人认识他，介绍说这是何伟院长，他微笑着伸出手，礼数周到，与众人一一相见。

外面是冰天雪地，残雪还卧在大地的沟沟坎坎处不肯离去。但我心里熨帖，很舒服：果然，“民”字显示出了不同的气象，没有前呼后拥的一大帮副手、办公室主任、秘书、保安什么的跟着“踢哩吐噜”的，这有多好！

何伟院长的头发有点儿自然卷，有几绺从脑门上耷拉下来，颇似电影演员于洋。说起话来不像眼科医生，倒有点儿像我们人文工作者，一会儿说到文学，一会儿谈起读书，思路活跃，口若悬河，期间还谈到罗斯柴尔德家族。但他的确是一位超高级眼科专家，除了治病救眼，还拥有多功能劈核钩、干燥活性羊膜制备方法等10余项眼科领域专利。目前他担任着国际防盲协会西太平洋地区联合主席，这是中国人里面的唯一。

在那风云激荡的20世纪80年代，中国在改革开放中“轰隆隆”打开了国门。何伟作为中国官方唯一公派的眼科学留学生，东渡日本，入九州大学，师从著名眼科专家猪俣孟教授和大岛眼科医院院长松井孝夫，攻读博士学位；1993年又在福冈大学眼科获得了研修医师资格。从业的收入越来越丰厚，他很快就有了奔驰550汽车，有了大房子，后来又有了一般日本家庭都不敢问津的大彩电、电脑……

一切的改变始于1992年，何伟随日本援华医疗团回到中国，在抚顺参加为东北老百姓做白内障手术的义诊。莽莽苍苍的白山黑水，望不到边的黑土地，排着大队等待就医的父老乡亲，一声声“谢谢大夫！”的家乡话，像决了堤岸的浑河水（浑河是抚顺的母亲河——作者注），猛烈地冲击着他年轻的胸膛。10年里回来了18次，每次10天，每位大夫手不停地做、做、做，但患者实在太多了！最后，只好每人先做一只眼睛，另一只约到明年。最揪心的是离开之际，来时不易，别时更难，一双双沾着黑土的、粗糙的手，长时间拉着他的手、胳膊、衣袖、挎包……一声声拜菩萨般的祷告：“大夫啊，明年可一定再来啊，我还有一只瞎眼等着您呢！”何伟完全没想到，自己的家乡竟然有那么多因为贫困没有治疗能力而失明，又因为失明而加重贫困的乡亲。

最让何伟受不了的一次，是有一天全部手术都做完了，“刀枪入库”都装好箱了，突然连滚带爬地赶来了祖孙俩，失明的爷爷由小孙子牵着，一下子就给何伟跪下了。爷爷老泪潸然举着一根绳子，小孙子抱着何伟的腿不撒手，直喊“救救我爷爷的命！”原来，这相依为命的祖孙俩全靠爷爷种点儿田为生，爷爷眼睛坏了之后，不仅不能再为家里出劳力，还成为家里的负担，为了给再也承受不了压力的家庭减负，老人已经两次上吊自杀……

那一晚上，何伟失眠了，眼前老是晃动着祖孙俩的身影。那个念头——起初像天边遥远的星星，而今已越来越靠近他，一点一点地在他的心尖儿上扎下根：回国，办平民医院，为父老乡亲治眼睛——这念头似乎已到了刻不容缓的决定时刻，何伟变得坐不住，立不安。他感到自己身体里的热度一天高过一天，一刻高过一刻，似乎马上就要爆燃！

5

但要做出这个决定，是太艰难了，不仅是他人生中最关键的一步，而且还关系着两个家庭，8口人的命运。

何伟的太太付丽芳问题不大，她也是医生，俗称“七九级”的中国医科大学临床系本科毕业，后从辽宁中医学院硕士毕业，又到日本九州大学深造。这是东北人中最好的一类女性，自尊，内敛，牺牲自我，成全别人，奉献社会，在大事面前敢承担，同时懂得感恩。后来我见到她时，一方面惊讶于她长得小巧玲珑，像南方女子一样温婉典丽；二方面惊讶地听到她发自内心地说：“当年我们上大学，全部是国家提供免费教育，还给家庭困难的学生发助学金。没有国家的培养，哪有我们的今天？”这种话，当年很多同学都说过，确实发自肺腑，可现在30多年光阴过去，已经很多年没有再听到了！

所以，何伟有把握付丽芳会跟着他回国创业。可是他们的儿子何星儒怎么办？儿子是在日本出生、长大和受教育的，当时5岁了，回国之后能适应中国的生活吗？万一衔接不上中国式教育，沦为落后生怎么办？会不会就此毁了儿子的一生呢？要知道，有多少留学生就是因为孩子的教育问题而断了回国之路啊！

还有更棘手的弟弟的问题。弟弟何向东只比何伟小3岁，可是从小体弱多病，那时父母都是革命军人整天忙工作，所以弟弟是跟着何伟长大的，在他心目中，何伟简直就是父亲的角色。要弟弟跟他回国也没有问题，天大的阻碍在于，何向东正与富岛和美谈恋爱。和美毕业于日本京都佛教大学，并在美国进修，是日本大岛眼科病院的护士长，俩人感情正浓，已到了谈婚论嫁的关键时刻。和美下决心跟着何向东走遍天涯，但她父母出于疼爱和担心，坚决不允许她出走中国，并下了最后通牒：如果一定要去，家族除名！

两个家庭的幸福生活都要被打碎，前程会如何？犹如面对着茫茫大海，何伟知道暴风雨是一定会来的，但却不知航船能否顺利到达彼岸？

高山，深谷，惊涛，裂岸……

渺渺星空，冥冥天体，沉浮大地……

一切都想过了，一切都问过了，一切都做足了精神准备！

1995年，何伟带着何向东，还有他贤惠而又刚韧的妻子，离开了居住8年的日本，回到祖国。同时带回来的，还有4个集装箱，里面装的都是大岛眼科病院淘汰下来的旧仪器旧设备——兄弟俩宝贝似的把一切能划拉的都划拉回来了。当他们踏上熟悉而又有些嘈杂、忙乱的黑土地时，泪水一下子涌满了眼眶！

6

付丽芳母子俩果然遇到了大麻烦。

小小星儒遭遇到他人生的第一道大坎：就像中国的高铁和日本的磁悬浮是两股道上跑的车，他非常不适应中国学校的生活，跟不上同学们的节奏，有时还被他们嘲笑和欺负，弄得信心大失，很快就成为全班倒数第二、第一的落后生。大人们做了许多工作，心理辅导什么的，可人心是最顽固的最难改变的，有一天，被作业逼急了的小星儒突然冲到窗户边，一把一把地撕扯着手里的纸，往楼下抛去。眼见着纸花飘飘扬扬向楼下飞舞，大人们全都被吓呆了……

富岛和美真是少见的女中豪杰，在何向东回中国后的第二年，她决绝地辞别了家族，只身到中国来嫁给何向东。第一天到达这个陌生的国度，沈阳可真不争气，连续三天沙尘暴，沙子都吹进嘴里，喘不过气来！何向东那个揪心啊，唯恐和美的决心被大风刮走——20世纪90年代的中国东北，比起日本来可落后太多了，简单的婚礼后，和美遇到的挑战马上大山一般压过来：夫妻俩租的是一室一厅的房子，没有淋浴间，只能到公共浴池去洗澡，这对于一个日本女人来说，不啻是要去赴汤蹈火！还有更恶劣的，她去菜市场买菜，受尽欺骗，多少次，几十块钱只买回一小点儿东西……

不过，两个女人再怎么千难万难，若与创业中的何伟、何向东相比，简直就太是小小不然了。后来，在何伟回国创业很多年以后，当他作为一位“成功人士”被央视采访时，主持人问他：“难吗？苦吗？”他一时竟回答不出来。半天，才憋出一句不知在心里说过多少遍的话：“苦，到了表达不出来的地步，这种苦才是真苦！”

真苦哇！第一步是缺钱。建一座医院不是玩的，得有巨额资金。化缘到某著名学府，人家说你别扯了！这样吧，看在你曾在日本行医的面子上，允许你缴6000万，我们给你一个教授头衔。何伟拔脚就出来了，心说你这才是扯，我若有6000万，医院不就建起来了？

最后，实在走投无路，打电话往东瀛，向自己的老师开了口。老师二话没说，马上打来6000万日元，另一位老师打来800万日元。没有合同，没有借条，没有多余的话。几年后，当何伟把钱还上时，笑问为什么敢借钱给我？两位老师异口同声：当时学校内的7个留学生，只有你何伟一人不揩公家电话的油；只有你何伟是喝酒时一定要自己付钱的人；只有你何伟请全科的人都吃过饺子、红烧肉；只有你何伟的学习是最刻苦的……

这让人想起那句著名的经典语录：“细节决定成败。”

我再加上一句吧：“细节亦体现境界。”

7

1995年12月，借了儿童医院125平方米的一间小房子，何氏眼科医院开业了。看病，收费，发药，都挤在这间小屋里。冰天雪地的冬季，沈阳的寒冷可不是传说，而是能把穿着皮袄的猫猫狗狗都冻死！然而，屋里的暖气片是冰凉的，没有钱付暖气费。偏偏还有些地痞流氓一样的“坐地户”来敲诈，你不给他们塞钱，他们就能有本事让你关门……

连何伟当年的母校也不支持他，有些老师责骂他：你也敢叫“何氏”，太狂妄了吧！有些老师则替他捏着一把汗。是的，何伟真是高调得可以，尽管他从小生长在沈阳，自以为对中国和沈阳很了解，但他毕竟已去国8年，有了说不清的“文化断层”或曰“文化休克”。他没重视到中国文化的“藏”字——

不可以张扬，不可以冒尖，不可以不看左邻右舍的眼色而独自奋进，不可以不拜几尊菩萨……是的，何伟太年轻气盛、太理想主义了，他已经习惯于“在真理面前人人平等”：还在日本做学生的时候，就敢于跟教授争论；毕业论文刊登在国际最知名的杂志《CANCER》（《癌》）上，九州大学100多年的历史上总共也才刊登过60余篇……由此，以及其他种种业绩辉煌，何伟成为九州大学的“十大校友”之一，排在他前面的先辈有郭沫若先生等。

可是，何伟觉得自己并非狂妄，而是带回了当时世界上最先进的眼科技术。他的想法很简单，建何氏眼科医院，为治不起病的父老乡亲治眼睛，能多救一个是一个。他始终忘不了留学期间18次回国义诊时的情景！何伟也不觉得自己需要拜这神那神的，最大的靠山是谁？党和政府啊，自改革开放以后，国家拿出那么多钱，一批批送留学生去海外学习，像父母一样关注着他们的成长，日思夜盼他们早日学成归来，为中国的发展出力。现在她的儿女们回来了，她又颁布了一系列支持他们回国创业的政策和措施。春天在哪里？春天就在这浩浩荡荡的东风里！

他说：“我就是要出名。就是要站在山尖上，让大家都知道何氏，都来我这里治眼睛！”

他说：“何氏不是何伟的何氏，而是中国的何氏！”

他说：“总有一天，何氏还要做成与世界比肩的何氏！”

为此，两兄弟玩命了，一天只休息三四个小时。那么大的博士，不光给人看眼睛、做手术，简直什么都干，勤杂工一样琐碎，管家和秘书一样操劳，老黄牛一样任劳任怨。吃的是最简单的饭，挤出的是最浓的乳浆，捧出的是最炽热的红心。

何伟跟我说，你看我今天仍然是这个样子，每次出差都是自己一个人，拉上箱子就走。你看看我穿的是什么吃的是什么？——是的，我亲眼看见了，每到饭点儿，何氏二兄弟吃的和所有工作人员都一样，中午盒饭，晚上仍是盒饭。

8

病人渐渐来了，可这都是些什么样的病人啊！

基本都是别的医院治不了的疑难病症。病人们都已经过小城市、大城市，小医院、大医院的反复奔波、折腾，最后是“病笃乱投医”，到何氏来“死马权当活马医”。何伟亦喜亦忧，治好了，美名传扬，皆大欢喜；治不好，坏事传千里，会把何氏刚刚挂上墙的牌子砸了。从来不知道后退的何伟，选择的是一次次迎难而上！

终于有一天，出事了！

一个中年男人，举着“何伟还我眼睛！”的大牌子，闯到何氏眼科医院大厅，上窜下跳，大声咆哮，口口声声说何伟把他的眼睛治坏了，要求赔偿60万。当何伟赶到时，一眼就认出来，这是曾在监狱服刑的人，他为了出狱，用牙刷自残，致使双眼黄斑裂孔，几近失明。何伟给他治疗到双视力恢复至0.6。他竟然还带来了新闻记者，现场开新闻发布会，并扬言要上报纸头版头条！后来他的无理要求没有实现，竟然还居心叵测地跟踪付丽芳和何星儒！

一时，满城风雨！电闪雷鸣！

幸而，在省、市领导同志的亲自过问下，事件最终水落石出：北京大医院的大医生证明何伟的治疗非常成功，那位病人幡然悔悟，供出了幕后有指使人，原来是同行陷害，企图把刚刚站稳脚跟的何氏灭掉，把何氏二兄弟“赶回日本去！”

今天重提这段旧话，何伟的脸上犹有沉郁之色：当时真是太危险了，对方在各界都找好了人，形成了一股惹不起的势力，目标就一个——一定要把何氏眼科医院搞垮，关门了事！

9

时在20世纪90年代中期，全球范围内，眼科有三大先进技术：（1）玻璃体切割。（2）白内障超声乳化。（3）眼底激光。当时中国最好的医院，如北京同仁、北京协和也才刚刚起步，试着跟上世界最前端的步伐。何伟、何向东二位博士，却已经把这三大先进技术运用于治疗，所以也才能取得把上面那位闹事分子治疗到双视力0.6的佳绩，这在沈阳其他医院是根本想也不敢想的。

当一位省有关领导同志听到说，沈阳竟然出现了10位大夫现场批判何氏兄弟的奇葩局面，震怒道：“沈阳还能留下几位好人不？”当时的市委书记也对有关部门发了火：“招什么商，招人！把何伟这样的人才招来，就什么都有了！”

何伟没输掉这场官司，却一点儿也高兴不起来，他知道自己是犯了忌，影响了别人的滚滚财源。这位连日本人都叹服的“从没见过这么有情怀的年轻人”，一连多日，脑子里萦绕着“情怀”二字。《现代汉语词典》对“情怀”的解释为：“含有某种感情的心境。”什么感情呢？何伟反反复复地审视自己：

第一，绝对是出于对父老乡亲的爱：一心想为那些暂未脱贫的乡亲们建立一座平民医院，免费为他们治眼睛。

第二，绝对是出于对患者的爱：用自己学到的先进技术和手段，为那些处于巨大痛苦中的中国患者造福，争取多给世界留存一双双明亮的眼睛。

第三，也是出于对亲人们的爱：既然已经闹出了这么大的动静，让妻、子，连同弟弟、弟媳一家，连同父母亲戚朋友，甚至连同自己的老师们，都在为何氏眼科呕心沥血，筚路蓝缕，就绝不能糟蹋了他们的奉献，辜负了他们的丹心！就一定要坚持下去，做出一番对得起他们的大事业。

第四，最重要的，是出于对祖国的热爱：尽管中国当时还是那么样的贫穷，落后，闭塞，老旧；但领导人已铁下心要带着全国人民建设繁荣富强的社会，国家已经实行了前所未有的改革开放政策，辉煌的四个现代化前景正亟待中华民族最优秀的儿女们去实践。煌煌百年富强梦，滚滚脚底起风雷，此时不甩开膀子大干、拼命干、埋头苦干，更待何时？！……

何伟起身找到一面镜子，认真地端详着自己。

镜中的他，状态不是特别好，神色憔悴，满脸倦容，鬓角已有众多白发溢出。他想起朋友们的劝慰：“你这是何苦呢？每天为什么不多睡几个小时保养自己？为什么不把节奏慢下来，喝喝茶，坐坐禅，养养生？你为什么就不能为自己活一把呢？”

他把脸从镜子里抽出来，甩向窗外。抬望眼，是高苍的蓝天；眺远方，是辽阔的大地。“心底无私天地宽”，何伟对着镜子里的自己说：“不能，我根本就不是个只为自己活着的人，不然的话，我就不用回国创业了。”

他拧起眉毛，再度严肃地审视着自己。发现镜子中的何伟还行，身躯依然高大、笔直，眼睛明亮有神，一双手也还灵活、绵软而有力，这些眼科医生的“基本零件”还都状态良好！他攥了攥拳头，对着镜中的自己说：“你就继续干吧。他们一年不信、两年不信，我坚持十年、二十年，到时候，鬼都信了！”

10

从沈阳黄河北大街的何氏眼科医院本部出发，驱车半个小时，就来到了棋盘山。冬天的山色不好看，树枝光秃秃，像电线那么瘦；草棵子零落干黄，一派肃杀，一派萧瑟。然而空气清新，沁到肺里是个强制洗涤的过程，对于久居雾霾之中的我等城市人，真是难得的享受。

我们是去看辽宁何氏医学院。1996年，何氏眼科医院刚刚有了些起色，何伟横空出世地就来了一句：“我要办个大学。”

把何向东吓了一跳，心说：“哥呀，你又来了！”

何向东对何伟有着深入到骨髓的了解，并且以一个医学家的缜密思维，对何氏眼科集团的上上下下有着无比清楚的认识。他早已总结出了经典的两句话：第一句，何伟是活在云彩之上的人。第二句，在何氏眼科，只能有他一个人在云彩之上。

什么意思？一是说何伟乃理想主义领导人，他的思维经常是超前的，不按常理出牌，有时甚至是诗意化的，说是“漫无边际”也不夸张。二是说的落实问题，天马行空固然潇洒，但得有大地接着。

这一接不要紧，何氏眼科几年间挣下的一点儿钱，还有争取到的巨额贷款，全投进去了——这笔钱若不办学院而投资房地产的话，现在早已赚回金山银山了；若不办学院而办医院的话，也能办上35座眼科医院；而办了大学，是35年也赚不回投进去的钱!

何伟这个办学的想法，当然又一次遭到了大多数人的反对，就像反对何伟建平民免费医院，反对组织医护人员到社区、乡村去宣讲眼保健知识一样。大多数人都觉得何伟不可思议：

“你整天‘国家’、‘国家’的，国家跟你有啥关系啊？”

何伟说：“是空气和水的关系。没有了国家，个人就干涸了。”

他之所以坚持建大学，是因为他清楚地看到，光靠何伟、何向东、付丽芳、富岛和美，总共才8只手；即使加上何氏所有的大夫、护士、职工，也总共才有一个团的兵力，力量还是太小了。若将来建立“光明城”，打个“百团大战”什么的大战役，没有自己培养的后备力量补充进来，是做不成的。

一个卓越的领导人不是凭空成功的，必须目光如炬地看到别人尚远未看到的前景。

何向东刻骨铭心地记得，当何氏还蜗居在那125平米小房子里的时候，何伟就让他用那台286电脑，绘出了一个辉煌灿烂的“光明城”图景，并一遍又一遍地修改。当时没有一个人愿意相信，并说这哥俩是疯子、神经病！何向东不敢不按照何伟的思路走，他不是怕哥哥，而是怕他自己，怕自己不敢相信何伟的梦想——这位一直扮演着父亲角色的兄长，不仅是他童年受人欺负时的靠山，更是他整个人生的精神导师，他一辈子、两辈子都跟他走。

11

何氏医学院的建筑布局及风格，以美国斯坦福大学为蓝本，校园是开放式的，没有院墙。校门只有一块半人高、十米长的横条石，上书“辽宁何氏医学院”。十几幢红瓦顶、米黄色墙体的城堡式教学楼、实验室、图书馆，依次安卧，肃穆静好。阶梯式露天集会广场，前面有一池蜿蜒的流水，曰“博雅湖”，背后是高大廊柱支撑起来的穿堂式艺术学院大厦。黑铜的和银白色铝合金的大型人体雕塑，这儿那儿站在草地上，虽然眼下是一派姜黄，但到“两个黄鹂鸣翠柳”时节，你可想象它们在茵茵绿草地上伴学子们阅读，会是多么生动的一幅美景。

根据国家有关政策规定，何氏起初不具有办学资格，只能找个院校当依托，跟人家合办。后来渐渐发展起来了，毕业生一批批走上社会，博得了好名声。国家了解到何氏是真正办学育人，遂逐渐放权，现在，何氏医学院已经升格为国家统招二批本科大学了。

说来，人生而平等，每个人都是一个脑袋两只眼睛，智力和体能其实相差不大。绝大多数三本线、二本线学生也不笨，考分并不能说明他们的人生。相反，每个学生都有他们各自的长处，关键是要找到为他们充满电能的最佳方式。何伟坚信这一点，为此，他一有闲暇，就骑上自行车在校园里转悠，和小男生们侃侃大山，跟小女生们聊聊时尚和明星，顺便就把他们的学习情况和对学校生活的反映，带上了校委会。而他不知道也没想到的是，他自己就是这些十八九、二十郎当岁的小青年们心目中的“男神”。

我问：“你们何院长怎么‘神’了？”

七八个男生、女生，有来自护理专业的、眼视光专业的、临床医学专业的、影像技术专业的，纷纷抢话说：

“感恩节那天晚上，院长带着我们一起给父母打感恩电话，他说，何氏强调感恩文化，感恩可以与伟大的梦想一道，带领我们不断走向成功。”

“中秋节那天晚上，院长带我们一起做游戏……”

“院长亲自给我们讲西餐礼仪、红酒文化，感觉特别亲切，完全没有大人物的架子……”

“院长安排我们学生自己管理学校，比如食堂从采买、卫生、做饭、打饭，到洗碗、擦地……再比如后勤，从物流到印刷厂的业务，全由我们学生参与管理……”

“我们报到的第一周，7天全是劳动课，把全校都打扫了一遍。当时有很多同学都抱怨，有的就往家里打电话告状。有的家长一听就急了，90后的孩子，在家里油瓶倒了都不扶，怎么你们学校让他们扫厕所？他们抄起电话就吼来抗议。后来，经过一段时间的磨砺，家长发现怎么我的孩子变了，变得懂事了，知道感恩了，知道关心父母了，又往学校打电话表达感谢……”

“我们的校训是：梦想，感恩，学问，执行，结果。是院长给我们上的第一课，他说他的梦想就是帮助别人。后来他亲自带着我们做公益……”

“这些事儿，在别的学校，都是见不到的。所以，当我们把这些晒到微信上，别的学校同学羡慕得要命，我们是骄傲得要命！”

12

让我惊喜的是，我在学院里见到了富岛和美，快期末考试了，她正在给护理专业的学生们上复习课。她穿着一件普通式样的海蓝色毛衣，没有任何饰品。黑黑的短发没烫，只略略修剪了一下。三角形的尖脸上有一双大大的黑眼睛，微笑是上面的主旋律。身体瘦得像晚秋中的一根青竹，疲惫使她生出了皱纹，生出了沧桑，也生出了柔韧与刚强。一点儿也看不出这是一位日本女人，若把她放在一群中国妇女中，她普通得马上就不见了；可是她身上又有一点儿特殊的什么，使她与中国女性不太一样。也许，是她做什么都特别投入、特别专注、特别认真吧？这就是气质。

我至今未去过日本，非不能也，乃不为也。70多年前的那场抗日战争中，我家有亲人牺牲在战场上。但我终于对眼前这位纤弱的富岛和美，充满了敬意——能在这么艰苦备尝的异国环境中生存下来，不仅撑起了一个家，把三个孩子都培养成人；还助力何氏眼科的事业，为医学院的学生们上课；还支持慈善基金会，在日本民间筹款，用在援助贫困的中国患者身上……

我一直注视着她。每次面对学生的提问，她都是先满脸绽笑，然后再轻声说话。这又一次让我的心头涌起了几天来频率最高的三个字：为什么？

等到中午，富岛和美老师下课了。她连盒饭都没时间吃，说要急着赶回去处理事情。我掏出身上仅有的一个小礼物送给她，这是我刚刚从云南大理带回的一只小手包，是中国白族妇女一针一线手绣的。我对和美老师说："它不值什么钱，但它是从中国的最西南来到中国的大东北，几乎穿行了整个中国，带着中国的体温呢！"

富岛和美回答说："我丈夫的祖国，也是我的家。"

13

这，难道就是打开何氏眼科成功库的密码？

当然，最终的密码还是在何伟手上。我在他的办公桌前坐下，没顾上他"我这办公室太乱了"的道歉，就提出了我的三个问题。其实这屋子里并不乱，只是面积不大，东西太多，挤挤挨挨而已；要不，就是他作为一个曾留过洋的"海归"，身上还残留着外国月亮的一分清辉？

我的三个问题是：

1. 你作为民营企业的一把手，这些年创业中最艰难的是什么？

2. 在中国的现实中，依靠政府往往变成了依靠好官和明白官，如果没碰上怎么办？你的底线在哪里？

3. 对吸纳"海归"回国创业，你建议怎样从体制上加以改革？

我的这三个问题不仅是针对何氏眼科集团的，并且还是站在当前"大众创业，万众创新”的大背景下，探讨国家应该如何“团”住海内外人才，如何让所有民营企业发展得更好，从而使中国的经济走得更加健康有序、发展得更加积极稳妥的普遍性问题。

据何向东介绍，何伟青少年时期博览群书，也曾是个文学青年，还曾模仿郭小川体写过诗呢。所以，他是非常有人文情怀的医学家，知识面宽，思考深入，还特别健谈，语言表达能力甚好。他立即就明白了我这三个问题的指向性。

他说：

> 我回国这20年做了三件事：一是走出了一条公益性眼保健模式，即在国家无投入的情况下，用从前一半人身上赚的钱，为后一半人免费治病。二是建了一座大学，培养了一批“振兴中华”所需要的实际应用型人才。三是我还搞了一个何氏眼产业基地，已在干细胞应用与研究方面取得了多项领先成绩，干细胞技术已在何氏眼科应用于临床，这在中国眼医学界还属首次。“自主创新”在何氏眼科不是空洞的口号，你也知道，现在临床上高端眼药80%都依靠进口，药价太贵了，老百姓承受不起；如果我们的药品开发做成了，可以使高端眼药价降低10倍、20倍！
>
> 我做这些事，凭的是精神的力量。什么精神呢？
>
> ——良知，责任和情怀。
>
> 幸运的是，何氏眼科这么风风雨雨的20年，还真少有来自官员的刁难——你真心地为老百姓治病，政府和官员是愿意帮你的，哪个官儿不愿意看到自己任期内，老百姓得到些实惠呢？科技惠民当然会得到支持……
>
> 最大的阻力是来自同行。改革开放30多年了，国家花大钱培养了那么多留学生，也真有不少人响应号召，回来报效祖国。可是最后怎么样？基本都被同行排挤走了！我当年回来的同学，一个不剩，又全回去了！相煎何太急呀？其实，天和地都那么宽阔，为什么不能大家合作共赢呢？

民营医院，什么都得靠自己，土地、水、电、气、治安、环保，还有左邻右舍、上级下级……谁都能治得你服服帖帖。我这么有个性的人，也都被修理得差不多不是我了。但我还是很“愤青”，还是有底线的。比如，上次我们为鼓励中青年做科研，专门设立了一个奖，谁知拿到奖金的居然都是会长、前会长什么的。要在以前，我就会翻脸了，现在我说的是：感谢你们把这个奖提升了高度，下次年轻人得奖会感觉更好。对吃、拿、卡、要的刁难者，我也学会说：我怎么才能做到你们的要求啊？我太不容易了，请你们帮帮我……

何氏眼科传播的是中国传统文化中“大爱”的文化理念。以爱为凝聚力，我们比用金钱维系的盈利性公司发展要快得多，也稳定得多。爱是我们管理的基本原则，用心灵去经营，去尊重、爱护和关心员工是何氏独特的管理方式。“要与何氏拥有共同的价值观，实干吧！”所有在何氏成功的人都会告诉你同样的故事。

何氏品牌的内涵是“技术、仁德”:“技术”是何氏品牌对外传播内容，“仁德”是对内解决信仰的问题，即文化自信。何氏强调的是管理者和干部要有大格局、有管理思想。要积极思维，逆向思维，而非负向思维，负向思维是指啥事没干先说不行，这是何氏的大敌，为我们所摒弃。

我的人生楷模是邓稼先，他的传记我看过多遍。我的人生目标是做中国眼科的邓稼先。我是有梦想的人，我的梦是做成有世界级影响的何氏眼科集团。现在我们的形势很好，日本九州大学的校长亲自来沈阳考察过何氏，我们以为是要与我们进行眼科合作，没想到他说NO，我们要做全面合作。他们是敬畏我们俩眼科医生，居然能办起一座医学院，我们的产学研水平居然能居世界先进行列！但我深深知道，民企的发展必须依靠政府，没有国家的支持，是做不大也做不强的。

何氏眼科下一步还要走得更辉煌——2015年，我们已经成功实现了计算机远程诊病，这对于远在黑土地边边角角的乡亲们来说，是多么急迫需要的，要多重要有多重要！我们的干细胞技术研究，正处于喷薄欲出的状态，一旦突破，会为诸如视网膜色素变性、青光眼视神经萎缩、老年性黄斑变性……这些长久以来眼科的不治之症，带来治愈的曙光，将会引起眼科医学的划时代的巨变！我们的药价如果能成功降低10倍、20倍，将会给父老乡亲以及全世界劳动人民带来多么大的福祉，当然也会引起国际大资本财团的重重打压，这将会是一场超乎想象的大战、恶战——生死存亡，我们何氏眼科，依靠祖国母亲，奉献祖国母亲，捍卫祖国母亲，全体1600多人已经秣马厉兵，准备好上疆场！

由己及人，我提两个建议：一是对海外学子归国创业的，不仅争取他们回来，还要加大力度予以关注和支持，树立具有典型意义的模范，像时下提倡“精准扶贫”一样长久地扶持之。二是对民营企业的扶持，不建议平均分配资源，不搞传统的申报制度，像与民生、国防、战略性科技、现代服务业、经济发展密切相关的项目，国家可不计代价砸钱，其他的则去走市场，由社会资金去扶植。这两条建议，也是我作为政协委员，要带到全国政协会上的提案。

……

14

就在我这篇文章即将杀青之际，又传来一个大好消息：当地时间2月3日，在墨西哥瓜达拉哈拉市举行的ICO（国际眼科委员会）顾问委员会会议上，何伟当选为ICO顾问委员会成员。ICO是全世界最大的眼科协会组织，拥有120余个国家级和眼专科学会的会员协会，何伟又一次创造了历史，成为中国首位ICO顾委委员。

党和国家给了何伟极高的荣誉，在全国两会期间，他分别受到习近平总书记和李克强总理的接见。原卫生部陈竺部长在何氏眼科集团考察了一个多小时，久久不愿离去，最后，他握着何伟的手说：党和人民应该感谢你们！

现在，何伟的知名度越来越高，算是成功人士了，作为“千人计划”专家、“全国非公有制经济人士优秀中国特色社会主义建设者”、“中国优秀青年科技创新奖”、“辽宁省领军人物”、“沈阳市劳动模范”等等奖项的获得者，作为中国唯一同时具有美国眼科学会、欧洲眼科学会、日本眼科学会和中国眼科学会会员资格的眼科专家，作为中央电视台3次的专访对象，作为实力越来越强大的何氏眼科集团领袖，他还有痛苦吗？还有烦恼吗？还有困惑吗？还有过不去的坎儿吗？

有呀，一言以蔽之，仍是苦恋的感觉。

哦，伟大的中华母亲，我真心实意地爱着您！

山无陵，
江水为竭。
冬雷震震，
夏雨雪。
天地合，
我亦不敢与您绝！

鲁迅先生说过：“我们自古以来，就有埋头苦干的人，有拼命硬干的人，有为民请命的人，有舍身求法的人……这就是中国的脊梁。”先生说得极是。战争时期，那些血染沙场、以身报国的将士，是中华民族永远的英雄；在今天的和平时期，像何伟这样为人民“拼命硬干的人”，是我们伟大祖国不断走向繁荣昌盛的基石。

2015.1.28初稿，2.14定稿

于北京协和大院葳蕤斋

（原载于《光明日报》2016年2月13日）

图书在版编目（CIP）数据

政协委员履职风采·何伟／何伟著．—北京：中国文史出版社，2016.10
ISBN 978-7-5034-8543-5

Ⅰ．①政… Ⅱ．①何… Ⅲ．①政协委员—生平事迹—中国②何伟—生平事迹 Ⅳ．① K820.7

中国版本图书馆 CIP 数据核字（2016）第 273273 号

责任编辑：金　硕

出版发行：**中国文史出版社**
网　　址：www.chinawenshi.net
社　　址：北京市西城区太平桥大街 23 号　邮编：100811
电　　话：010—66173572　66168268　66192736（发行部）
传　　真：010—66192703
印　　装：北京地大天成印务有限公司
经　　销：全国新华书店
开　　本：787×1092　1/16
印　　张：18.75　插页：6
字　　数：293 千字
版　　次：2017 年 1 月北京第 1 版
印　　次：2017 年 1 月第 1 次印刷
定　　价：38.00 元